T0240135

Jahresabschluss, Kostenrechnung und Finanzierung im Krankenhaus

Gerald Schmola

Jahresabschluss, Kostenrechnung und Finanzierung im Krankenhaus

Grundlagen und Zusammenhänge verstehen

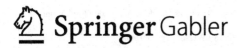

Gerald Schmola
Hochschule für Angewandte Wissenschaften Hof
Hof, Deutschland

ISBN 978-3-658-20280-4   ISBN 978-3-658-20281-1   (eBook)
https://doi.org/10.1007/978-3-658-20281-1

Die Deutsche Nationalbibliothek verzeichnet diese Publikation in der Deutschen Nationalbibliografie; detail-
lierte bibliografische Daten sind im Internet über http://dnb.d-nb.de abrufbar.

Springer Gabler
© Springer Fachmedien Wiesbaden GmbH, ein Teil von Springer Nature 2019
Das Werk einschließlich aller seiner Teile ist urheberrechtlich geschützt. Jede Verwertung, die nicht
ausdrücklich vom Urheberrechtsgesetz zugelassen ist, bedarf der vorherigen Zustimmung des Verlags.
Das gilt insbesondere für Vervielfältigungen, Bearbeitungen, Übersetzungen, Mikroverfilmungen und die
Einspeicherung und Verarbeitung in elektronischen Systemen.
Die Wiedergabe von Gebrauchsnamen, Handelsnamen, Warenbezeichnungen usw. in diesem Werk berechtigt
auch ohne besondere Kennzeichnung nicht zu der Annahme, dass solche Namen im Sinne der Warenzeichen-
und Markenschutz-Gesetzgebung als frei zu betrachten wären und daher von jedermann benutzt werden
dürften.
Der Verlag, die Autoren und die Herausgeber gehen davon aus, dass die Angaben und Informationen in
diesem Werk zum Zeitpunkt der Veröffentlichung vollständig und korrekt sind. Weder der Verlag, noch
die Autoren oder die Herausgeber übernehmen, ausdrücklich oder implizit, Gewähr für den Inhalt des
Werkes, etwaige Fehler oder Äußerungen. Der Verlag bleibt im Hinblick auf geografische Zuordnungen und
Gebietsbezeichnungen in veröffentlichten Karten und Institutionsadressen neutral.

Lektorat: Margit Schlomski

Springer Gabler ist ein Imprint der eingetragenen Gesellschaft Springer Fachmedien Wiesbaden GmbH und ist
ein Teil von Springer Nature
Die Anschrift der Gesellschaft ist: Abraham-Lincoln-Str. 46, 65189 Wiesbaden, Germany

Inhaltsverzeichnis

Einführung in die Thematik

Betrachtet man die Inhalte eines Medizinstudiums oder der pflegerischen und therapeutischen Ausbildung, so fällt auf, dass betriebswirtschaftliche Aspekte dort ein Schattendasein führen. Während in vielen betriebswirtschaftlichen Studiengängen mit Fokus auf das Gesundheitswesen die Vermittlung eines Basiswissens an medizinischem Wissen (z. B. medizinische Terminologie, Grundlagen Medizintechnik, Basiswissen Anatomie und Physiologie) längst integraler Studienbestandteil ist, müssen sich Nichtökonomen das betriebswirtschaftliche Wissen oftmals noch selbst aneignen. Ebenso wie Ökonomen ein Grundlagenwissen in Medizin aufweisen sollten, um sich mit den direkt an der Versorgung beteiligten Mitarbeitern besser austauschen zu können, gilt dies umgekehrt aber auch für den Nichtökonomen. Spätestens mit der Einführung der diagnosebezogene Fallgruppen (DRG) stehen Krankenhäuser mehr denn je unter einem Wirtschaftlichkeitsdruck. Leitende Ärzte, Pflegekräfte und Therapeuten werden dabei vielfach an den Ergebnissen ihrer Abteilung gemessen, ihnen fehlt jedoch das Wissen zur gezielten Steuerung. Während Zusammenhänge des Prozessmanagements oder der Personalpolitik oftmals noch gut nachvollziehbar auch für Nicht-BWLer sind, bereitet die Welt der Zahlen vielen Kopfzerbrechen. Der Jahresabschluss, die Kostenrechnung sowie die Finanzierung im Krankenhaussektor sind oftmals sehr komplex und kaum zu durchschauen. Insbesondere leitende Ärzte und Pflegekräfte, Betriebs- und Personalräte oder aber auch Quereinsteiger im Krankenhausbereich finden kaum kompakte und verständliche Darstellungen der Zahlenwelt eines Krankenhauses. Das vorliegende Werk gibt eine allgemeine Einführung in die Themenfelder und geht zudem auf die Besonderheiten des Jahresabschlusses, der Kostenrechnung sowie der Finanzierung von Kliniken ein. Ziel ist es, einerseits tiefer und verständlicher die wichtigen Aspekte darzustellen, als dies in Werken zur Einführung in die Betriebswirtschaftslehre im Krankenhaus für Nichtökonomen erfolgt. Andererseits soll aber dennoch ein kompakter und mit zahlreichen Beispielen angereicherter Überblick gegeben werden. Das Buch stößt also in die Lücke zwischen

© Springer Fachmedien Wiesbaden GmbH, ein Teil von Springer Nature 2019
G. Schmola, *Jahresabschluss, Kostenrechnung und Finanzierung im Krankenhaus*,
https://doi.org/10.1007/978-3-658-20281-1_1

allgemeinen Einführungen in die BWL, die die Zahlenwelt nur kurz ansprechen, und Spezialliteratur, beispielsweise zur Krankenhauskostenrechnung. Dadurch soll es für die Zielgruppe möglich werden, sich durch ein eigenständiges Studium des Buchs das wichtigste Wissen aus diesem Bereich selbstständig so anzueignen, dass eine fachliche Diskussion mit den Betriebswirten im Krankenhaus grundlegend möglich wird.

Im Kap. 2 werden Grundlagen des Jahresabschlusses im Krankenhaus erläutert. Zunächst werden die wichtigsten Bestandteile des Jahresabschlusses dargestellt und wichtige Prinzipien der Aufstellung eines Jahresabschlusses, wie die Grundsätze ordnungsmäßiger Buchführung (GoB), erklärt. Es folgt die Darstellung des Aufbaus einer Bilanz sowie die genauere Darstellung aller Posten einer Krankenhausbilanz. Als zweiter Bestandteil des Jahresabschlusses wird der Aufbau und die Einzelpositionen der Gewinn- und Verlustrechnung (GuV) beschrieben sowie der Bezug zur Bilanz erklärt. Danach wird ein Überblick über Inhalte des Lageberichts und des Anhangs als weitere Bestandteile des Jahresabschlusses gegeben. Im Unterpunkt Bilanzanalyse werden ausgewählte Kennzahlen einer Bilanz sowie deren Berechnung und Bedeutung beschrieben.

Das Kap. 3 beschäftigt sich mit der Finanzierung eines Krankenhauses. Zunächst wird ein allgemeiner Überblick über das Thema Finanzierung aus Sicht der Betriebswirtschaft gegeben und dabei auf Innen- und Außen- sowie Eigen- und Fremdfinanzierung eingegangen. Schwerpunkt der Darstellung ist im Anschluss die ausführliche Erläuterung des DRG-Fallpauschalensystems, der Budgetverhandlungen und des pauschalierenden Entgeltsystems Psychiatrie und Psychosomatik (PEPP-System). Die Bildung der Pauschalen wird Schritt für Schritt bis hin zum abrechenbaren Entgelt erklärt, ebenso wird auf die Bedeutung der Verweildauern, von Verlegungen, Wiederaufnahmen, Zusatzentgelten und Entgelten für neue Untersuchungs- und Behandlungsmethoden eingegangen. Das komplexe Verfahren der Budgetverhandlungen wird in seinen wesentlichen Schritten erläutert.

Das Kap. 4 widmet sich der Kostenrechnung im Krankenhaus. Zunächst wird auf die wesentlichen Bestandteile der Kostenrechnung, die Kostenarten-, Kostenstellen- und Kostenträgerrechnung, allgemein eingegangen und deren Bedeutung und Umsetzung im Krankenhaus genauer erläutert. Schwerpunkt bildet am Ende eine ausführliche Erklärung der Kalkulation der DRG-Fallpauschalen anhand des Kalkulationshandbuchs des Instituts für das Entgeltsystem im Krankenhaus. Die einzelnen Kalkulationsschritte werden unter Bezugnahme auf Beispiele erläutert, um zu verstehen, wie die Entgelte für eine DRG entstehen und aus welchen Bausteinen sich diese zusammensetzen. Abschluss des Kap. 4 ist die Erklärung der abteilungsbezogenen Deckungsbeitragsrechnung, die häufig in Kliniken zur Steuerung einzelner Fachbereiche verwendet wird.

Das Kap. 5 beschäftigt sich mit den Verfahren der Investitionsrechnung. Vielfach werden Investitionen inzwischen nur noch durchgeführt, wenn diese sich voraussichtlich „rechnen". Das Kapitel gibt einen kompakten Überblick, welche Verfahren der Investitionsrechnung es gibt und in welchen Fällen diese sinnvoll eingesetzt werden können. Betrachtet werden die statischen und dynamischen Verfahren der quantitativen Investitionsrechnung; ebenso wird das Scoring-Modell als qualitatives Verfahren anhand eines Beispiels dargestellt.

Jahresabschluss

2

2.1 Überblick

Der Jahresabschluss ist ein komplexes Gebilde, das aufgrund rechtlicher Vorschriften und der anerkannten Verfahrensweisen der Grundsätze ordnungsmäßiger Buchführung und Bilanzierung zustande kommt. Wesentliches Ziel ist es, ein den tatsächlichen Verhältnissen entsprechendes Bild der Vermögens-, Finanz- und Ertragslage des Krankenhauses darzustellen. Der Jahresabschluss ist keineswegs selbsterklärend; v. a. für Führungskräfte einer Klinik ohne vertieften betriebswirtschaftlichen Hintergrund wirft er auf den ersten Blick häufig mehr Fragen als Antworten auf. Das Befassen mit Bilanz, Gewinn- und Verlustrechnung und den weiteren Bestandteilen eines Jahresabschlusses macht daher spezielles Wissen erforderlich. Für Mitarbeiter mit leitender Funktion, die nicht dem klassischen betriebswirtschaftlichen Kernbereich einer Klinik angehören, sollte es daher das Ziel sein, sich insbesondere über die Regeln des Ansatzes und der Bewertung von Vermögenswerten und Schulden Kenntnisse anzueignen, um den Jahresabschluss in Grundzügen verstehen und deuten zu können. Zusätzlich sind noch verschiedene Wahlrechte zu berücksichtigen, deren Wahrnehmung Einfluss auf die Darstellung der wirtschaftlichen Lage des Krankenhauses nimmt. Auch diese sollten alle Führungskräfte im Überblick kennen. Letztendlich ist dies umso erforderlicher, je mehr die leitenden Funktionen auch am wirtschaftlichen Erfolg ihres Bereichs gemessen werden. Eine zielgerichtete ökonomische Steuerung setzt voraus, vorliegendes Zahlenmaterial in ausreichendem Umfang zu verstehen. Nur so können die richtigen Hebel identifiziert werden, die es zu bewegen gilt, um die wirtschaftliche Entwicklung in die richtige Richtung zu lenken.

Der Jahresabschluss eines Krankenhauses unterliegt einigen Sonderregelungen, die u. a. der öffentlichen Finanzierung der Krankenhäuser durch die duale Finanzierung geschuldet sind. Ziel des nachfolgenden Kapitels ist es, die zentralen Aspekte

© Springer Fachmedien Wiesbaden GmbH, ein Teil von Springer Nature 2019
G. Schmola, *Jahresabschluss, Kostenrechnung und Finanzierung im Krankenhaus*,
https://doi.org/10.1007/978-3-658-20281-1_2

des Jahresabschlusses in kompakter und verständlicher Weise für Nichtökonomen darzustellen. So soll es ermöglicht werden, sich selbst ein Bild über die wirtschaftliche
Lage des Krankenhauses zu verschaffen. Die Betrachtung des Jahresabschlusses ersetzt
selbstverständlich nicht die laufenden Informationen, die in den meisten Kliniken in
monatlichen Abständen auf Basis der Informationen aus der Kostenrechnung und dem
Controlling gegeben werden. Der Jahresabschluss bietet jedoch durch einen Vergleich
über mehrere Jahre wichtige Aufschlüsse über längerfristige Entwicklungen des Hauses.
Vergleiche mit Jahresabschlüssen anderer Einrichtungen geben Hinweise auf die Wett-
bewerbsfähigkeit der eigenen Klinik.

Die Analyse eines Jahresabschlusses bietet jedoch keine Sicherheit zur genauen Prognose der Zukunft. Er ist zwar ein wichtiges Informationsmittel, in seiner Aussagefähig-
keit ist er jedoch stets begrenzt. Insbesondere die Zahlen sind vergangenheitsbezogen und
können Planungsrechnungen oder das Aufstellen und Kalkulieren von Szenarien oder
zusätzliche Marktanalysen natürlich nicht ersetzen. Zudem können genaue Informationen
für einzelne Abteilungen eines Krankenhauses nur durch die Kostenrechnung geliefert
werden. Die Kostenrechnung ist die interne Rechnungslegung, die Informationen als
Grundlage für wirtschaftliche Entscheidungen bietet.

Der Jahresabschluss wird regelmäßig auch als Bilanz bezeichnet. Dies ist jedoch eine
inhaltlich falsche Gleichsetzung. Die Bilanz ist nur ein wenn auch sehr wichtiger und
sicherlich der bekannteste Teil des Jahresabschlusses. Sie ist eine Stichtagsaufstellung
mit dem Ziel, das Vermögen und das Kapital des Krankenhauses darzustellen. Am Tag
vor und am Tag nach dem Stichtag stimmen deshalb die Zahlen einer Bilanz nicht mit
den dann jeweils aktuellen Werten überein. Die weiteren Bestandteile eines Jahresabschlusses sind die Gewinn- und Verlustrechnung, der Anlagespiegel, der Anhang und
der Lagebericht.

Die Gewinn- und Verlustrechnung (GuV) ist eine zeitraumbezogene Aufstellung der
Veränderung des Vermögens des Krankenhauses. Vermögenssteigerungen (sog. Erträge)
und Vermögensminderungen (sog. Aufwand) werden für den Zeitraum eines Geschäftsjahres gegenübergestellt. Gewinn erzielt ein Krankenhaus also immer dann, wenn die
Erträge höher als die Aufwendungen sind. Es kommt zu einem Vermögensanstieg, der in
der Bilanz durch ein erhöhtes Eigenkapital ersichtlich wird. Verluste bedeuten dagegen
eine Abminderung des Eigenkapitals.

Der Anlagespiegel gibt genauere Informationen darüber, wie sich das Anlagevermögen
des Krankenhauses im abgelaufenen Geschäftsjahr entwickelt hat. Ersichtlich werden also
etwa getätigte Investitionen oder Anlagenabgänge (z. B. Kauf oder Verkauf eines MRT)
sowie Wertminderungen durch Abnutzung (ersichtlich durch die sog. Abschreibungen).

Im Anhang sind weitere Erläuterungen zur Bilanz und Gewinn- und Verlustrechnung
zu finden, z. B. zu Bewertungsverfahren oder Laufzeiten von Schulden.

Im Lagebericht wird ein Überblick über den Geschäftsverlauf und die Lage des
Krankenhauses gegeben. Ferner wird auf Risiken für die zukünftige Entwicklung
eingegangen.

Für die Aufstellung des Jahresabschlusses gibt es gesetzliche Regelwerke, das Handelsgesetzbuch (HGB) und speziell für Krankenhäuser die Krankenhausbuchführungsverordnung (KHBV). Das HGB orientiert sich am Vorsichtsprinzip bzw. dem Gläubigerschutz.

▶　Unter **Vorsichtsprinzip** versteht man den Grundsatz, dass bei der Bilanzierung alle Risiken und Verluste angemessen zu berücksichtigen sind. Anwendung findet das Prinzip, wenn aufgrund unvollständiger Information oder der Ungewissheit über künftige Ereignisse Beurteilungsspielräume entstehen. Das Vorsichtsprinzip dient dem Kapitalerhalt und dem Gläubigerschutz.

2.2　Grundsätze ordnungsmäßiger Buchführung (GoB)

Die Tab. 2.1 gibt einen Überblick über die Grundsätze ordnungsmäßiger Buchführung sowie die jeweilige Fundstelle im HGB.

▶　Die **Grundsätze ordnungsmäßiger Buchführung (GoB)** bilden die Grundlage der Buchführung für Unternehmer. Sie bestehen z. T. aus geschriebenen (kodifizierten) Richtlinien, die im HGB festgelegt sind, z. T. sind sie aber auch ungeschriebene, d. h. abgeleitete (unkodifizierte) Regeln, die sich aus der Praxis ergeben.

Tab. 2.1　Die Grundsätze ordnungsmäßiger Buchführung

Grundsatz	Fundstelle im Handelsgesetzbuch
Klarheit und Übersichtlichkeit	§ 238 Abs. 1 Satz 2, § 243 Abs. 2
Richtigkeit und Willkürfreiheit	§ 239 Abs. 2
Vollständigkeit	§ 239 Abs. 2, § 246 Abs. 1
Saldierungsverbot	§ 246 Abs. 2
Bilanzidentität	§ 252 Abs. 1 Nr. 1
Fortführung der Unternehmenstätigkeit	§ 252 Abs. 1 Nr. 2
Einzelbewertung	§ 252 Abs. 1 Nr. 3
Vorsicht	§ 252 Abs. 1 Nr. 4
Realisationsprinzip	§ 252 Abs. 1 Nr. 4
Imparitätsprinzip	§ 252 Abs. 1 Nr. 4
Periodenabgrenzung	§ 252 Abs. 1 Nr. 5
Stetigkeit der Bewertungsmethoden	§ 252 Abs. 1 Nr. 6
Klarheit und Übersichtlichkeit	§ 238 Abs. 1 Satz 2, § 243 Abs. 2

Die folgenden Grundsätze behandeln alle wichtigen Richtlinien hinsichtlich der Buchführung und Rechnungsstellung.

Nach dem *Grundsatz der Richtigkeit und Willkürfreiheit* müssen die dargestellten Geschäftsvorfälle den Tatsachen entsprechen. Zudem verlangt der Grundsatz, dass die Darstellung in der Buchführung und dem Jahresabschluss in Übereinstimmung mit den Rechnungslegungsvorschriften erfolgt. Die Willkürfreiheit ist hauptsächlich bei Schätzungen von Bedeutung. Diese sind auf Basis von realistischen Annahmen vorzunehmen, sie sollen möglichst genau und nachvollziehbar vorgenommen werden. Richtigkeit meint, dass die Buchführung für andere Sachkundige nachvollziehbar und überprüfbar sein muss.

Der *Grundsatz der Klarheit und Übersichtlichkeit* erfordert, dass die Buchführung und der Jahresabschluss verständlich sind, also so beschaffen sind, dass sie einem sachverständigen Dritten innerhalb angemessener Zeit einen Überblick über die Geschäftsvorfälle und über die Lage des Krankenhauses vermitteln können. Die Geschäftsvorfälle müssen sich in ihrer Entstehung und Abwicklung verfolgen lassen. Daraus folgt, dass sie eindeutig zu bezeichnen und übersichtlich darzustellen sind. Bilanz und GuV müssen klar und übersichtlich gegliedert werden, der Anhang und Lagebericht sind übersichtlich zu gestalten.

Entsprechend dem *Grundsatz der Einzelbewertung* sind alle Vermögensgegenstände einzeln zu bewerten. Dieser findet jedoch dort seine Grenzen, wo die Einzelbewertung aus praktischen Gründen nicht durchführbar ist oder zu einem nicht vertretbaren Arbeitsaufwand führt. Ein Beispiel ist die Entnahme von Massegütern aus der Lagerhaltung. Es wäre etwa ein unverhältnismäßig hoher Aufwand, jede Einheit eines Arzneimittels einzeln zu bewerten und genau festzuhalten, wann welche Packung verbraucht wurde.

Der *Grundsatz der Vollständigkeit* verlangt, dass alle buchführungspflichtigen Sachverhalte in der Buchführung und im Jahresabschluss berücksichtigt werden. Buchführungspflichtig sind alle Vorgänge, die Vermögensänderungen bewirkt haben. In der Bilanz sind die Vermögensgegenstände, Schulden und Rechnungsabgrenzungsposten aufzuführen. Die Gewinn- und Verlustrechnung muss alle Aufwendungen und Erträge enthalten. Darüber hinaus verlangt das Stichtagsprinzip eine Bilanzierung und Bewertung zum Bilanzstichtag. Dabei sind alle bis zum Bilanzstichtag entstandenen Umstände zu berücksichtigen, selbst wenn diese erst zwischen dem Abschlussstichtag und dem Tag der Aufstellung des Jahresabschlusses bekannt geworden sind.

Beispiel

Eine Klinik hat eine Forderung gegen ein anderes Unternehmen, das am 20.12. Insolvenz anmeldet. Am 04.01. des Folgejahres erfährt das Krankenhaus hiervon. Man spricht hierbei von einer sog. werterhellenden bzw. wertaufhellenden Tatsache. Hiervon abzugrenzen sind wertbegründende Tatsachen: Diese sind erst nach dem Bilanzstichtag geschehen und folglich erst nach dem Bilanzstichtag bekannt. Sie dürfen in der Bilanz des alten Jahres nicht berücksichtigt werden. Dies wäre der Fall, wenn die Insolvenz erst am 03.01. des neuen Jahres angemeldet worden wäre.

Der *Grundsatz der Ordnungsmäßigkeit* verlangt, dass alle Geschäftsvorfälle zeitnah und chronologisch verbucht werden.

Gemäß dem *Grundsatz der Sicherheit* sind alle Unterlagen ordnungsgemäß zu archivieren.

Das *Belegprinzip* fordert, dass jedem Geschäftsvorfall ein Beleg zugrunde liegen muss.

Das *Saldierungsverbot (Verrechnungsverbot)* beinhaltet, dass in der Bilanz Posten der Aktivseite nicht mit Posten der Passivseite verrechnet werden dürfen. In der Gewinn- und Verlustrechnung dürfen Aufwendungen nicht mit Erträgen verrechnet werden. Somit unterstützt das Saldierungsverbot auch die Forderung nach Klarheit.

Der *Grundsatz der Bilanzidentität* besagt, dass die Wertansätze in der Eröffnungs-bilanz mit denen der Schlussbilanz des vorausgehenden Geschäftsjahres übereinstimmen müssen.

Nach dem *Grundsatz der Unternehmensfortführung* (Going-Concern-Prinzip) ist bei der Bewertung von Vermögensgegenständen und Schulden im Jahresabschluss von der Fortführung der Unternehmenstätigkeit auszugehen, solange dem keine tatsächlichen oder rechtlichen Gegebenheiten entgegenstehen. Je nachdem, ob man von der Fort-führung des Krankenhausbetriebs oder seiner Stilllegung ausgeht, kann der Wert eines Vermögensgegenstands verschieden hoch sein. Bei einer geplanten Beendigung der Tätigkeit der Klinik wird die Bewertung des Anlagevermögens sicherlich mit anderen Werten erfolgen (i. d. R. mit niedrigeren Werten) als bei der Fortführung.

Stetigkeit ist für den Jahresabschluss erforderlich, um Abschlüsse vergleichbar zu machen. Die Bewertungsstetigkeit verlangt, dass die auf den vorhergehenden Jahres-abschluss angewandten Bewertungsmethoden beizubehalten sind. Folge ist, dass grund-sätzlich gewählte Bewertungsverfahren für Lagerbestände nicht einfach von einem auf das andere Jahr geändert werden können.

Die *Abgrenzungsgrundsätze* behandeln in erster Linie den Zeitpunkt der Erfassung von Gewinnen, Verlusten, Aufwendungen und Erträgen. Nach dem Grundsatz der Vor-sicht sind die Vermögensgegenstände und Schulden vorsichtig zu bewerten. Dies bedeutet, dass die Aktivposten eher niedriger und Passivposten eher höher anzusetzen sind, um keine zu optimistische Lage des Unternehmens darzustellen. Zurückzuführen ist dies auf den Gedanken des Gläubigerschutzes, durch den der ausschüttbare Gewinn begrenzt wird.

Das *Höchstwertprinzip* verlangt, dass beim Vorhandensein mehrerer Bewertungs-möglichkeiten einer Schuld grundsätzlich der höchste Wert anzusetzen ist, da der niedrigere Ansatz einem nicht realisierten Gewinn gleichkäme und damit dem Realisationsprinzip widersprechen würde. Bei den Aktiva, also dem Vermögen, ist bei möglichen Wertansätzen der niedrigere zu wählen (Niederstwertprinzip). Das Realisationsprinzip verlangt, dass Gewinne erst dann verzeichnet werden dürfen, wenn sie auch wirklich zugegangen, also realisiert worden sind.

Das *Imparitätsprinzip* beinhaltet, dass Verluste bereits zu dem Zeitpunkt berücksichtigt werden, an dem sie prognostiziert werden. Hierzu dienen beispielsweise Rückstellungen.

Nach dem Grundsatz der Periodenabgrenzung sind alle Aufwendungen und Erträge dem Geschäftsjahr zuzurechnen, in dem sie entstanden sind.

Im Gegensatz zum Jahresabschluss ist die Kostenrechnung im Normalfall keinen starren Regelungen unterworfen und freiwillig. Der Krankenhausbereich stellt hier jedoch eine Ausnahme dar, da die KHBV einerseits eine Kostenrechnung verpflichtend vorsieht und andererseits auch Regelungen für deren Inhalte aufstellt. Dies sind allerdings nur Mindestinhalte; ein Krankenhaus kann also zum einen detaillierter vorgehen oder zum anderen neben der Pflichtkostenrechnung selbstverständlich auch eine weitere eigene Kostenrechnung durchführen, die sich nicht an den Regelungen der KHBV orientieren muss.

Häufig hat man es nicht nur mit einem einzelnen Unternehmen zu tun, sondern mit mehreren, die wirtschaftlich durch Kapitalbeteiligungen miteinander verflochten sind. Verfügt ein Betrieb über mehr als 50 % der Kapitalanteile eines anderen, so bilden die beiden zusammen einen Konzern. Konzern bedeutet, dass mehrere Unternehmen unter einer einheitlichen wirtschaftlichen Leitung stehen, im Alltag spricht man von Tochter- bzw. Mutterunternehmen. Auch in einem Konzern wird für jedes einzelne Unternehmen ein Jahresabschluss erstellt. Zusätzlich wird aber ein weiterer Jahresabschluss, der Konzernabschluss angefertigt. Der Konzernabschluss behandelt alle einbezogenen Unternehmen so, als handele es sich lediglich um ein einziges Unternehmen. Dies bedeutet, dass alle Geschäfte, die die Konzernunternehmen untereinander machen, wieder herausgerechnet werden.

Ein häufiges Missverständnis bei der Interpretation des Jahresabschlusses ist die mangelnde Unterscheidung zwischen Geld und Vermögen. Vermögen kann in unterschiedlicher Form als Geld-, Sach- oder Forderungsvermögen vorliegen. Geldvermögen liegt zumeist als Bankguthaben oder cash in der Kasse vor. Sachvermögen stellen beispielsweise die medizinisch-technischen Geräte oder die Büroausstattung dar. Forderungsvermögen sind im Regelfall Rechnungen für bereits behandelte Patienten, die aber durch diesen oder den Kostenträger noch nicht bezahlt wurden. Der Gewinn oder Verlust eines Krankenhauses bezieht sich immer auf die Veränderung des Vermögens, nicht aber auf die vorhandene Menge an Geld. Die Bedeutung dieser Unterscheidung wird anhand der in der Insolvenzordnung genannten möglichen Insolvenzgründe deutlich. Einerseits ist die bilanzielle Überschuldung eines Krankenhauses ein denkbarer Insolvenzgrund. Diese liegt vor, wenn die Schulden größer sind als das Vermögen. Folge ist ein negatives Reinvermögen. Reinvermögen bedeutet, dass vom Gesamtvermögen des Krankenhauses dessen Schulden, also das Fremdkapital, abgezogen wird. Das Reinvermögen entspricht insofern dem Eigenkapital.

Trotz einer bilanziellen Überschuldung, die sich durch ein negatives Gesamtvermögen zeigt, kann daher durchaus Geld vorhanden sein. Eine bilanzielle Überschuldung heißt also nicht, dass das Unternehmen kein Bankguthaben oder Bargeld mehr vorliegen hat. Andererseits ist die Zahlungsunfähigkeit ein zweiter Insolvenzgrund, bei dem zwar die Kasse und das Bankvermögen nicht ausreichen, um den laufenden Verpflichtungen nachzukommen, aber dennoch bilanziell gesehen Reinvermögen vorhanden sein kann. Es kann durchaus ein positives Reinvermögen vorliegen, nur lässt es sich kurzfristig nicht zu Geld machen. Die Folge ist die Zahlungsunfähigkeit.

Der Bestand an liquiden Mitteln am Jahresende findet sich in der Bilanz als Kassen-bestand und Bankguthaben. Der Geldfluss (sog. Cashflow) während des abgelaufenen Geschäftsjahres ist aber weder in der Bilanz noch in der GuV zu finden, sondern erfordert eine Cashflowrechnung.

Warum ist dies so? Bilanz und GuV sollen ein wahrheitsgemäßes Bild der wirtschaft-lichen Lage aufzeigen. Daher müssen z. B. Investitionen in medizinisch-technische Geräte, die längerfristig genutzt werden, über die Zeit dieser wirtschaftlichen Nutzung verteilt werden (sog. planmäßige Abschreibung). Weiterhin sind Rückstellungen für Verpflichtungen in der Zukunft zu bilden, deren exakte Höhe oder das Fälligkeitsdatum noch nicht bekannt sind. Beispiel ist eine drohende Abfindungszahlung im Rahmen einer Kündigungsschutzklage eines gekündigten Arbeitnehmers. Buchtechnische Vorgänge wie Abschreibungen oder die Bildung an Rückstellungen verursachen keine unmittelbaren Geldflüsse, verändern aber den Gewinn.

Hintergrundinformation

Ein Krankenhaus weist nach Zinsen und Steuern einen Gewinn von 1.500.000 € aus. Auch im Vorjahr wurde bereits ein Gewinn von 870.000 € erzielt. Allerdings sind derzeit nur 25.000 € an Bargeld vorhanden und weitere 73.000 € als Bankguthaben.

Eine spontane Frage ist deshalb: Wo ist der ganze Gewinn geblieben?

Diese Frage lässt sich leicht beantworten, wenn man sich den Unterschied zwischen liquiden Mitteln und Gewinn vergegenwärtigt. Der Gewinn von 2.370.000 € kann auf diverse Arten vor-handen sein, einerseits als Geldvermögen (Kasse und Bank), andererseits aber auch gebunden in Form von Gebäuden, Geräten, Betten oder Materialien. Liquides Geld kann also auf verschiedene Weisen Verwendung finden, beispielsweise können damit Investitionen finanziert, Schulden getilgt oder Gewinne an die Eigner ausgeschüttet werden. Nur der Teil, der als Kassen- oder Bankvermögen nicht anderweitig verwendet wird, steht tatsächlich als freie Liquidität zur Verfügung.

Was passiert also genau zum Zeitpunkt der Anschaffung, wenn man ein Gerät erwirbt und dieses per Überweisung bezahlt? In der Bilanz zunächst einmal wenig, es wird nur das Bankvermögen geringer, in gleicher Höhe steigt aber das Anlagevermögen. Insgesamt bezogen auf den Gewinn zunächst also ein Nullsummenspiel. Bezüglich der Liquidität stellt sich die Sache anders dar: Es wird Liquidität in Höhe der Anschaffungskosten benötigt, das Guthaben auf dem Bankkonto wird weniger. Eine Gegenbuchung wie in der Bilanz gibt es im Rahmen der Liquiditätsbetrachtung nicht.

Es gibt aber auch genau den umgekehrten Fall. Der Gewinn wird geringer, hinsichtlich Liquidität ändert sich jedoch nichts. Zur Veranschaulichung dient nachfolgendes Beispiel.

Beispiel

Ein Krankenhaus kündigt einen Mitarbeiter, der daraufhin eine Kündigungsschutz-klage erhebt. Da ein Risiko besteht, dass der Prozess, der erst im darauffolgenden Geschäftsjahr stattfindet, verloren geht, wird für dieses Risiko eine Rückstellung in Höhe von 10.000 € gebildet. Der Gewinn wird um diese 10.000 € verringert. Für die Liquidität ergeben sich jedoch keine Veränderungen, da bislang noch kein Geld tatsächlich ausgegeben wurde.

Nachfolgend werden nur folgende Punkte betrachtet: Zunächst wird die Grundstruktur einer Bilanz erläutert sowie dargestellt, welche Informationen man aus einer Bilanz gewinnen kann. Im Anschluss werden die einzelnen Bilanzposten dargestellt und erklärt. Abschließend wird auf die weiteren Bestandteile eines Jahresabschlusses eingegangen. Hierbei werden v. a. auch die einzelnen Posten der Gewinn- und Verlustrechnung genauer betrachtet.

2.3 Bilanz

2.3.1 Einführung in die Bilanzierung

Die Bilanz ist eine Abschlussrechnung, sie gibt den Stand des Vermögens und der Schulden zu einem ganz bestimmten Zeitpunkt (sog. Stichtag) wieder. Sie ist damit eine Momentaufnahme eines Unternehmens. Die zum Bilanzstichtag festgestellten Werte ändern sich durch die laufende Geschäftstätigkeit; jede Änderung einer Position bewirkt mindestens die Änderung einer weiteren Position. Eine Bilanz ist zu Beginn der Geschäftstätigkeit und für den Schluss eines jeden Geschäftsjahres eines Krankenhauses aufzustellen. Beide Seiten der Bilanz müssen ausgeglichen sein. Das italienische Wort „bilancia" bedeutet Waage, das lateinische Wort „bilanx" bedeutet Doppelwaage. Die Tab. 2.2 gibt einen ersten grundlegenden Überblick über die Grundstruktur und die Bestandteile einer Bilanz.

▶ **Wichtig**
Die **linke Seite der Bilanz**, die sog. **Aktiva**, weist aus, in welcher Form das Vermögen eines Krankenhauses vorliegt. Die Aktiva signalisieren folglich, in welche Vermögenswerte das Kapital der Klinik investiert wurde, daher wird auch von der Investitionsseite der Bilanz gesprochen. Auch die Bezeichnung Verwendungsseite ist anzutreffen, da die linke Seite der Bilanz zeigt, wie die zur Verfügung stehenden Mittel verwendet wurden.

Die **rechte Seite der Bilanz**, sog. **Passiva**, gibt an, woher das Kapital stammt. Man unterscheidet zwischen Eigen- und Fremdkapital. Das Kapital dient zur Finanzierung des auf der linken Seite stehende Vermögens. Da jegliches Vermögen auch finanziert sein muss, muss die Bilanz immer ausgeglichen sein, das heißt, Aktiva und Passiva befinden sich in einem Gleichgewicht.

Die Bilanz ist im Gegensatz zur GuV nicht auf einen Zeitraum bezogen, sondern auf einen Zeitpunkt. Deshalb wird die Bilanz zu einem bestimmten Datum erstellt (normalerweise zum 31.12. eines Jahres), während die GuV sich auf das gesamte Geschäftsjahr bezieht (zumeist 1.1. bis 31.12. eines Jahres). Die GuV soll alle Veränderungen des Reinvermögens im Laufe eines Geschäftsjahres erfassen, während die Bilanz die Vermögens- und Kapitalbestände am Bilanzstichtag aufzeigt. Bildlich gesprochen ist die Bilanz also ein

Tab. 2.2 Grundstruktur und Bestandteile einer Bilanz

Aktiva	Passiva
Aktiva geben Auskunft über die Vermögensformen bzw. den Vermögensaufbau des Krankenhauses	Passiva zeigen die Vermögensquellen bzw. den Kapitalaufbau des Krankenhauses auf
Zeigen die Mittelverwendung bzw. Investitionen des Krankenhauses	Stellen die Mittelherkunft bzw. Finanzierung des Krankenhauses dar
Unterteilung erfolgt in Anlage- und Umlaufvermögen	Unterteilung erfolgt in Eigen- und Fremdkapital
Diese Seite ist nach der „Flüssigkeit" (Liquidierbarkeit) geordnet	Diese Seite ist nach der Fälligkeit geordnet.
Aktiva zeigen auf, was in einem Krankenhaus vorhanden ist.	Passiva weisen aus, wem das Krankenhaus eigentlich gehört
Aktiva geben Auskunft über die Vermögensformen bzw. den Vermögensaufbau des Krankenhauses	Passiva zeigen die Vermögensquellen bzw. den Kapitalaufbau des Krankenhauses auf

Foto, das einen exakten genauen Zeitpunkt festhält, während die GuV ein laufender Film mit der Länge eines Geschäftsjahres ist.

Letztendlich kann man mithilfe der Bilanz also auf drei Fragestellungen eine Antwort geben:

- Was sind die Vermögensgegenstände zum Stichtag wert?
- Welche Veränderungen haben sich gegenüber dem Vorjahr ergeben?
- Birgt die Finanzierung des Krankenhauses Risiken?

Bezüglich des dritten Punkts wird zu einem späteren Zeitpunkt noch auf die sog. goldene Bilanzregel eingegangen, um den Finanzierungsaspekt genauer zu betrachten.

Dadurch, dass die beiden Seiten einer Bilanz immer ausgeglichen sein müssen, lassen sich folgende grundlegende Bilanzgleichungen ableiten:

$$\text{Aktiva}(\text{Vermögen}) = \text{Passiva}(\text{Kapital})$$

$$\text{Aktiva}(\text{Vermögen}) = \text{Eigenkapital} + \text{Fremdkapital}$$

Durch Umstellung der zweiten Gleichung lässt sich folglich zum Eigenkapital eines Krankenhauses folgende Gleichung ermitteln:

$$\text{Eigenkapital} = \text{Aktiva} - \text{Fremdkapital}$$

Grundlage der Erstellung der Bilanz sind die *Inventur* und das daraus abgeleitete *Inventar.*

> ▶ Die **Inventur** bezeichnet den Vorgang der kompletten Bestandsaufnahme von
> Menge und Wert aller im Krankenhaus vorhandenen Vermögensgegenstände.
> Ebenso sind die Schulden zu erfassen. Unter Inventar wird das Ergebnis der
> Inventur verstanden. Das **Inventar** umfasst folglich den genauen und ausführ-
> lich dargestellten Bestand der erfassten Vermögensgegenstände und Schulden.
> Durch das Inventar wird sichergestellt, dass alle in der Bilanz erfassten Informatio-
> nen den Tatsachen entsprechen. Die Inventur ist damit das mengen- und wertmä-
> ßige Erfassen des Vermögens und der Schulden zu einem definierten Zeitpunkt
> (Bestandsaufnahme). Das Inventar ist das daraus resultierende Verzeichnis der Ver-
> mögensteile und Schulden zu einem bestimmten Zeitpunkt (Bestandsverzeichnis).
> Die Bilanz wiederum stellt in Kontenform eine Kurzfassung des Inventars dar.

Jedes Krankenhaus ist zur Durchführung einer jährlichen Inventur und der Erfassung
des Inventars verpflichtet. Die Aufzeichnungen von Inventur und dem Ergebnis, dem
Inventar, werden schließlich in der Bilanz offengelegt.

Die Inventur unterscheidet sich in körperliche Inventur und Buchinventur. Die körperliche
Inventur erfasst das gegenständliche Inventar (z. B. medizinisch-technische Geräte, Lager-
bestand an Arzneimitteln und Verbandsstoffen). Bei der körperlichen Inventur wird gezählt,
gemessen, geschätzt und gewogen. Die Ergebnisse werden in Bestandslisten eingetragen.
Die Buchinventur umfasst Guthaben und Schulden, Verbindlichkeiten an Lieferanten und
Geldgeber sowie alle Forderungen (z. B. gegenüber Gesetzlichen Krankenversicherungen).
Eine Inventur ist bei der Aufnahme der Geschäftstätigkeit vorzunehmen, in der Folgezeit
zwingend einmal im Jahr. Die Erfassung des Inventars muss lückenlos dargestellt werden, sie
muss fehlerfrei sei und in allen Punkten den Tatsachen entsprechen.

2.3.2   Grundsätze der Bilanzaufstellung

Will man einen Jahresaufschluss aufstellen, muss man sich für einzelne Posten mit drei
Fragestellungen auseinandersetzen. Zunächst gilt es zu klären, ob der Posten überhaupt
angesetzt werden kann (Ansatzvorschriften). Wird dies bejaht, so ist als nächstes zu
überlegen, an welcher Stelle der Posten angesetzt werden kann. Zu beachten sind die
Gliederungsvorschriften. Letzte Frage ist die nach der Höhe des Ansatzes. Es ist anhand
der Bewertungsvorschriften zu klären, in welchem Betrag ein Ansatz erfolgt.

2.3.2.1 Ansatzvorschriften

> ▶ Die Bilanzierung kennt drei Optionen für den **Ansatz von Posten**. Es gibt
> Bilanzierungspflichten, die vorschreiben, dass ein Ansatz erfolgen muss. Beim
> Bilanzierungswahlrecht besteht die Möglichkeit, aber nicht die Pflicht des
> Ansatzes. Zuletzt bestehen Bilanzierungsverbote, die einen Ansatz untersagen.
> Ob ein Posten angesetzt werden muss oder kann, hängt auch davon ab, ob
> es sich um einen Vermögensgegenstand, eine Schuld, einen Rechnungsab-
> grenzungsposten oder eine Bilanzierungshilfe handelt.

Unter einem *Vermögengegenstand* wird nach allgemeiner Auffassung ein Objekt verstanden, das einen wirtschaftlichen Wert im Sinn eines Nutzens über die abgelaufene Periode hinaus besitzt, das einzeln verwertbar ist und dessen Wert hinreichend bewertbar ist.

Beispiel

Ein Vermögengegenstand ist demnach beispielsweise ein medizinisch-technisches Groß-gerät, das in der Diagnostik und/oder Therapie von Patienten verwendet wird. Ist dieses jedoch technisch so weit überholt, dass es nicht mehr eingesetzt werden kann, so stellt es auch keinen Vermögenswert mehr dar, da es nicht mehr den erforderlichen Nutzen stiftet.

Vermögensgegenstände sind immer dann zu bilanzieren, wenn diese sich im wirtschaft-lichen Eigentum eines Krankenhauses befinden. Dieser Begriff ist weitreichender als das rein juristische Eigentum. Übt das Krankenhaus die tatsächliche Herrschaft über den Ver-mögensgegenstand in der Weise aus, dass dadurch der juristische Eigentümer auf Dauer größtenteils von der Einwirkung auf den Vermögensgegenstand ausgeschlossen werden kann, so nutzt es als wirtschaftliche Eigentümer den Gegenstand wie einen eigenen. Typisches Beispiel ist das Leasing von Geräten. Wirtschaftliches Eigentum ist dann wie juristisches Eigentum in der Bilanz zu erfassen.

Eine *Schuld* liegt vor, wenn eine Verpflichtung des Bilanzierenden gegenüber einem Drit-ten besteht, diese Verpflichtung mit einer wirtschaftlichen Belastung für das Krankenhaus verbunden ist und diese Belastung hinreichend bewertbar ist. Schulden werden differenziert in Verbindlichkeit und Rückstellungen. Die Verbindlichkeiten stellen Verpflichtungen dar, die dem Grunde und der Höhe nach gewiss sind. Insofern bestehen hinsichtlich der Bewert-barkeit keine Probleme. Rückstellungen sind dagegen Verpflichtungen, die bezüglich der Wahrscheinlichkeit ihres Eintritts und/oder ihrer Höhe nach ungewiss sind. Daher ist dort die Frage der Bewertung herausfordernder. Sowohl für Verbindlichkeiten als auch Rück-stellungen besteht eine Pflicht zur Bilanzierung.

Rechnungsabgrenzungsposten sind erforderlich, damit der Grundsatz der perioden-gerechten Gewinnermittlung eingehalten werden kann. Sie treten immer dann auf, wenn es sich um Leistungen handelt, die über den Bilanzstichtag hinausgehen. Ein Beispiel sind Mietvorauszahlungen, die bereits im Jahr x erfolgen, die Leistungsinanspruchnahme aber erst im Jahr x + 1 erfolgt. Der Teil der Leistung, der das zu bilanzierende Geschäftsjahr betrifft, wird als Aufwand bzw. Ertrag erfasst; der Teil der Leistung, der das zukünftige Geschäftsjahr betrifft, wird mithilfe eines Rechnungsabgrenzungspostens abgegrenzt.

Weiterhin existieren sog. Bilanzierungshilfen. Diese sollen Posten erfassen, die bilanzierbar sind, aber weder Vermögensgegenstände noch Schulden darstellen. Ein Beispiel, das im Krankenhaus anzutreffen ist, ist das Disagio.

Beispiel

Disagio ist der Betrag, um den der Nennwert eines Kredits sich vom Auszahlwert unterscheidet. Beträgt die Kredithöhe etwa 100.000 € und werden nur 98.000 € aus-bezahlt, so ist die Differenz von 2000 € das Disagio. Dieses stellt keinen echten Ver-mögensgegenstand dar, da es sich lediglich um vorausgezahlte Zinsen handelt.

Ausgleichsposten und Sonderposten existieren in einer Krankenhausbilanz aufgrund der besonderen Finanzierungsvorschriften für Kliniken. Ausgleichsposten können als Ausgleichsposten für Eigenmittelförderung (auf der Aktivseite) und als Ausgleichsposten für Darlehensförderung (auf der Aktiv- und der Passivseite) auftreten. Sie dienen zur Neutralisierung von Abschreibungen. Die Posten werden unter den einzelnen Bilanzpositionen noch genauer erläutert. Sonderposten werden gebildet, wenn Anlagegüter über Zuschüsse und Zuwendungen finanziert werden. Ziel ist es, die Buchung der Anschaffungskosten sowie der Abschreibungen zu neutralisieren. Wie die Ausgleichsposten werden auch die Sonderposten unter den einzelnen Bilanzpositionen genauer erläutert.

2.3.2.2 Gliederungsvorschriften

▶
1. **Für Kapitalgesellschaften** gibt das HGB genaue Gliederungsschemata für die Bilanz und die GuV vor. Eine weitere Untergliederung ist zulässig, ebenso dürfen auch zusätzliche Posten hinzugefügt werden.
2. **Nichtkapitalgesellschaften** können ihre Gliederung von Bilanz und GuV unter Beachtung der Grundsätze der ordnungsgemäßen Buchführung weitgehend frei wählen, es empfiehlt sich aber eine Orientierung an den Vorschriften des HGB.
3. **Für Krankenhäuser** bestehen darüber hinaus die Regelungen der Krankenhausbuchführungsverordnung (KHBV). Dort ist in der Anlage ein besonderes Gliederungsschema für die Bilanz und die GuV eines Krankenhauses enthalten. Es ist aber auch möglich, die handelsrechtlichen Gliederungsvorschriften durch krankenhausspezifische Posten zu ergänzen (Wahlrecht nach § 1 Abs. 3 KHBV).

Für die Gliederung der Bilanz ist der Grundsatz der Klarheit und Übersichtlichkeit zu beachten. Der Mindestinhalt einer Bilanz umfasst nach den handelsrechtlichen Vorgaben das Anlage- und Umlaufvermögen, Eigenkapital und Schulden (Rückstellungen und Verbindlichkeiten) sowie die Rechnungsabgrenzungsposten. Diese sind gesondert auszuweisen und hinreichend aufzugliedern. Verboten ist es grundsätzlich, Posten der Aktivseite mit denen der Passivseite und Aufwendungen mit Erträgen zu verrechnen (Saldierungsverbot). Das Vermögen steht auf der linken Seite der Bilanz. Innerhalb des Anlagevermögens sind solche Vermögensgegenstände erfasst, die dazu bestimmt sind, dauerhaft dem Geschäftsbetrieb zu dienen.

Für die GuV sehen die Vorschriften die Staffelform verpflichtend vor. Diese ermöglicht den Ausweis von Zwischensummen und Zwischenergebnissen, wobei die Erträge und Aufwendungen in bestimmter Weise angeordnet und hierdurch aussagefähige Zwischenergebnisse ermittelt werden.

2.3.2.3 Bewertungsvorschriften

▶ Über die **Bewertungsvorschriften** kann bestimmt werden, mit welcher Höhe die Posten im Jahresabschluss zu erfassen sind.

Vermögensgegenstände sind bei ihrem Zugang höchstens zu Anschaffungs- oder Herstellungskosten anzusetzen. Sie bilden die Grundlage für die Ermittlung von Abschreibungen und stellen gleichzeitig die Bewertungsobergrenze dar. Anschaffungskosten sind die Aufwendungen, die geleistet werden müssen, um einen Vermögensgegenstand zu erwerben und ihn in einen betriebsbereiten Zustand zu versetzen, soweit sie ihm einzeln zurechenbar sind. Daneben sind noch Anschaffungsnebenkosten sowie nachträgliche Erhöhungen und Minderungen zu berücksichtigen. Wurden Vermögensgegenstände kostenfrei erworben (z. B. durch eine Sachspende), sind fiktive Anschaffungskosten anzusetzen, die in der Regel dem Betrag entsprechen, den diese bei entgeltlichem Erwerb gekostet hätten. Während sich die Anschaffungskosten auf von Dritten erworbene Vermögensgegenstände beziehen, betreffen die Herstellungskosten selbst geschaffene Vermögensgegenstände. Ein Beispiel sind durch eigene Mitarbeiter erstellte Bauten.

2.3.2.4 Wertminderung

Ist die Wertobergrenze des Vermögensgegenstands durch Festlegung der Anschaffungs- bzw. Herstellungskosten festgelegt, stellt sich die Frage, inwieweit dieser Wert nach unten angepasst werden kann oder muss. Wertminderungen werden durch Abschreibungen erfasst. Der Regelfall sind planmäßige Abschreibungen. Durch die Nutzung eines Anlagegegenstands wird dieser an Wert verlieren, dies wird durch Abschreibungen erfasst. Zudem gibt es die nicht vorhersehbare, unregelmäßige Wertänderung (sog. außerplanmäßige Abschreibungen). Diese tritt ein, wenn beispielsweise ein Gerät aufgrund eines Brandschadens derart zerstört ist, dass es nicht mehr genutzt werden kann. Grundlage für planmäßige Abschreibungen ist, dass man bei Vermögensgegenständen, deren Nutzung zeitlich begrenzt ist und sich über mehrere Perioden verteilt, nur dann einen periodengerechten Gewinn ermitteln kann, wenn der Wertverlust je Periode erfasst und dieser zugeordnet wird. Wie die Bemessungsgrundlage auf den Abschreibungszeitraum verteilt wird, ergibt sich aus dem gewählten Abschreibungsverfahren. Grundsätzlich unterscheidet man drei Abschreibungsverfahren, die lineare, die degressive und die Leistungsabschreibung. Bei der linearen Abschreibung werden gleiche Abschreibungsbeträge in jedem Jahr vorgenommen, bei der degressiven Methode wird stets ein konstanter Abschreibungsprozentsatz auf den jeweiligen Restbuchwert abgeschrieben. Bei der Leistungsabschreibung wird die Abschreibung entsprechend dem Verhältnis Periodenleistung zu Gesamtleistung des Vermögensgegenstandes vorgenommen.

Für sog. *geringwertige Anlagegüter (GWG)* gibt es vereinfachende Regelungen. Dies sind Wirtschaftsgüter, die abnutzbar, beweglich sowie dem Anlagevermögen zuzuordnen und zu einer selbstständigen Nutzung fähig sind. Hierunter fallen z. B. Tablets, Laptops, Geschirr, Stühle oder Tische. Hierbei gibt es mehrere voneinander zu trennende

Fälle. Wirtschaftsgüter des Anlagevermögens müssen normalerweise über die betriebsgewöhnliche Nutzungsdauer abgeschrieben werden. Diese spielt keine Rolle, wenn es sich um geringwertige Wirtschaftsgüter bis 250 € netto handelt. Diese können (aber müssen nicht) im Jahr der Anschaffung oder Herstellung sofort komplett als Betriebsausgaben abgezogen erfasst werden. Wirtschaftsgüter, deren Kosten mehr als 250 € netto aber nicht mehr als 1000 € netto betragen, können zu einem Sammelposten zusammengefasst werden, der bei der Anwendung der Poolabschreibung verteilt über fünf Jahre als Betriebsausgaben abzuschreiben sind. Alternativ zu den vorstehenden Varianten können Wirtschaftsgüter mit Anschaffungskosten bis 800 € netto als geringwertige Wirtschaftsgüter im Jahr der Anschaffung komplett abgeschrieben werden.

Zusammenfassend sind also drei Szenarien bei Abschreibungen denkbar:

I.   Alle Anlagegüter mit Kosten bis zu 800 € netto werden sofort abgeschrieben. Sämtliche anderen Güter mit Kosten über 800 € netto werden über die betriebsgewöhnliche Nutzungsdauer abgeschrieben.

II.   Alle Anlagegüter mit Kosten bis zu 250 € netto werden sofort abgeschrieben. Sämtliche Güter mit Kosten über 250 € netto bis zu 800 € netto werden zu einem Sammelposten zusammengefasst, der über fünf Jahre abgeschrieben wird.

III. Alle Anlagegüter (unabhängig von den Kosten) werden über die betriebsgewöhnliche Nutzungsdauer abgeschrieben

Für nicht vorhersehbare, unregelmäßige Wertminderungen sind sog. außerplanmäßige Abschreibungen denkbar. Eine Erfassung einer besonderen Wertminderung resultiert aus dem Vorsichtsprinzip. Außerplanmäßige Abschreibungen können sowohl das Anlagevermögen als auch das Umlaufvermögen betreffen. Von Bedeutung ist hierbei das sog. *Niederstwertprinzip,* das in zwei Varianten existent ist.

▶   **Wichtig**
Gemildertes Niederstwertprinzip: Bei Vermögensgegenständen des Anlagevermögens sind bei voraussichtlich dauernder Wertminderung außerplanmäßige Abschreibungen vorzunehmen, um diese mit dem niedrigeren Wert anzusetzen, der ihnen am Abschlussstichtag beizulegen ist. Bei Finanzanlagen können außerplanmäßige Abschreibungen auch bei voraussichtlich nicht dauernder Wertminderung vorkommen (Wahlrecht).

Strenges Niederstwertprinzip: Von den möglichen Wertansätzen ist bei den Vermögensgegenständen des Umlaufvermögens stets der niedrigste Wert anzusetzen. Umgekehrt gilt dies auch für Aufwandspositionen. Bei der Bewertung von Verbindlichkeiten gilt demnach das Höchstwertprinzip

Der Zweck des Niederstwertprinzips ist folglich in der Berücksichtigung des Vorsichtsprinzips (Gläubigerschutz) bei der Bewertung zu sehen.

2.3.2.5 Werterhöhungen (Zuschreibungen)

Wenn in der Vergangenheit außerplanmäßige Abschreibungen vorgenommen wurden und die Gründe hierfür nicht mehr bestehen, so muss grundsätzlich eine Zuschreibung gebildet werden. Das Höchstwertprinzip besagt, dass die absolute Obergrenze für die Bewertung eines Vermögensgegenstands die Anschaffungs- oder Herstellungskosten sind. Zur Veranschaulichung dienen folgende Beispiele:

Beispiel

Ein Grundstück wurde für 1.000.000 € erworben und hat auch einen Buchwert von 1.000.000 €. Inzwischen ist es aber mit einem gängigen Marktwert von 1.200.000 € bewertet. Eine Zuschreibung ist nicht zulässig, da die absolute Obergrenze die Anschaffungskosten sind. Folglich entsteht eine sog. stille Reserve in Höhe von 200.000 €. Unter einer stillen Reserve versteht man Bestandteile des Eigenkapitals, die sich nicht aus der Bilanz ablesen lassen. Eigentlich wäre das Unternehmen also um 200.000 € an Eigenkapital reicher, als es aus der Bilanz ersichtlich wird.

Beispiel

Ein Grundstück wurde für 1.000.000 € erworben und hat aufgrund einer außerplanmäßigen Abschreibung zwischenzeitlich nur noch einen Buchwert von 900.000 €. Inzwischen ist es aber mit einem gängigen Marktwert von 1.200.000 € bewertet. Handelsrechtlich muss zugeschrieben werden, da der Grund für eine außerplanmäßige Abschreibung nicht mehr besteht (Wertaufholungsgebot). Da es sich bei Grundstücken um nicht abnutzbare Vermögensgegenstände des Anlagevermögens handelt, muss die Korrektur des Buchwerts im Vergleich zu den Anschaffungskosten Folge einer außerplanmäßigen Abschreibung sein. Ist der Grund nicht mehr vorhanden, ist auf den zulässigen Höchstwert zuzuschreiben. Dies sind die Anschaffungskosten und nicht der aktuelle Marktwert.

2.3.2.6 Bewertungsvereinfachungsverfahren

Grundsätzlich gilt das Prinzip der Einzelbewertung. Unter bestimmten Voraussetzungen sind für Vermögensgegenstände Bewertungsvereinfachungsverfahren zulässig. Grund dafür ist, dass eine Einzelbewertung entweder nicht möglich ist oder eine unzumutbare Arbeitsbelastung bedeuten würden. Beispiele für Vereinfachungen sind:

- **Festbewertung** – Ist der Bestand, Wert und die Zusammensetzung des Vermögensgegenstandes nur geringen Schwankungen unterworfen, wie dies beispielsweise beim Bestand an Geschirr für die Speisenversorgung der Fall ist, kann ein fester Wert über mehrere Jahre hinweg angesetzt werden.
- **Durchschnittsbewertung** – Aus den zu unterschiedlichen Preisen erworbenen Waren wird entweder einmal zum Jahresende ein Durchschnittswert gebildet oder es werden während des Jahres laufende Durchschnitte errechnet.

- **Verbrauchsfolgeverfahren** – Das Handelsrecht lässt es zu, dass für den Wertansatz gleichartiger Vermögensgegenstände des Vorratsvermögens unterstellt wird, dass die zuerst (FIFO) oder dass die zuletzt (LIFO) angeschafften oder hergestellten Vermögensgegenstände zuerst verbraucht oder veräußert worden sind.
- **FIFO** steht für First In – First Out und führt bei der Bewertung dazu, dass immer zunächst angenommen wird, dass die ältesten Gegenstände zuerst verbraucht werden. Sind demnach bei der Bewertung noch zehn Stück auf Lager, sind diese mit den Preisen der zehn zuletzt angeschafften Güter zu bewerten.
- **LIFO** (Last In – First Out) meint genau Gegenteiliges: Man unterstellt, dass die zuletzt gekauften Güter zunächst verbraucht werden. Für die Bewertung der zehn Stück würden daher die Preise der zehn am längsten zurückliegenden Käufe Verwendung finden.

2.3.2.7 Forderungsbewertung

Forderungen werden normalerweise mit ihrem Nennwert bewertet (z. B. Höhe des Rechnungsbetrags eines Patienten). Zweifelhafte Forderungen, also Forderungen, bei denen begründete Anhaltspunkte dafür vorliegen, dass mit einer nur teilweisen Begleichung gerechnet werden kann, sind um den wahrscheinlichen Forderungsausfall abzuschreiben.

Beispiel

Dies ist etwa dann der Fall, wenn es bei einem Schuldner ein Insolvenzverfahren gibt und mit einer Insolvenzquote von nur 10 % zu rechnen ist; 90 % der Forderung wären demnach abzuschreiben. Steht fest, dass eine Forderung uneinbringlich ist, ist sie in voller Höhe abzuschreiben. Dies ist etwa dann der Fall, wenn ein Privatpatient infolge einer Privatinsolvenz die Rechnung nicht mehr bezahlen wird.

2.3.2.8 Bewertung von Schulden

▶ **Verbindlichkeiten** sind grundsätzlich mit ihrem Erfüllungsbetrag anzusetzen. Bei einer Geldverpflichtung ist der Geldbetrag anzusetzen, der bei Fälligkeit zu leisten ist. Handelt es sich um eine Sachleistungsverpflichtung, ist der Betrag anzusetzen, der aufgewendet werden muss, um die Sachleistungsverpflichtung zu erfüllen.

Rentenverpflichtungen ohne erwartete Gegenleistung sind mit ihrem Barwert anzusetzen. Beispiel einer Rentenverpflichtung sind Kaufpreisschulden, die als Leib- oder Zeitrente geleistet werden. Ist die Gegenleistung erbracht, bevor die Rentenzahlungen fließen, ist eine Gegenleistung nicht mehr zu erwarten.

Rückstellungen stellen zukünftige Verpflichtungen dar, die sowohl der Höhe, als auch der tatsächlichen Fälligkeit nach unbekannt sind. Ihre Bewertung in der Bilanz ist daher nicht so klar definierbar, wie es z. B. bei Verbindlichkeiten, die mit dem Rückzahlungsbetrag anzusetzen sind, der Fall ist. Das HGB schreibt den Wertansatz in § 253 Abs. 1 vor.

§ 253 Abs. 1 HGB

Vermögensgegenstände sind höchstens mit den Anschaffungs- oder Herstellungskosten, vermindert um die Abschreibungen [...] anzusetzen. Verbindlichkeiten sind
zu ihrem Erfüllungsbetrag und Rückstellungen in Höhe des nach vernünftiger kauf-
männischer Beurteilung notwendigen Erfüllungsbetrags anzusetzen.

Der unsichere Charakter von Rückstellungen macht deshalb Schätzungen der anzusetzenden
Höhe erforderlich. Durch die Bildung der Posten entsteht ein Aufwand, der der laufenden
Periode wirtschaftlich zuzuordnen ist. Wird in einer der nachfolgenden Perioden die der
Rückstellung zugrunde liegende Verpflichtung tatsächlich beglichen, hat dies in Höhe des
in Anspruch genommenen zurückgestellten Betrags keine Ergebniswirkung, da die Rück-
stellung in gleicher Höhe aufgelöst wird. Entfällt dagegen in einer späteren Periode der
Grund für die Rückstellungsbildung, ist sie in dieser Periode entsprechend ertragswirk-
sam aufzulösen. Ist die Rückstellung höher als der tatsächlich zu leistende Betrag, wird die
Differenz erfolgswirksam aufgelöst. Für den Fall, dass die Rückstellung nicht ausreicht, entsteht ein zusätzlicher Aufwand für die laufende Periode.

2.3.3 Positionen einer Bilanz

Die einzelnen Positionen der Bilanz sind wie bereits dargestellt nach ihrer Fristigkeit
sortiert: Langfristig dem Krankenhaus zur Verfügung stehendes Vermögen bzw. Kapital
steht ganz oben, auf dem Weg nach unten werden die Positionen immer kurzfristiger.

Beispiel

Der Krankenhausbau steht im Regelfall langfristig zur Verfügung, sodass dieser weit
oben in einer Bilanz zu finden sein wird. Der Barbestand in der Kasse wird sich
dagegen schnell ändern, immer wieder wird Geld gebraucht oder es kommt neues
Geld hinzu. Somit wird der Kassenbestand weiter unten in der Bilanz ausgewiesen.

Die Abb. 2.1 zeigt die Grundstruktur einer Bilanz.

Für die Einordnung der Vermögensgegenstände unter Anlagevermögen oder Umlauf-
vermögen ist maßgeblich, ob diese dazu bestimmt sind, dem Geschäftsbetrieb eines
Krankenhauses dauernd zu dienen. Unter Anlagevermögen versteht man daher Güter wie
Sachanlagen (medizinisch-technische Geräte, Autos, Büroausstattung), Finanzanlagen
(Wertpapiere, Anleihen) oder immaterielle Vermögensgegenstände (Lizenzen, Patente).
Das Umlaufvermögen beinhaltet im Umkehrschluss diejenigen Posten, die nicht zum
Anlagevermögen zählen, also beispielsweise Vorräte, Forderungen gegenüber Schuld-
nern (z. B. Krankenkassen) und Geldvermögen wie Bankguthaben und Kredite. Das
Umlaufvermögen verbleibt folglich nur kurze Zeit in der Klinik.

Aktiva (Vermögen)	Passiva (Kapital)
Anlagevermögen	Eigenkapital
I. Anlagevermögen	
II. Sachanlagen	Sonderposten aus Zuwendungen zur
III. Finanzanlagen	Finanzierung des Sachanlagevermögens
Umlaufvermögen	Rückstellungen
I. Vorräte	
II. Forderungen und sonstige	Verbindlichkeiten
Vermögensgegenstände	
III. Wertpapiere des Umlaufvermögens	Ausgleichsposten aus
IV. Schecks, Kassenbestand,	Darlehensförderung
Bundesbank- und Postgiroguthaben,	
Guthaben bei Kreditinstituten	Rechnungsabgrenzungsposten
Ausgleichposten nach dem KHG	
Rechnungsabgrenzungsposten	
Nicht durch Eigenkapital gedeckter	
Fehlbetrag	

Abb. 2.1 Grundstruktur einer Bilanz. *KHG* Krankenhausfinanzierungsgesetz

Vermögensgegenstände sind mit den Anschaffungs- oder Herstellungskosten zu bewerten, vermindert um den in den Abschreibungen erfassten Wertverlust. Anschaffungskosten werden bewertet mit den Aufwendungen, die geleistet werden, um einen Vermögensgegenstand zu erwerben und ihn in einen betriebsbereiten Zustand zu versetzen (z. B. Kosten für Anschluss an die Stromversorgung), soweit sie dem Vermögensgegenstand einzeln zugeordnet werden können. Dazu gehören auch Nebenkosten wie Kosten für vor der Inbetriebnahme durchzuführende Sicherheitsprüfungen. Entsprechend sind Anschaffungspreisminderungen abzusetzen.

Herstellungskosten sind Aufwendungen, die durch den Verbrauch von Gütern und die Inanspruchnahme von Diensten für die Herstellung eines Vermögensgegenstands, seine Erweiterung oder für eine über seinen ursprünglichen Zustand hinausgehende wesentliche Verbesserung entstehen. Dazu gehören etwa die Personal- und Materialkosten. Herstellungskosten sind beispielsweise dann von Bedeutung, wenn ein Gebäude in Eigenregie erbaut wurde.

Während die Ermittlung der Anschaffungskosten weitgehend unkompliziert ist, führt die Ermittlung der Herstellungskosten zu einem hohen Aufwand. Es muss auf Daten aus der internen Kostenrechnung zurückgegriffen werden, um die anteiligen Kosten etwa für Personal oder Sachmittel ermitteln zu können.

Auf den Begriff der Abschreibungen wird bei der Darstellung der Gewinn- und Verlustrechnung (Abschn. 2.3.4) genauer eingegangen.

2.3.3.1 Bilanzpositionen auf der Aktivseite
Anlagevermögen

▶ **Wichtig**
Das **Anlagevermögen** setzt sich zusammen aus drei Positionen zusammen:

- Immateriellen Vermögensgegenständen
- Sachanlagen
- Finanzanlagen

Immaterielle Vermögensgegenstände kommen in Kliniken zumeist nur in Form von Software vor. Andere Vermögensgegenstände wie Lizenzen oder Konzessionen spielen i. d. R. keine Rolle.

Sachanlagen sind der Hauptbestandteil des Anlagevermögens eines Krankenhauses. Sie setzen sich aus mehreren Bereichen zusammen:

- *Grundstücke und grundstücksgleiche Rechte mit Betriebsbauten einschließlich der Betriebsbauten auf fremden Grundstücken* – Betriebsbauten sind solche Bauten, die der Erbringung von Krankenhausdienstleistungen dienen, dazu zählen auch Wirtschaftsgebäude wie Wäscherei und Küche sowie Verwaltungsgebäude. Unter grundstücksgleiche Rechte fallen Rechte, die im bürgerlichen Recht wie Grundstücke behandelt werden, ohne direkt ein solches zu sein. Ein Beispiel für ein grundstücksgleiches Recht ist das Wohnungs- und Teileigentum oder das Erbbaurecht.
- *Grundstücke und grundstücksgleiche Rechte mit Wohnbauten einschließlich der Wohnbauten auf fremden Grundstücken* – Grundstücke und grundstücksgleiche Rechte ohne Bauten.
- *Technische Anlagen* – Dazu zählen technische Anlagen in Gebäuden, die nicht dem Gebäude selbst zuzurechnen sind, z. B. Aufzüge oder medizinische Großgeräte.
- *Einrichtungen und Ausstattungen* – Hierunter fallen sowohl Einrichtungen und Ausstattungen in Betriebs- wie auch Wohnbauten sowie Gebrauchsgüter. Als Gebrauchsgüter werden Anlagegüter mit einer durchschnittlichen Nutzungsdauer von bis zu drei Jahren definiert. Eine exemplarische Liste kann der Anlage 1 der Verordnung über die Abgrenzung der im Pflegesatz nicht zu berücksichtigenden Investitionskosten von den pflegesatzfähigen Kosten der Krankenhäuser (Abgrenzungsverordnung, AbgrV) entnommen werden. Dort sind beispielsweise Dienst- und Schutzkleidung, Wäsche, Textilien, Glas- und Porzellanartikel, Geschirr und sonstige Gebrauchsgüter des medizinischen Bedarfs wie Atembeutel oder Narkosemasken aufgeführt.
- *Geleistete Anzahlungen und Anlagen im Bau* – Geleistete Anzahlungen auf Sachanlagen liegen vor, wenn das Entgelt bereits voll oder teilweise entrichtet wurde, obwohl die Leistung noch nicht oder noch nicht vollständig ausgeführt wurde. Durch den Ausweis wird gezeigt, dass Investitionen in das Anlagevermögen erfolgt sind. Bei Anlagen im Bau handelt es sich um Vermögensgegenstände, deren Herstellung noch

nicht abschließend beendet ist. Unerheblich ist es dabei, ob die Herstellung durch das eigene Krankenhaus oder ein fremdes Unternehmen erfolgt. Alle Aufwendungen, die mit dem Bau der Anlage zusammenhängen, werden vorübergehend in der Position Anlagen im Bau erfasst.

Umlaufvermögen

▶ Das **Umlaufvermögen** sind Vermögensgegenstände, die nur für kurze Zeit im Krankenhaus sind. Es gliedert sich in Vorräte, Forderungen und sonstige Vermögensgegenstände, Wertpapiere des Umlaufvermögens, Schecks, der Kassenbestand, das Bundesbankguthaben sowie das Guthaben bei Kreditinstituten.

Wertpapiere können dem Anlage- oder dem Umlaufvermögen zugeordnet werden. Der Erwerb von Wertpapieren erfolgt oftmals mit dem Ziel, Zinserträge zu erwirtschaften. Ein anderer Zweck kann sein, mit diesen Papieren zu handeln, um kurzfristig Kursgewinne zu realisieren. Aktien dienen dann einem spekulativen Zweck; die Haltedauer ist kurzfristig. Damit ist eine Zuordnung zum Umlaufvermögen vorzunehmen. Dienen sie dazu, zu einem anderen Unternehmen eine dauerhafte Beziehung herzustellen, ist die Haltedauer planmäßig und damit längerfristig. Eine Zugehörigkeit zum Anlagevermögen resultiert daraus. Für die Zuordnung zum Anlage- oder dem Umlaufvermögen ist deshalb im Einzelfall von den subjektiven Absichten des Krankenhauses abhängig.

Nachfolgend werden die einzelnen Positionen des Umlaufvermögens dargestellt.

Vorräte

Die Vorräte lassen sich in drei Teilbereiche gliedern:

- *Roh-, Hilfs- und Betriebsstoffe*
  Roh-, Hilfs- und Betriebsstoffe werden extern bezogen und in den Leistungsprozessen verbraucht. Als Rohstoffe gelten solche Vorräte, die als wesentliche Bestandteile unmittelbar in ein Produkt eingehen (z. B. Lebensmittel bei der Speisenherstellung, Hüftimplantat bei Implantation in den Patienten). Hilfsstoffe gehen nur als Nebenbestandteile in ein Produkt ein (z. B. Schrauben, Nahtmaterial). Betriebsstoffe dienen lediglich der Leistungserstellung und werden nicht Bestandteil eines Produkts. Hierunter fallen beispielsweise Heizöl oder Schmierstoffe.
- *Unfertige Erzeugnisse, unfertige Leistungen*
  Unfertige Erzeugnisse sind ver- oder bearbeitete Materialien und fallen insoweit lediglich bei Produktionsprozessen an. Unfertige Leistungen finden sich hauptsächlich in Dienstleistungsbetrieben wieder, also typischerweise auch in Kliniken. Im Krankenhaus sind erbrachte Fallpauschalenleistungen bei Patienten, deren Behandlung sich über den Abschlussstichtag hinaus erstreckt (sog. Überlieger), am Bilanzstichtag als unfertige

Leistungen auszuweisen. Da die Abrechnung dieser Patienten erst nach dem Bilanz-stichtag erfolgt, stehen dem angefallenen Personal- und Sachaufwendungen keine direkten Umsatzerlöse gegenüber. Insofern wird mit der Erfassung als unfertige Leistung eine ersatzweise Ertragsbuchung vorgenommen, die die bis zum Bilanzstichtag angefallenen Aufwendungen darstellt. Die Erfassung ist damit zur periodengerechten Gewinnermittlung erforderlich.

Durch die Bayerische Krankenhausgesellschaft wird eine Hilfe zur Bilanzierung und Abgrenzung von DRG-Überliegern in Form einer Exceltabelle zur Verfügung gestellt (Abb. 2.2).

In Abb. 2.2 sind exemplarisch zwei Beispiele zu Bilanzierung und Abgrenzung enthalten.

Beispiel

Patient Müller, Hans wurde am 25.12.2017 aufgenommen und am 05.01.2018 entlassen. Codiert wurde die DRG I44D, der eine operative Partition zugrunde liegt.

Patientin Meier, Tanja wurde am 27.12.2017 aufgenommen und am 04.01.2018 entlassen. Codiert wurde die DRG I64C, der eine medizinische Partition zugrunde liegt.

Die Zahl der individuellen Belegungstage entspricht der Verweildauer, diese ist jeweils (mit Ausnahme von Tagesfällen) um einen Tag niedriger, als die Zahl der Behandlungstage (dort wird jeder Tag gezählt).

Da davon ausgegangen wird, dass Behandlungen insbesondere am Anfang des Aufenthalts aufwendiger sind als bei Fortschreiten der Verweildauer, fallen zu Beginn auch höhere Kosten an. Im Umkehrschluss will man bei der Verteilung der Erlöse somit auch erreichen, dass ein höherer Anteil der Erlöse der Anfangszeit der Behandlung zugeordnet werden. Dies wird erreicht, indem nach Partition differenziert, eine bestimmte Anzahl an Tagen mit einem höheren Gewicht bewertet werden. Die Anzahl der Tage und die Gewichtung sind unterschiedlich, da bei einer operativen Partition durch die Operation im Regelfall in den ersten Tagen der Behandlung hohe Kosten anfallen, die bei einer medizinischen oder anderen Partition in dieser Höhe nicht anfallen. Die maximale Zahl an Tagen und die zugehörige Gewichtung nach Partition ist oben rechts in Abb. 2.2 ersichtlich.

Im Bereich 12 wird nun für die Patienten eine Zahl an gewichteten Tagen berechnet:

$$\text{Fall Müller: } 4 \times 2{,}5 + 8 = 18$$

$$\text{Fall Meier: } 3 \times 1{,}2 + 6 = 9{,}6$$

Als nächstes werden die gewichteten Behandlungstage den Jahren x und $x+1$ zugeordnet. Auf Basis der Zuordnung können nunmehr die anteiligen Erlöse für die Jahre ermittelt werden.

	Gewichtung	Tage	Faktor
	O	4	2.5
	M	3	1.2
	A	3	1.5
	...	...	...

Zeile		1	2	...	Summe
1	Name	Müller Hans	Meier Tanja	...	
2	Patientennummer	MH2512	MT2712		
3	Aufnahmedatum	25-12-2017	27-12-2017		
5	Entlassungsdatum	05-01-2018	04-01-2018		
6	Anzahl der individ. Belegungstage gesamt	11	8		
7	Behandlungstage	12	9		
8	Davon Anzahl der Behandlungstage im	7	5		
9	DRG-Fallpauschale	I44D	I64C		
10	Partition der DRG (O, M, A)	O	M		
11	Erlös incl. Zu-/Abschläge (oGVD, uGVD, Verlegungsabschlag) ohne Zusatzentgelte	6,825.00 €	2,604.00 €		
12	Gewichtung der Behandlungstage	...	...		
12.1	maximal gewichtete Tage	4	3		
12.2	Gewichtungsfaktor	2.5	1.2		
12.3	Gewichtete Behandlungstage gesamt	18.00	9.60		
12.4	Anteil Geschäftsjahr x-1/x	...	...		
12.5	Gewichtete Behandlungstage x	13.00	5.60		
12.6	Gewichtete Behandlungstage x+1	5.00	4.00		
13	Anteil der bewerteten Leistungen	...	...		
13.1	**Geschäftsjahr x gesamt**	...	...		
13.2	**Nr. 11 * Nr. 12.5 / Nr. 12.3**	4,929.17 €	1,519.00 €		6,448.17
13.3	**Geschäftsjahr x+1 gesamt**	...	...		
13.4	**Nr. 11 * Nr. 12.6 / Nr. 12.3**	1,895.83 €	1,085.00 €		2,980.83
14	Probe 13.2 + 13.4	6,825.00 €	2,604.00 €		

Abb. 2.2 Bilanzierung und Abgrenzung von Überliegern. (In Anlehnung an BKG 2018)

Fall Müller

$$\text{Zuordnung für das Jahr } x: \frac{13}{18} \times 6825,00\, € = 4929,17\, €$$

$$\text{Zuordnung für das Jahr } x + 1: \frac{5}{18} \times 6825,00\, € = 1895,83\, €$$

Fall Meier

$$\text{Zuordnung für das Jahr } x: \frac{5,6}{9,6} \times 2604,00\, € = 1519,00\, €$$

$$\text{Zuordnung für das Jahr } x + 1: \frac{4}{9,6} \times 2604,00\, € = 1085,00\, €$$

- *Fertige Erzeugnisse und Waren*
  Fertige Erzeugnisse haben im Unternehmen eine Be- oder Verarbeitung erfahren und können ohne größere weitere Verarbeitung verkauft werden. Waren sind extern bezogene Güter, die ohne wesentliche Verarbeitung zum Verkauf bestimmt sind. Fertige Erzeugnisse und Waren sind im Krankenhaus nur selten anzutreffen, beispielsweise bei einer Cafeteria oder einem eigenbewirtschafteten Kiosk (etwa Bücher, die verkauft werden sollen, oder selbstgebackene Kuchen, die haltbar verpackt wurden).

Geleistete Anzahlungen

Hier sind lediglich Anzahlungen auf noch nicht gelieferte Vorräte auszuweisen. Von Bedeutung im Krankenhaus sind dabei im Regelfall v. a. die Roh-, Hilfs- und Betriebsstoffe.

Forderungen und sonstige Vermögensgegenstände

Unter Forderungen und sonstigen Vermögensgegenständen versteht man Geldforderungen, die aus dem Umsatzprozess oder dem Leistungsprozess stammen, zum Bilanzstichtag jedoch noch nicht zu einer Einzahlung (also einem Zufluss an liquiden Mitteln) geführt haben. Sie lassen sich wie folgt unterteilen:

- Forderungen aus Lieferungen und Leistungen
- Forderungen an Gesellschafter bzw. den Krankenhausträger
- Forderungen nach dem Krankenhausfinanzierungsrecht
- Forderungen gegen verbundene Unternehmen
- Forderungen gegen Unternehmen, mit denen ein Beteiligungsverhältnis besteht
- Eingefordertes, noch nicht eingezahltes Kapital
- Sonstige Vermögensgegenstände

Forderungen aus Lieferungen und Leistungen

Das Krankenhaus hat Leistungen bereits erbracht, die Bezahlung der Leistung steht aber noch aus. Beispielsweise ist dies regelmäßig bei Krankenhausleistungen sowie Wahlleistungen und ambulanten Leistungen des Krankenhauses der Fall, diese werden auf Rechnung mit Zahlungsziel erbracht. Schuldner sind im Krankenhaus typischerweise zumeist Krankenkassen oder Privatzahler, der entsprechende Anspruch gegenüber diesen wird als Forderung ausgewiesen.

Forderungen an Gesellschafter bzw. den Krankenhausträger

Diesen Posten findet man ausschließlich in Bilanzen von Kapitalgesellschaften, hier werden alle kurzfristigen Forderungen an den Gesellschafter ausgewiesen. Das gilt auch für die Forderungen an den Krankenhausträger. Die Positionen entstehen, wenn das Krankenhaus als rechtlich unselbstständiger Bereich innerhalb eines größeren Rechtsträgers betrieben wird.

Beispiele sind das Entstehen von Forderungen für Bezahlungen von Rechnungen, die ganz oder teilweise den privaten Lebenshaltungskosten der Gesellschafter zuzuordnen sind, wie z. B. Versicherungsbeiträge, Privatanteil an den Kfz-Kosten. Vereinbarungen über die Rückzahlung oder die Fälligkeit werden zwischen der Kapitalgesellschaft und den Gesellschaftern oftmals nicht getroffen. Auch werden keinerlei Sicherheiten gegenüber der Kapitalgesellschaft geleistet. In der Praxis werden solche Sachverhalte oft über Verrechnungskonten verbucht.

Forderungen nach dem Krankenhausfinanzierungsrecht

Forderungen nach KHG können Krankenhäuser bilanzieren, die in einem Krankenhausplan der Länder aufgeführt sind. Gewährt ein Bundesland einem Krankenhaus Fördermittel zur Finanzierung von Investitionen, erhält das Krankenhaus einen Förderbescheid. Das Krankenhaus stellt eine Forderung nach KHG in Höhe der genehmigten Fördermittel ein. Sie stellen zugesagte, jedoch noch nicht erhaltene Fördermittel dar. Zudem zählen dazu u. a. auch die Ansprüche nach dem Krankenhausentgeltgesetz (KHEntgG), die im Zusammenhang mit geschlossenen Entgelt- und Budgetverhandlungen bestehen. Nach dem KHEntgG entstehen Forderungen, wenn das Krankenhaus weniger Leistung erbringt, als mit den Krankenkassen für das entsprechende Jahr vereinbart wurde.

Forderungen gegen verbundene Unternehmen

Innerhalb dieses Postens werden sämtliche kurzfristige Forderungen gegen verbundene Unternehmen ausgewiesen. Als verbundene Unternehmen bezeichnet man Unternehmen, die zwar juristisch selbstständig, jedoch wirtschaftlich miteinander verbunden sind. Die Mutter- und das Tochterunternehmen sind in den Konzernabschluss einzubeziehen. Ein Beispiel ist eine rechtlich selbstständige Gesellschaft (z. B. GmbH), die für ein Krankenhaus alle therapeutischen Leistungen (Physio-, Ergotherapie, Logopädie) erbringt. Gesellschafter ist jedoch mehrheitlich oder sogar komplett das Krankenhaus selbst.

Forderungen gegen Unternehmen, mit denen ein Beteiligungsverhältnis besteht
Hat ein Krankenhaus eine Forderung gegenüber einem anderen Unternehmen, an dem es
mit über 20 %, aber unter 50 % beteiligt ist, so ist diese Forderung als Forderung gegen
Unternehmen, mit denen ein Beteiligungsverhältnis besteht zu auszuweisen.

Eingefordertes, noch nicht eingezahltes Kapital
Der Posten beinhaltet die Forderungen auf den Anteil des gezeichneten Kapitals, der
zwar von den Anteilseignern schon eingefordert wurde, der aber bis zum Bilanzstichtag noch nicht einbezahlt wurde. Noch nicht eingeforderte Anteile am gezeichneten
Kapital sind dagegen nicht als Forderung auszuweisen, sondern auf der Passivseite vom
gezeichneten Kapital abzusetzen.

Sonstige Vermögensgegenstände
In dem Bilanzposten Sonstige Vermögensgegenstände werden sämtliche kurzfristige
Vermögensgegenstände erfasst, die keinem anderen Posten zugeordnet werden können.
Ein Beispiel ist eine Forderung aus einem Arbeitnehmerdarlehen.

Wertpapiere des Umlaufvermögens
Innerhalb dieses Postens werden alle Wertpapiere erfasst, deren Anschaffung mit der
Maßgabe erfolgt, nur vorübergehend zu Finanzierungs- bzw. Gewinnerzielungsabsicht
gehalten zu werden. Die Wertpapiere des Umlaufvermögens umfassen einerseits Anteile
an verbundenen Unternehmen. Hier werden nur die Anteile ausgewiesen, die an Unternehmen gehalten werden, die in einen Konzernabschluss einzubeziehen wären. Es
handelt sich allerdings um Anteile, die lediglich kurzfristig gehalten werden sollen.
Andererseits werden sonstige Wertpapiere ausgewiesen. Es werden sämtliche Wertpapiere erfasst, die nicht dem Anlagevermögen zugeordnet werden und die auch nicht
Anteile an verbundenen Unternehmen darstellen. Es handelt sich hierbei beispielsweise
um Aktien.

**Schecks, Kassenbestand, Bundesbank- und Postgiroguthaben, Guthaben bei
Kreditinstituten**
Dies ist die einzige Position in der Bilanz, in der Zahlungsmittel zu finden sind. Hier
wird gezeigt, wie viel Bargeld und Guthaben auf Girokonten und in der Kasse am
Bilanzstichtag vorhanden waren.

Ausgleichsposten nach dem KHG
Ausgleichsposten nach dem KHG sind:

- Ausgleichsposten aus Darlehensförderung
- Ausgleichsposten für Eigenmittelförderung

Sind Fördermittel für Lasten aus Darlehen, die vor Aufnahme in den Krankenhausplan für förderbare Investitionen aufgenommen wurden, bewilligt worden, so ist eine erfolgsneutrale Verbuchung sicherzustellen. Auf der Aktivseite ist ein entsprechender Korrekturposten auszuweisen, wenn die Nutzungsdauer des Anlageguts kürzer ist als die Laufzeit des Darlehens.

Beispiel

Ein Anlagegut wird über sechs Jahre abgeschrieben und hatte einen Anschaffungswert von 600.000 €. Bei einer linearen Abschreibung über sechs Jahre bedeutet dies einen Aufwand pro Jahr in Höhe von 100.000 €. Läuft das Darlehen dagegen zehn Jahre, so ist der Tilgungsanteil geringer als die Abschreibung (bei einer jährlich gleichbleibenden Tilgung wären dies 60.000 €), sodass in Höhe der Differenz (40.000 €) die Bildung eines Ausgleichspostens nötig wird. Nach Ende der Abschreibungsdauer wird der so gebildete Ausgleichsposten wieder erfolgswirksam als Aufwand aufgelöst. Dieser Fall ist jedoch eher die Ausnahme, da im Normalfall die Nutzungsdauer länger als die Laufzeit des Darlehens ist. Daher findet man Ausgleichsposten eher auf der Passivseite der Bilanz.

Der Ausgleichsposten für Eigenmittelförderung stellt einen bilanziellen Korrekturposten zum Eigenkapital dar, der Abschreibungen auf das Anlagevermögen ausgleichen soll, das vor Inkrafttreten des KHG beschafft wurde und nach dem Gesetz förderungsfähig wäre. Der Ausweis dieses Postens erfolgt auf der Aktivseite.

Disagio

Ein Wahlrecht zum Ausweis als aktiver Rechnungsabgrenzungsposten besteht beim sog. Disagio. Hierunter versteht man den Unterschiedsbetrag zwischen dem Rückzahlungsbetrag eines Darlehens und dem tatsächlichen Auszahlungsbetrag. Ein Disagio darf entweder im Jahr der Darlehensaufnahme direkt als Aufwand ergebniswirksam erfasst werden oder als aktiver Rechnungsabgrenzungsposten bilanziert und zeitanteilig über die Laufzeit des Darlehens aufgelöst werden.

Beispiel

Ein Kredit mit einem Rückzahlungswert von 100.000 € nach fünf Jahren wird mit 97.500 € ausbezahlt. Die Differenz von 2500 € ist das Disagio. Dieses kann entweder sofort als Aufwand in Höhe von 2500 € erfasst werden oder zeitanteilig (im Beispiel über fünf Jahre) als aktiver Rechnungsabgrenzungsposten bilanziert werden und Jahr für Jahr um 500 € aufgelöst werden.

Andere Rechnungsabgrenzungsposten

Auf der Aktivseite der Bilanz werden innerhalb dieses Bilanzpostens Auszahlungen vor dem Bilanzstichtag ausgewiesen, die ganz oder teilweise Aufwand für eine bestimmte Zeit nach dem Bilanzstichtag darstellen. Es handelt sich also um Beträge, die für zukünftige Perioden vorausbezahlt werden. Typische Beispiele sind vorausgezahlte Mieten oder Versicherungsprämien.

Beispiel

Im Dezember des Jahres X wird bereits die Miete für ein Gebäude für das komplette Jahr Y im Voraus bezahlt. Die bereits im Geschäftsjahr X bezahlten Beträge sind dabei zeitanteilig auf das abgelaufene Geschäftsjahr und das neue Geschäftsjahr aufzuteilen. Da in dem Beispielfall alle Mietzahlungen für das Jahr Y anfallen, wird ein aktiver Rechnungsabgrenzungsposten in Höhe der kompletten Vorauszahlung gebildet.

Aktiver Unterschiedsbetrag aus der Vermögensverrechnung

Dieser Posten kann bei der Verrechnung von Schulden mit den entsprechenden Vermögenswerten aus Altersversorgungsverpflichtungen oder vergleichbaren langfristigen Verpflichtungen gegenüber Arbeitnehmern entstehen. Dies ist dann der Fall, wenn der Zeitwert der zu verrechnenden Vermögenswerte höher ist als die entsprechenden Schulden. Voraussetzung ist, dass die zuzurechnenden Vermögenswerte dem Zugriff aller übrigen Gläubiger entzogen ist.

Beispiel

Ein Krankenhaus hat zum Bilanzstichtag 31.12. laut einem versicherungsmathematischen Gutachten Pensionsverpflichtungen in Höhe von 200.000 €. Zur Deckung dieser Verpflichtungen hat das Unternehmen Rückdeckungsversicherungen (Deckungsvermögen) mit Anschaffungskosten von 200.000 € aufgenommen, die zum Bilanzstichtag einen Zeitwert in Höhe von 250.000 € haben. Im Ergebnis wird der Saldo in Höhe von 50.000 € in einem gesonderten Bilanzposten Aktiver Unterschiedsbetrag aus der Vermögensverrechnung ausgewiesen. Hätte die Pensionsverpflichtung mit z. B. 300.000 € das dazugehörige Vermögen überstiegen, wäre eine Pensionsrückstellung in Höhe von 50.000 € anzusetzen.

Nicht durch Eigenkapital gedeckter Fehlbetrag

Sind die aufgelaufenen Verluste des Krankenhauses höher als das bislang noch vorhandene Eigenkapital, so kann auf der Passivseite das Eigenkapital nicht negativ werden. Der über das Eigenkapital hinausgehende Verlust wird dann als nicht durch Eigenkapital gedeckter Fehlbetrag auf der Aktivseite ausgewiesen. Das Krankenhaus ist bilanziell überschuldet.

2.3.3.2 Passivseite der Bilanz

▶ **Wichtig**

Das **Eigenkapital** des Unternehmens stellt das Reinvermögen dar, also das Gesamtvermögen minus Fremdkapital. Es setzt sich zusammen aus:

- Eingefordertes Kapital, gezeichnetes Kapital abzüglich nicht eingeforderter ausstehender Einlagen
- Kapitalrücklagen

- Gewinnrücklagen
- Gewinnvortrag/Verlustvortrag
- Jahresüberschuss/Jahresfehlbetrag

Eingefordertes Kapital, gezeichnetes Kapital abzüglich nicht eingeforderter ausstehender Einlagen

Das gezeichnete Kapital ist das Haftungskapital der Gesellschaft. In Höhe des Haftungs-kapitals ist die Haftung der Gesellschafter für Verbindlichkeiten der Kapitalgesellschaft beschränkt. Die nicht eingeforderten ausstehenden Einlagen auf das gezeichnete Kapital sind vom Posten Gezeichnetes Kapital offen abzusetzen; der verbleibende Betrag ist als Posten Eingefordertes Kapital auszuweisen. Der Ausweis des eingeforderten, aber noch nicht eingezahlten Betrags erfolgt unter den Forderungen unter entsprechender Posten-bezeichnung auf der Aktivseite.

Kapitalrücklagen

Werden Anteile von der Gesellschaft ausgegeben, wird i. d. R. ein über den Nennbetrag oder den rechnerischen Wert dieser Anteile hinausgehender Preis festgelegt. Dieser Auf-preis wird Agio bei Anteilsausgabe genannt und ist der Kapitalrücklage zuzurechnen. Auszuweisen sind auch Zuzahlungen der Gesellschafter für die Gewährung von Vorzügen sowie sonstige Zuzahlungen der Gesellschafter.

Gewinnrücklagen

Gewinnrücklagen entstehen durch nicht an die Eigentümer ausgeschüttete Gewinne, die langfristig dem Unternehmen zur Verfügung stehen sollen. Darüber hinaus sind sog. gesetzliche Gewinnrücklagen zu bilden, die von der Höhe des gezeichneten/festgesetzten Kapitals abhängig sind.

Gewinn- und Verlustvortrag

Beträge aus den Jahresergebnissen früherer Jahre, die noch keiner Ergebnisverwendung zugeführt worden sind, werden als Gewinn- bzw. Verlustvortrag ausgewiesen. Sobald über die Verwendung ein Beschluss gefasst worden ist, ist dieser Posten aufzulösen.

Jahresüberschuss/Jahresfehlbetrag

Der Jahresüberschuss bzw. -fehlbetrag ist das Ergebnis des Krankenhauses nach Steuern. Die Ermittlung erfolgt in der Gewinn- und Verlustrechnung.

Sonderposten aus Zuwendungen zur Finanzierung des Sachanlagevermögens (KHBV)

Der Sonderposten entspricht dem Teil des Anlagevermögens, das nicht aus eigenerwirt-schafteten Mitteln oder Fremdkapital finanziert worden ist. Die Bilanzposition lässt sich in drei Unterpunkte gliedern:

- Sonderposten aus Fördermittel nach dem KHG
- Sonderposten aus Zuweisungen und Zuschüssen der öffentlichen Hand
- Sonderposten aus Zuwendungen Dritter

Fördermittel nach dem KHG, die für Investitionen in auf der Aktivseite dargestellte Vermögensgegenstände des Anlagevermögens geflossen sind, sind in der Bilanz auf der Passivseite als Sonderposten aus Fördermitteln nach dem KHG vermindert um den Betrag der bis zum jeweiligen Bilanzstichtag angefallenen Abschreibungen auszuweisen.

Beispiel

Es wird ein MRT aus Fördermitteln nach dem KHG gekauft, der über sechs Jahre abgeschrieben wird und 600.000 € Anschaffungskosten verursacht hat. Diese besondere Finanzierungsform durch Fördermittel muss in der Bilanz ausgewiesen werden, da ansonsten die Bilanz eines Krankenhauses verzerrt werden würde. Im ersten Jahr würde beispielsweise ein erhöhter Gewinn ausgewiesen. 600.000 € werden dem Krankenhaus ohne eigene Leistung zur Verfügung gestellt, diese 600.000 € werden dann in das Anlagevermögen durch den Kauf des Geräts überführt. Insofern hätte das Krankenhaus also 600.000 € mehr an Substanz, ohne dafür eigene Aufwendungen zu haben. Geht man von einer linearen Abschreibung über sechs Jahre aus, würde sich zwar der Wert der Anlage auf 500.000 € verringern, das Ergebnis des betreffenden Jahres wäre aber immer noch um 500.000 € zu hoch ausgewiesen. Genau an diesem Punkt setzt der Sonderposten an. Dem Ertrag von 600.000 € wird künstlich ein Aufwand von 600.000 € als Sonderposten entgegengesetzt, um die finanzielle Auswirkung zu neutralisieren. Damit durch die Abschreibung das Krankenhaus das Ergebnis nicht schlechter ausweist, als dies ohne den Fördervorgang der Fall wäre, wird der Sonderposten jeweils in Höhe der Abschreibung des betreffenden Jahres aufgelöst. Im Beispiel wären dies 100.000 €. Auf der einen Seite entsteht also 100.000 € Aufwand für die Abschreibung, auf der anderen Seite entsteht ein Ertrag in Höhe von 100.000 € durch die erfolgswirksame Auflösung des Sonderpostens. Die beiden Summen heben sich auf, das Ergebnis des Krankenhauses ist somit neutralisiert.

Fördermittel können neben dem KHG auch durch Dritte zur Verfügung gestellt werden. Dies ist bei Spenden oder Fördervereinen der Fall. Ebenso ist eine Förderung durch die öffentliche Hand denkbar, die einerseits außerhalb des KHG ist und andererseits nicht durch den Träger des Krankenhauses erfolgt. Allen gemeinsam ist, dass es eine Zweckbindung für die Förderung zur Schaffung von Anlagevermögen gibt. Sofern die Zweckbindung eingehalten wird, müssen die Fördermittel nicht zurückgeführt werden.

Rückstellungen

Rückstellungen sind ungewisse Verbindlichkeiten, die in ihrer Höhe und/oder dem Grunde nach zum Bilanzstichtag noch nicht feststehen. Der Ansatz von Rückstellungen in der Bilanz resultiert aus den Grundsätzen der periodengerechten Gewinnermittlung und aus dem Vorsichtsprinzip. Man unterscheidet zwischen Verbindlichkeits- und Aufwandsrückstellungen.

Ist der Rückstellungsgrund aus einer Verpflichtung des Krankenhauses gegenüber Dritten entstanden, so handelt es sich um eine Verbindlichkeitsrückstellung. Dies ist etwa bei Pensionsrückstellungen der Fall.

Eine Aufwandsrückstellung steht im Gegensatz zur Verbindlichkeitsrückstellung nicht im Zusammenhang mit einer Drittverpflichtung nach außen, es liegt vielmehr eine Verpflichtung gegenüber dem Krankenhaus, also sich selbst, vor. Ein Beispiel sind Instandhaltungsrückstellungen.

In der Regel erfolgt der Ausweis der Rückstellungen in drei Posten:

* Rückstellungen für Pensionen und ähnliche Verpflichtungen
* Steuerrückstellungen
* Sonstige Rückstellungen

Rückstellungen für Pensionen und ähnliche Verpflichtungen
In diesem Posten sind alle Rückstellungen zu erfassen, die sich als ungewisse Verbindlichkeiten gegenüber den Arbeitnehmern oder deren Angehörigen ergeben. Pensionsrückstellungen werden für vom Krankenhaus gemachte Pensionszusagen an Mitarbeiter gebildet. Sie gehören zu den verpflichtend zu passivierenden ungewissen Verbindlichkeiten, da ihre Höhe nur geschätzt bzw. versicherungsmathematisch berechnet werden kann.

Steuerrückstellungen
Alle ungewissen Steuerschulden des Krankenhauses bis zum Erlass eines Steuerbescheids werden in dieser Position erfasst. Liegt der Steuerbescheid vor und die Steuerschuld ist noch nicht beglichen, so ist diese als sonstige Verbindlichkeit auf der Passivseite der Bilanz zu erfassen.

Sonstige Rückstellungen
Hier werden alle Rückstellungen ausgewiesen, die nicht unter die beiden obigen Posten fallen. Beispiele sind Prozesskostenrückstellungen oder Rückstellungen für die Kosten des Jahresabschlusses.

Beispiel

Ein laufender Gerichtsprozess hat seine Verursachung im abgeschlossenen Geschäftsjahr, die Prozesskosten stehen aber weder in ihrer Höhe noch in ihrer Fälligkeit (ungewisser Prozessausgang) fest. Dies liegt etwa dann vor, wenn einem Arbeitnehmer im Jahr X gekündigt wurde, der Kündigungsschutzprozess aber nicht in dem betreffenden Jahr final entschieden wurde. Trotzdem ist der möglicherweise entstehende Aufwand etwa für eine Abfindung dem abgelaufenen Geschäftsjahr zuzurechnen, da hier die Ursache für die Auseinandersetzung liegt. Es muss eine Rückstellung gebildet werden. Ist der Prozess endgültig beendet, so ist die Rückstellung aufzulösen. Liegen die Kosten unter dem Betrag der Rückstellung, so ist die Differenz ein Ertrag; liegen die Kosten darüber, so ist der zusätzliche Betrag Aufwand in dem Geschäftsjahr, in dem der Prozess beendet wurde. Das Beispiel zeigt gut, dass es sich bei Rückstellungen im Gegensatz zu Verbindlichkeiten um Sachverhalte handelt, deren Höhe und/oder Fälligkeitszeitpunkt ungewiss sind. Insofern kann es letztendlich doch zu leichten Verzerrungen des Ausweises eines genauen Ergebnisses in einzelnen Jahren kommen. Ziel der Rückstellungen ist es also, diese Ungenauigkeiten möglichst gering zu halten, indem einerseits überhaupt Rückstellungen gebildet werden und andererseits diese möglichst genau abgeschätzt werden.

Von besonderer Relevanz sind im Krankenhaus zudem Rückstellungen für noch nicht genommenen Urlaub (Resturlaub) sowie für Überstunden. Haben die Mitarbeiter zum Ende eines Geschäftsjahres nicht alle Urlaubsansprüche abgebaut bzw. sind Überstunden auf den Arbeitszeitkonten vorhanden, so sind dafür Rückstellungen zu bilden. Der Grund für die Rückstellung ist der Anspruch der Mitarbeiter auf Abbau der Urlaubstage und Überstunden durch freie Tage bzw. Stunden oder deren Ausbezahlung. Der jeweilige Mitarbeiter hat folglich eine Arbeitsleistung erbracht, für die er bis dahin noch nicht in irgendeiner Form vergütet wurde. Um diese Schuld des Krankenhauses gegenüber dem Mitarbeiter in der Bilanz zutreffend ausweisen zu können, muss diese Schuld beziffert werden und als Rückstellung erfasst werden. Für die Berechnung sind die Bruttolöhne zu berücksichtigen einschließlich der Arbeitgeberanteile zur Sozialversicherung und Beiträge zur Berufsgenossenschaft. Auch das Weihnachtsgeld ist zu berücksichtigen, wenn es sich nicht um eine jährlich vereinbarte Sondervergütung handelt. Die Bewertung der Rückstellung ist grundsätzlich auf Basis des Bruttoverdiensts zuzüglich Sozialabgaben vorzunehmen. Es gilt das Prinzip der Einzelbewertung, sodass eventuell vorhandene negative Stände eines Mitarbeiters nicht mit einem Überschuss bei anderen Arbeitnehmern verrechnet werden können. Die Höhe der Rückstellung für zum Bilanzstichtag noch ausstehenden Urlaub kann anhand zweier unterschiedlicher Methoden vorgenommen werden:

- Individualmethode (individuelle Berechnung für jeden einzelnen Mitarbeiter)
- Durchschnittsmethode (durchschnittliche Berechnung für alle Mitarbeiter)

Bei Anwendung der Individualmethode wird die noch ausstehende Verpflichtung für jeden einzelnen Mitarbeiter berechnet. Der Vorteil dieser Methode ist, dass sie sehr genau ist, allerdings ist sie jedoch sehr zeitaufwendig. In der Praxis wird daher häufiger auf die Durchschnittsmethode zurückgegriffen. Hier werden für die Berechnung bestimmte Mitarbeitergruppen (z. B. Mitarbeiter mit gleicher Tarifeingruppierung oder Mitarbeiter gleicher Gehaltsstufe) zusammengefasst und die durchschnittlichen Sätze und die Gesamtsumme der noch ausstehenden Tage bzw. Stunden der jeweiligen Gruppe ermittelt und miteinander multipliziert.

Verbindlichkeiten

Verbindlichkeiten sind zum Bilanzstichtag feststehende Verpflichtungen, die hinsichtlich der Höhe und des Grunds bestimmt sind und zu einer wirtschaftlichen Belastung des Krankenhauses führen. Wichtige Unterpositionen sind:

- *Verbindlichkeiten gegenüber Kreditinstituten*
  Hier werden Bankdarlehen ausgewiesen. In einem Davon-Vermerk ist die Höhe der in dieser Position enthaltenen Verbindlichkeiten anzugeben, deren Tilgung und Zinsen mithilfe von Fördermitteln gezahlt werden („davon gefördert nach dem KHG").
- *Erhaltene Anzahlungen*
  Anzahlungen für Leistungen des Krankenhauses, die von diesem noch nicht erbracht wurden, werden dort ausgewiesen. Ein Beispiel ist die geleistete Anzahlung eines ausländischen Patienten für eine Behandlung, die jedoch noch nicht begonnen hat.
- *Verbindlichkeiten aus Lieferungen und Leistungen*
  Lieferantenrechnungen, die noch nicht bezahlt wurden, stellen eine Art Kredit der Lieferanten dar. Die Verbindlichkeiten sind im Regelfall kurzfristig fällig. Ein Beispiel ist eine Rechnung eines Lieferanten für Verbandsmaterialien, die das Krankenhaus bereits erhalten hat.
- *Verbindlichkeiten gegenüber Gesellschaftern bzw. dem Krankenhausträger*
  Gegenposten zum Aktivposten Forderungen gegenüber Gesellschaftern bzw. dem Krankenhausträger.
- *Verbindlichkeiten aus der Annahme gezogener Wechsel und der Ausstellung eigener Wechsel*
  Hierunter fallen Verbindlichkeiten, die aus Wechseln entstanden sind. Der Schuldner verpflichtet sich, den Wechsel mit dem offenen Betrag an einem festgelegten Stichtag zu zahlen. Es besteht die Möglichkeit, den Wechsel an Banken zu verkaufen, um damit die Liquidität zu verbessern.

Der Eigenwechsel (Solawechsel) enthält ein Wechselversprechen gegen sich selbst:

Beispiel

„Gegen diesen Wechsel zahle ich am 01.03.2019 (Datum) an Friedrich Mustermann (Begünstigter) 5000,00 € (Fünftausend) (Zahl und in Worten)."

Der Wechselaussteller ist hier zugleich der Wechselschuldner.

Beim gezogenen Wechsel ist der Aussteller der Begünstigte, er sendet den unvollständigen Wechsel (sog. Tratte) zur Annahme (Akzept) an den Wechselschuldner (Akzeptant). Das Wechselversprechen wird vereinfacht wie folgt formuliert:

Beispiel

„Gegen diesen Wechsel zahlen Sie am 01.03.2019 (Datum) an Heidi Musterfrau (Begünstigter) 7500,00 € (Siebentausendfünfhundert) (Zahl und in Worten)."

Die Bilanzposition Verbindlichkeiten aus der Annahme gezogener Wechsel und der Ausstellung eigener Wechsel spielt im Regelfall in einer Krankenhausbilanz keine Rolle.

- *Verbindlichkeiten nach dem Krankenhausfinanzierungsrecht*
  Sind Fördermittel nach dem KHG bewilligt, aber noch nicht zweckentsprechend verwendet worden, so stellen sie Verbindlichkeiten dar, da sie ohne eine zweckentsprechende Verwendung zurückgezahlt werden müssen. Ist eine zweckentsprechende Verwendung erfolgt, so werden die Mittel in den Sonderposten aus Fördermitteln nach dem KHG umgebucht.
- *Verbindlichkeiten aus sonstigen Zuwendungen zur Finanzierung des Anlagevermögens*
  Wie Vorposition, aber für bewilligte, noch nicht zweckentsprechend verwendete Mittel, die nach zweckentsprechender Verwendung in die Positionen Sonderposten aus Zuweisungen und Zuschüssen der öffentlichen Hand oder Sonderposten aus der Zuwendung Dritter umgebucht werden.
- *Verbindlichkeiten gegenüber verbundenen Unternehmen*
  Gegenposten zur Aktivposition Forderungen gegenüber verbundenen Unternehmen
- *Verbindlichkeiten gegenüber Unternehmen, mit denen ein Beteiligungsverhältnis besteht*
  Gegenposten zu Forderungen gegenüber Unternehmen, mit denen ein Beteiligungsverhältnis besteht
- *Sonstige Verbindlichkeiten*
  Verbindlichkeiten, die den obigen Positionen nicht zuzuordnen sind. Beispiele sind rückständige Lohnsteuerzahlungen oder rückständige Sozialversicherungsbeiträge.

Ausgleichsposten aus Darlehensförderung
Gegenposten zum Ausgleichsposten aus Darlehensförderung auf der Aktivseite.

Passive Rechnungsabgrenzungsposten
Wie auch der aktive Rechnungsabgrenzungsposten dient diese Position zur Abgrenzung von Geschäftsvorfällen, die sich auf einen Zeitraum beziehen, der über den Bilanzstichtag hinausgeht. Einzahlungen vor dem Bilanzstichtag, die einen Ertrag für eine bestimmte Zeit nach diesem Stichtag darstellen, werden als passive Rechnungsabgrenzungsposten ausgewiesen. Beispiel ist eine erhaltene Mietvorauszahlung etwa eines Arztes, der Räumlichkeiten in einem Krankenhaus angemietet hat. Passive Rechnungsabgrenzungsposten werden in Höhe der Einzahlungen bewertet, die dem Zeitraum nach dem Bilanzstichtag zuzuordnen sind.

2.3.4   Gewinn- und Verlustrechnung (GuV)

▶   Die **Gewinn- und Verlustrechnung** ist eine Gegenüberstellung der Auf-
      wendungen und Erträge einer Periode. Sie gibt Aufschluss über die erfolgs-
      wirksamen Veränderungen eines Krankenhauses, über das Jahresergebnis
      und dessen Zustandekommen. Die Gewinn- und Verlustrechnung bildet
      zusammen mit der Bilanz den Jahresabschluss. Bilanz und GuV ergänzen sich
      gegenseitig.

Die Gewinn- und Verlustrechnung (GuV) gibt Informationen über die Veränderungen des
Vermögens innerhalb eines Geschäftsjahres. Die GuV ist nicht zu verwechseln mit einer
Cashflowrechnung, in der die Zahlungsströme in das Krankenhaus hinein bzw. aus dem
Krankenhaus heraus ersichtlich werden. Die GuV kann demnach nichts Verbindliches
über die tatsächliche Liquiditätssituation aussagen. In der Konsequenz verändert etwa
die Aufnahme eines Kredits das Reinvermögen nicht, da die Steigerung des Gesamtver-
mögens durch die wertmäßig identische Erhöhung der Schulden ausgeglichen wird. Die
Kreditaufnahme stellt also keinen Aufwand und keinen Ertrag dar und taucht deshalb in
der GuV nicht auf. Anders ist es mit den Zinsen, die für diesen Kredit zu zahlen sind.
   Wie in der Bilanz wird aus der Gewinn- und Verlustrechnung heraus der Erfolg einer
Klinik ermittelt. Allerdings handelt es sich bei der Gewinn- und Verlustrechnung um eine
Zeitraumrechnung (Film); es wird der Erfolg einer Periode (Geschäftsjahr) ermittelt. Die
Bilanz stellt dagegen eine zeitpunktbezogene (bilanzstichtagsbezogenes Foto) Darstellung
dar. Der Erfolg eines Krankenhauses ergibt sich in der Gewinn- und Verlustrechnung aus
dem Saldo der Aufwendungen und Erträge. In der Bilanz ergibt sich dagegen der Erfolg aus
dem Abgleich des Eigenkapitals am Beginn des Geschäftsjahres, erhöht bzw. vermindert
um Einlagen und Entnahmen, mit dem Eigenkapital am Ende des Geschäftsjahres.
   Die Darstellung der Gewinn- und Verlustrechnung ist nach der Anlage II der KHBV
verbindlich vorgegeben. Das Gliederungsschema nach der KHBV unterscheidet sich
vom Gliederungsschema des HGB insbesondere durch Erweiterungen, die durch die spezielle Finanzierung eines Krankenhauses entstehen. Dies ist für den Jahresabschluss ein
wichtiger Punkt: Die Fördermittel für Investitionen stellen zunächst eine Erhöhung des
Vermögens dar, sie würden also den Gewinn des im entsprechenden Jahres erhöhen. In
den Folgejahren würden die Abschreibungen auf diese Investitionen das Vermögen und
damit den Gewinn entsprechend vermindern. Damit würde aber die Aussagekraft der
GuV vermindert. Per saldo würde sich der Gewinn über die gesamte Nutzungsdauer
der Investition nicht verändern, da sich die Abschreibungen und Fördermittel einander
im Zeitablauf gegenseitig aufheben. Für die einzelnen Jahre würden sich aber erhebliche
Veränderungen ergeben. Der Gesetzgeber hat deshalb Regelungen erlassen, die sicher-
stellen, dass die öffentliche Förderung erfolgsneutral verbucht wird. Das Ergebnis ist
dadurch mit und ohne Investitionsförderung identisch.
   Folgende Positionen sind in der GuV enthalten.

Umsatzerlöse (Positionen 1–4 und 4a)

Die Umsatzerlöse setzen sich aus nachfolgenden Positionen zusammen:

- Erlöse aus Krankenhausleistungen
- Erlöse aus Wahlleistungen
- Erlöse aus ambulanten Leistungen des Krankenhauses
- Nutzungsentgelte der Ärzte
- Umsatzerlöse nach § 277 Abs. 1 HGB, soweit diese nicht in den vorher genannten Erlösen enthalten sind

- *Erlöse aus Krankenhausleistungen (Position 1)*
  Dies ist regelmäßig der größte Ertragsposten eines Krankenhauses. Hierzu zählen die Erlöse aus Fallpauschalen und Pflegesätzen sowie die Erlöse aus vor- und nachstationärer Behandlung.
- *Erlöse aus Wahlleistungen (Position 2)*
  Zu dieser Position zählen:
  – Erlöse gesondert berechneter Unterkunft (Unterbringung in Ein- bzw. Zwei-Bett-Zimmern)
  – Erlöse aus wahlärztlichen Leistungen
  – Erlöse aus sonstigen nichtärztlichen Wahlleistungen wie Telefon, Fernsehen oder Internet
  Erlöse aus wahlärztlichen Leistungen fließen dem Krankenhaus zu, wenn die leitenden Ärzte kein Liquidationsrecht haben. Zumeist werden die Ärzte dann an den entsprechenden Erlösen beteiligt oder haben ein Grundgehalt, das die wahlärztlichen Leistungen bereits beinhaltet.
- *Erlöse aus ambulanten Leistungen des Krankenhauses (Position 3)*
  Unter dieser Position sind die Erlöse aus Krankenhausambulanzen sowie die Erlöse aus ambulanten Operationen ersichtlich.
- *Nutzungsentgelte der Ärzte (Position 4)*
  Werden Einrichtungen oder Personal des Krankenhauses durch Ärzte genutzt, die die entsprechende Leistung selbst liquidieren (z. B. bei Belegärzten oder durch liquidationsberechtigte Ärzte des Krankenhauses), so haben diese für diese Nutzung dem Krankenhaus ein Entgelt zu zahlen.
- *Umsatzerlöse nach § 277 Abs. 1 HGB, sofern nicht in vorherigen Posten enthalten (Position 4a)*
  Unter diese Position fallen beispielsweise Erträge aus Hilfs- und Nebenbetrieben oder Notarztdiensten.

Erhöhung oder Verminderung des Bestands an fertigen und unfertigen Erzeugnissen (Position 5)

Innerhalb des Vorratsvermögens sind die Bestände an fertigen und unfertigen Erzeugnissen bzw. Leistungen auszuweisen. Ihre Veränderung spiegelt sich in der genannten

GuV-Position wider. In Jahresabschlüssen von Krankenhäusern hat der Posten seit der Umstellung der Finanzierung von tagesbezogenen Entgelten auf die DRG zunehmende Bedeutung bekommen. In dieser Position finden sich die sogenannten Überlieger wieder.

Andere aktivierte Eigenleistungen (Position 6)

Hier werden Eigenleistungen des Krankenhauses (z. B. durch hauseigene Handwerker) erfasst, die nicht Erhaltungsaufwand, also laufende Instandhaltung, darstellen. Dies ist dann der Fall, wenn es sich um qualitative Verbesserung handelt oder eine erheblich längere Nutzungsdauer eines Anlageguts dadurch entsteht. Beispiel wäre der Umbau bisher als Mehrbettzimmer genutzter Räumlichkeiten zu Zimmern für Privatzahler als Einzelzimmer mit deutlich höherem Komfort.

Zuweisungen und Zuschüsse der öffentlichen Hand, soweit nicht als Erträge aus Zuwendungen zur Finanzierung von Investitionen erfasst (Position 7)

Die unter diesem Posten auszuweisenden Mittel betreffen nicht Fördermittel zur Finanzierung von Investitionen ins Anlagevermögen, sondern Betriebsmittelzuschüsse, die der Förderung von laufenden Aufwendungen dienen.

Sonstige betriebliche Erträge (Position 8)

Bei den sonstigen betrieblichen Erträgen handelt es sich um einen Sammelposten, in dem die Erträge ausgewiesen werden, die nicht mit der Veräußerung von Produkten und der Erbringung von Dienstleistungen in Zusammenhang stehen. Unter diesen Posten fallen somit etwa die Erträge aus dem Abgang von Gegenständen des Anlagevermögens, aus der Auflösung von Rückstellungen und Wertberichtigungen, aus Spenden sowie Schadensersatzleistungen.

Personalaufwand (Position 9)

Der Personalaufwand wird in der GuV differenziert in:

* Löhne und Gehälter (Position 9a)
* Soziale Abgaben und Aufwendungen für Altersversorgung und für Unterstützung (Position 9b)

Die Position Löhne und Gehälter umfasst neben den laufenden Bezügen auch die Sachbezüge wie Dienstwagen oder Essenszuschüsse. Nicht in dieser Position finden sich Aufwendungen für Leiharbeitnehmer oder für Honorarkräfte. Diese werden als Sachaufwand erfasst. Es ist daher Vorsicht geboten, wenn man die GuV eines Jahres mit der eines anderen Jahres vergleicht oder einen Vergleich mit anderen Kliniken anstellt. Sind etwa in einem Haus deutlich mehr Leiharbeiter als in einem anderen beschäftigt, ist in diesem der Personalaufwand geringer, allerdings fallen die Sachkosten höher aus. Ebenso muss stets beim Vorjahresvergleich einer GuV desselben Hauses geprüft werden, ob sich der Anteil an nicht direkt in der Klinik beschäftigten Mitarbeitern verändert hat.

Materialaufwand (Position 10)

Der Materialaufwand wird in Aufwendungen für Roh-, Hilfs- und Betriebsstoffe und Aufwendungen für bezogene Leistungen gegliedert.

Aufwendungen für Roh-, Hilfs- und Betriebsstoffen (Position 10a)

Ausgewiesen werden alle Aufwendungen für Roh-, Hilfs- und Betriebsstoffe wie Implantate, Arzneimittel oder Lebensmittel.

Aufwendungen für bezogene Leistungen (Position 10b)

Dieser Posten beinhaltet die Aufwendungen, die für den Bezug von Fremdleistungen geleistet werden, soweit sie für den Produktionsprozess benötigt werden bzw. der Erzielung von Umsatzerlösen dienen.

Beispiele sind Aufwendungen für die Fremdvergabe von Reinigungsleistungen oder bei der Fremdvergabe der Speisenversorgung.

In der GuV folgen nach den Aufwendungen für bezogene Leistungen diverse Positionen, die dazu dienen, die erfolgsneutrale Verbuchung öffentlicher Förderung zu gewährleisten. Da die Förderung aus verschiedenen Töpfen stammt, sind auch in der GuV mehrere Positionen notwendig. In der Muster-GuV der Krankenhausbuchführungsverordnung sind dies die Positionen 11 bis 19.

Erträge aus Zuwendungen zur Finanzierung von Investitionen (Position 11)

Innerhalb dieses Postens werden sämtliche Zuschüsse und Zuwendungen Dritter erfasst, die dem Unternehmen zur Finanzierung von Investitionen in einem Geschäftsjahr zugewendet werden. Da die Fördermittel nach dem KHG von besonderer Bedeutung und zumeist größter Höhe sind, werden sie in einem zusätzlichen Davon-Vermerk gesondert ausgewiesen. Zeitpunkt der Buchung ist der Zugang des Bewilligungsbescheids, nicht der Zeitpunkt des Geldeingangs. Liegt der Bewilligungsbescheid vor, sind die Mittel aber noch nicht eingegangen, so ist eine entsprechende Forderung zu buchen.

Erträge aus der Einstellung von Ausgleichsposten aus Darlehensförderung und für Eigenmittelförderung (Position 12)

Diese Position bezieht sich auf Fördermittel für Lasten aus Darlehen, die vor Aufnahme in den Krankenhausplan für förderbare Investitionen aufgenommen wurden und Investitionen aus Eigenmitteln, die vor 1972 vorgenommen wurden.

Erträge aus der Auflösung von Sonderposten/Verbindlichkeiten nach dem KHG und aufgrund sonstiger Zuwendungen zur Finanzierung des Anlagevermögens (Position 13)

Diese Erträge dienen der Neutralisierung von Abschreibungen auf durch Zuweisungen oder Zuschüsse geförderte Anlagegüter. Gleiches gilt für förderfähige Leasing-/Pachtaufwendungen für Anlagegüter.

Erträge aus der Auflösung des Ausgleichspostens für Darlehensförderung (Position 14)

Entspricht der Position 12 für den Fall, dass die Nutzungsdauer des Investitionsgutes länger als die Laufzeit des entsprechenden Darlehens ist und das Darlehen bereits getilgt ist.

Aufwendungen aus der Zuführung zu Sonderposten/Verbindlichkeiten nach dem KHG und aufgrund sonstiger Zuwendungen zur Finanzierung des Anlagevermögens (Position 15)

Die hier ausgewiesenen Aufwendungen dienen der Neutralisierung der erfolgswirksamen Erträge aus den Zuwendungen zur Finanzierung von Investitionen.

Aufwendungen aus der Zuführung zu Ausgleichsposten aus Darlehensförderung (Position 16)

Entspricht der Pos. 14 während der Tilgungsdauer des Darlehens.

Aufwendungen für die nach dem KHG geförderte Nutzung von Anlagegegenständen (Position 17)

Für Anlagegüter, die nicht erworben wurden, sondern mithilfe von Leasing-, Pacht- oder Mietverträgen dem Krankenhaus zur Verfügung stehen und die förderfähig nach dem KHG sind, sind die entsprechenden Aufwendungen hier zu verbuchen. Die Erfolgsneutralität wird durch eine entsprechende Buchung unter Position 13 gewährleistet.

Aufwendungen für nach dem KHG geförderte, nicht aktivierungsfähige Maßnahmen (Position 18)

Werden Maßnahmen nach dem KHG gefördert, die nicht als Vermögensgegenstand in der Bilanz erscheinen (also nicht aktiviert werden können), so sind die entsprechenden Aufwendungen hier zu buchen. Ein Beispiel sind geförderte Maßnahmen, die Instandhaltungsaufwand darstellen. Diese sind direkt als Aufwand zu buchen und können nicht aktiviert werden.

Aufwendungen aus der Auflösung der Ausgleichsposten aus Darlehensförderung und für Eigenmittelförderung (Position 19)

Entspricht Position 12 für den Fall, das die Nutzungsdauer kleiner ist als die Laufzeit des Darlehens und die Nutzungsdauer bereits abgelaufen ist.

Abschreibungen (Position 20)

Bevor die GuV-Position dargestellt wird, soll der Begriff der Abschreibung genauer dargestellt werden.

▶ Unter **Abschreibung** versteht man die Methode zur Ermittlung des Betrags, der bei Gegenständen des Anlagevermögens die im Lauf der Nutzungsdauer durch Nutzung eingetretenen Wertminderungen ermitteln soll. Die Wertminderung wird in der Gewinn- und Verlustrechnung als Aufwand angesetzt.

Abschreibungsfähig sind abnutzbare Gegenstände des Anlagevermögens, die sowohl materieller (z. B. Gebäude, medizinisch-technische Geräte) wie immaterieller Art (z. B. Lizenzen für Software, Patente) sein können. Die Abschreibung erfolgt entsprechend der voraussichtlichen betrieblichen Nutzungsdauer jedes Jahr um einen bestimmten Teilbetrag. Unter Abschreibung werden darüber hinaus auch die sich aus sonstigen Abwertungs- geboten und Abwertungswahlrechten ergebenden Wertminderungen verstanden. Damit ist etwa eine Abschreibung auf eine Forderung gemeint, die aufgrund der Zahlungsunfähigkeit des Schuldners (z. B. Privatpatient) dauerhaft nicht mehr eingetrieben werden kann. Für Abschreibungen kann es insofern verschiedene Ursachen geben:

- **Technische Ursachen** können in gewöhnlichem Verschleiß (z. B. Verschleiß eines Sonografen durch regelmäßige Nutzung) oder in außergewöhnlichem Verschleiß (Kata- strophenverschleiß) liegen. Außergewöhnlicher Verschleiß liegt beispielsweise vor, wenn ein medizinisch-technisches Gerät, bevor es komplett abgeschrieben ist, kaputtgeht und nicht mehr oder nur mit unverhältnismäßig hohem Aufwand repariert werden könnte. Der Restbuchwert des Geräts würde dann als außergewöhnliche Abschreibung erfasst.
- Als **wirtschaftliche Ursachen** kommen Nachfrageverschiebungen und Fehl- investitionen infrage. Damit ist gemeint, dass Investitionen getätigt wurden, die auf- grund der Marktsituation nicht mehr wirtschaftlich genutzt werden können. Wurde etwa ein Spezialgerät für bestimmte Behandlungen angeschafft und die Patienten bleiben aus, muss das Gerät außerordentlich abgeschrieben werden, da man es nicht mehr nutzt. Ebenso kann Ineffizienz eine Rolle spielen, wenn etwa durch technischen Fortschritt deutlich bessere oder wirtschaftlichere Geräte auf dem Markt erhältlich sind.
- **Rechtliche Ursachen** können auf der Entwertung durch gesetzgeberische Maßnah- men (z. B. Verbot des Einsatzes bestimmter Geräte) oder auch aus dem Ablauf von Rechten wie Nutzungsrechten von Software beruhen.

In der Darstellung sind bereits die zwei Arten der Abschreibung benannt worden: Man unter- scheidet zwischen planmäßigen und außerplanmäßigen Abschreibungen. Planmäßige und damit im Voraus festgelegte Abschreibungen sind für abnutzbare Anlagevermögensgegen- stände festzulegen. Hierzu wird ein Abschreibungsplan erstellt, der die Anschaffungs- oder Herstellungskosten je Vermögensgegenstand über die voraussichtliche Nutzungsdauer und die Abschreibungsmethode (Verteilungsverfahren) bestimmt. Demnach sind alle ande- ren Abschreibungen, die nicht im Voraus geplant erfolgen, der Kategorie außerordentliche Abschreibungen zuzuordnen. Das HGB sieht teilweise die Möglichkeit einer außergewöhnli- chen Abschreibung vor, teilweise werden diese aber auch verpflichtend vorgegeben.

Bei der Abschreibungsmethode ist im Krankenhaus typischerweise die lineare Abschreibung anzutreffen. Die lineare Abschreibung verteilt die Anschaffungs- bzw. Herstellungskosten gegebenenfalls unter Abzug eines Resterlöses gleichmäßig auf die voraussichtlichen Nutzungsjahre. Die Abschreibung ergibt sich wie folgt:

$$\text{Abschreibungsbetrag pro Jahr} = \frac{\text{Anschaffungskosten (ggf. abzüglich Restwert)}}{\text{Voraussichtliche Nutzungsdauer}}$$

Für den Wirtschaftszweig Gesundheitswesen existiert eine beim Bundesministerium für Finanzen abrufbare Abschreibungstabelle, aus der die voraussichtlichen Nutzungsdauern abgeleitet werden können. Beispiele sind in Tab. 2.3 enthalten.

Wirft man einen Blick in der Muster-GuV der KHBV, so werden dort unter der Position 20 folgende Unterpositionen genannt:

- Abschreibungen auf immaterielle Vermögensgegenstände des Anlagevermögens und auf Sachanlagen
- Abschreibungen auf Vermögensgegenstände des Umlaufvermögens, soweit diese die im Krankenhaus üblichen Abschreibungen überschreiten

In dieser Position sind v. a. die Abschreibungen auf Sachanlagen von zentraler Bedeutung. Der Aufwand wird durch entsprechende Ertragsbuchungen aus der Auflösung der verschiedenen Sonderposten neutralisiert, sofern es sich um geförderte Sachanlagen handelt. Abschreibungen auf immaterielle Vermögensgegenstände des Anlagevermögens umfassen in Krankenhäusern hauptsächlich Software.

Als abschreibungsfähige Posten des Umlaufvermögens kommen v. a. Vorräte, Forderungen und Wertpapiere in Betracht. Für Abschreibungen auf Forderungen sowie Abschreibungen auf Wertpapiere existieren in der GuV eigene Positionen, sodass diese in diesem Punkt nicht verbucht werden. Es verbleiben insofern nur die Vorräte. Allerdings ist wichtig, den Zusatz „soweit diese die im Krankenhaus üblichen Abschreibungen überschreiten" zu beachten. Es handelt sich also um außerplanmäßige Vermögensverluste. Ursächlich kann etwa ein Brandschaden sein.

Sonstige betriebliche Aufwendungen (Position 21)
Es handelt sich um einen Sammelposten, der sämtliche Aufwendungen enthält, die den anderen Aufwandsposten nicht zuzuordnen sind. Folgende Punkte gehören beispielsweise dazu:

Tab. 2.3 Beispiele für Abschreibungszeiten	Gerät	Abschreibungszeit (Jahre)
	Betten	15
	Computertomograf	8
	Doppler-Sonografiegeräte	5
	Elektroenzephalograf	8
	Elektrokardiograf	8
	Elektromyograf	8
	Endoskop	5

- Verwaltungsbedarf wie Büromaterialien, Druckarbeiten, Porto, Postfach- und Bankgebühren, Fernsprech- und Fernschreibanlagen, Rundfunk und Fernsehen, Personalbeschaffungskosten, Reisekosten, Fahrgelder, Spesen, EDV- und Organisationsaufwand
- Instandhaltungen
- Versicherungsprämien
- Abschreibungen auf Forderungen
- Aufwendungen für den Abgang von Gegenständen des Anlagevermögens (Verkaufspreis ist geringer als Restbuchwert, Differenz stellt eine Aufwendung dar)

Erträge aus Beteiligungen (Position 22)

Dividenden, Gewinnanteile sowie sonstige Erträge aus Beteiligungen werden in dieser Position ausgewiesen. Die Erträge, die von verbundenen Unternehmen kommen, sind in einem als Davon-Vermerk auszuweisen.

Erträge aus anderen Wertpapieren und aus Ausleihungen des Finanzanlagevermögens (Position 23)

Dividenden, Gewinnanteile sowie sonstige Erträge aus Finanzanlagen werden hier ausgewiesen. Auch hier erfolgt für die Erträge von verbundenen Unternehmen ein Davon-Vermerk.

Sonstige Zinsen und ähnliche Erträge (Position 24)

Zu erfassen sind sämtliche Zinsen für Einlagen bei Kreditinstituten, für Forderungen an Dritte und für Wertpapiere des Umlaufvermögens. Ähnliche Erträge umfassen z. B. Erträge aus einem Agio. Ein Davon-Vermerk bei verbundenen Unternehmen ist vorzunehmen.

Abschreibungen auf Finanzanlagen und auf Wertpapiere des Umlaufvermögens (Position 25)

Dieser Posten umfasst sämtliche Abschreibungen auf Finanzanlagen und Wertpapiere, die dem Umlaufvermögen zugeordnet sind. Sie entstehen etwa dann, wenn am Bilanzstichtag der Kurswert von Wertpapieren unterhalb des Buchwerts liegt und daher eine Abschreibung auf den Kurswert erfolgen muss.

Zinsen und ähnliche Aufwendungen (Position 26)

Zinsen, die das Krankenhaus gezahlt hat, werden hier ebenso erfasst wie z. B. Kreditbereitstellungsgebühren (ähnliche Aufwendungen). Nicht zu dieser Position gehören jedoch die Kosten des Zahlungsverkehrs wie beispielsweise die Kontoführungsgebühren. Diese sind unter den sonstigen betrieblichen Aufwendungen zu erfassen.

Steuern (Position 27)

Aufwendungen für Körperschaftsteuer, Gewerbesteuer und Kapitalertragsteuer werden in dieser Position ausgewiesen. Zudem werden auch alle übrigen Steuern wie Kfz-Steuer und Grundsteuer erfasst.

Jahresüberschuss/Jahresfehlbetrag (Position 28)

Als Saldo der vorangehenden Erträge und Aufwendungen kann der Jahresüberschuss oder Jahresfehlbetrag ermittelt werden.

2.3.5 Lagebericht

Die KHBV sieht die Aufstellung eines Lageberichts nicht vor. Soweit es sich bei der Trägereinrichtung eines Krankenhauses jedoch um eine mittelgroße oder große Kapitalgesellschaft handelt, ist ein Lagebericht auf Basis des Handelsrechts aufzustellen.

▶ Der **Lagebericht** soll die Jahresabschlussinformationen verdichten und eine zeitliche als auch inhaltliche Ergänzung des Jahresabschlusses darstellen. Keinesfalls ist es Aufgabe des Lageberichts Zahlenkolonnen darzustellen, es geht um die erläuternde verbale Niederlegung von Inhalten.

Durch die Vorgabe von Bestandteilen des Lagerberichts ist eine Vergleichbarkeit der Lageberichte von Krankenhäusern untereinander möglich. Im Lagebericht sind der Geschäftsverlauf einschließlich des Geschäftsergebnisses und die Lage des Krankenhauses so darzustellen, dass ein den tatsächlichen Verhältnissen entsprechendes Bild vermittelt wird. Er hat eine ausgewogene und umfassende, dem Umfang und der Komplexität der Geschäftstätigkeit entsprechende Analyse des Geschäftsverlaufs und der Lage der Gesellschaft zu enthalten. In die Analyse sind die für die Geschäftstätigkeit bedeutsamsten finanziellen Leistungsindikatoren einzubeziehen und unter Bezugnahme auf die im Jahresabschluss ausgewiesenen Beträge und Angaben zu erläutern.

Angaben im Lagebericht lassen sich untergliedern in vergangenheitsbezogene und zukunftsorientierte Informationen. Die vergangenheitsbezogenen Angaben dienen der Darstellung des Geschäftsverlaufs einschließlich des Geschäftsergebnisses und zur Lage der Kapitalgesellschaft mit Nennung der wesentlichen finanziellen und nur für große Kapitalgesellschaften nichtfinanziellen Leistungsindikatoren. Die zukunftsbezogene Darstellung zielt auf die voraussichtliche Entwicklung mit ihren wesentlichen Chancen und Risiken ab.

Als nichtfinanzielle Leistungsindikatoren werden im § 289 HGB Abs. 3 Informationen zu Umwelt- und Arbeitnehmerbelangen genannt. Geeignet für den Lagebericht sind daher Angaben zum Energieverbrauch, zu Ergebnissen eines Umweltaudits, zur Anzahl der eingesetzten Vollkräfte differenziert nach Personalgruppen, zur Organisation der Dienstzeiten usw. möglich. Aus Patientensicht kann etwa auf Ergebnisse von Patientenbefragungen eingegangen werden. Im Lagebericht ist ferner einzugehen auf

- die Risikomanagementziele und -methoden einschließlich ihrer Methoden zur Absicherung aller wichtigen Arten von Transaktionen sowie die Preisänderungs-, Ausfall- und Liquiditätsrisiken;
- die Risiken aus Zahlungsstromschwankungen, jeweils in Bezug auf die Verwendung von Finanzinstrumenten durch die Gesellschaft;
- den Bereich Forschung und Entwicklung;
- bestehende Zweigniederlassungen der Gesellschaft.

▶ **Wichtig**
Aus dem **Deutschen Rechnungslegungsstandard Nr. 20 (DRS 20)** können detaillierter die Grundsätze zur Aufstellung eines Lageberichts abgeleitet werden (Deutsches Rechnungslegungs Standards Committee 2017, S. 1 ff.).
Grundsätze der Aufstellung sind:

- Vollständigkeit
- Verlässlichkeit und Ausgewogenheit
- Klarheit und Übersichtlichkeit
- Vermittlung der Sicht der Unternehmensleitung
- Wesentlichkeit
- Informationsabstufung

Der Lagebericht muss aus Sicht der Unternehmensleitung sämtliche Informationen vermitteln, die ein verständiger Adressat benötigt, um den Geschäftsverlauf und die voraussichtliche wirtschaftliche Entwicklung beurteilen zu können. Die Darstellung und Analyse des Geschäftsverlaufs und der wirtschaftlichen Lage muss auch ohne Rückgriff auf die Angaben im Jahresabschlusses verständlich sein. Der Bericht stellt nur das Wesentliche dar, sodass nicht über alle Geschäftsvorfälle sowie sämtliche Chancen und Risiken der künftigen Entwicklung berichtet werden muss.

Ferner hat der Bericht verlässlich zu sein, er darf keine unwahren Angaben enthalten. Ebenso ist das bewusste unklare Darstellen von einzelnen Aspekten zu unterlassen, da dies es dem sachverständigen Leser unmöglich macht, sich ein verlässliches Bild über das Krankenhaus zu machen.

Zur Verlässlichkeit zählt zudem, klar zu unterscheiden und deutlich zu machen, ob die Angaben auf Tatsachen beruhen oder ob es sich um die Meinung des Managements handelt. Darüber hinaus hat der Lagebericht widerspruchsfrei zu sein, an einer Stelle getroffene Aussagen dürfen sich nicht mit an anderer Stelle getroffenen Angaben widersprechen.

Sollten bei zukunftsbezogenen Betrachtungen Annahmen getroffen worden sein, ist zu erläutern, wie die Ersteller auf die Annahmen gekommen sind. Ferner ist auf die Unsicherheiten hinzuweisen, die die erwarteten Resultate beeinflussen können.

Die Darstellungsform und der Aufbau des Lageberichts sind für die verschiedenen Zeiträume grundsätzlich beizubehalten. Dies gilt auch für die im Bericht betrachteten

Kennzahlen. Bei den wesentlichen Kennzahlen der Ertrags-, Finanz- und Vermögenslage ist eine Übersicht über mehrere Perioden sinnvoll. Nur so ist es möglich, Trends zu
erkennen.

Der Lagebericht ist die Einschätzung und Beurteilung des wirtschaftlichen Verlaufs
und der Lage durch die Unternehmensleitung. Sie basiert auf den wesentlichen gesamt-
wirtschaftlichen (z. B. Konjunktur) und branchenspezifischen Rahmenbedingungen
(z. B. rechtliche Grundlagen der Finanzierung).

Ausführlichkeit und Detaillierungsgrad der Ausführungen hängen von den spezifischen
Gegebenheiten ab. Damit ist insbesondere die Art der Geschäftstätigkeit, die Größe des
Krankenhauses und die Inanspruchnahme des Kapitalmarkts gemeint. Der Grundsatz der
Informationsabstufung rechtfertigt es allerdings nicht, die Berichterstattung zu einzelnen
Berichtspunkten komplett zu unterlassen.

▶ **Wichtig**
   Ein **Lagebericht** gliedert sich in folgende **Bereiche:**

   - Geschäfts- und Rahmenbedingungen
   - Ertragslage
   - Finanzlage
   - Vermögenslage
   - Nachtragsbericht
   - Risikobericht
   - Prognosebericht

Geschäfts- und Rahmenbedingungen
Im Lagebericht ist auf die wesentlichen Einflussfaktoren der Nachfrage einzugehen.
Der Krankenhaussektor ist ein Markt mit einer größtenteils konjunkturunabhängigen
Nachfrage. Wesentliche Einflussfaktoren, die auf die Nachfrage einwirken und die im
Lagebericht betrachtet werden können, sind exemplarisch:

- Altersstruktur der Bevölkerung
- Morbiditätsstruktur der Bevölkerung
- Medizinischer Fortschritt
- Gesundheitsbewusstsein der Bevölkerung

Die Nachfrage nach Privat- und Zusatzleistungen ist in den letzten Jahren gestiegen. Die
Wachstumsdynamik gestaltet sich jedoch in den Regionen unterschiedlich. Während die
Leistungen in städtischen Regionen weiterhin ansteigen, zeigt sich in Flächenländern
bedingt durch demografische Einflüsse ein geringeres Wachstum bis hin zu einem Rück-
gang der Leistungen. Auch innerhalb einer Klinik kann sich die Entwicklung in einzelnen
Indikationen deutlich unterscheiden. In den Bereichen typischer Alterserkrankungen (z. B.
Kardiologie) wächst die Nachfrage an, während in anderen Fachdisziplinen wie Pädiatrie

bedingt durch die Demografie Rückgänge zu verzeichnen sind. Abschließend sollte eine Beurteilung der Unternehmensleitung dazu abgegeben werden, ob die Geschäftsentwicklung insgesamt günstig oder ungünstig verlaufen ist. In diesem Zusammenhang sind Abweichungen des eingetretenen Geschäftsverlaufs gegenüber Prognosen in früheren Berichterstattungen darzustellen.

Folgende Aspekte eignen sich beispielsweise für die Darstellung:

- Entwicklung der rechtlichen Rahmenbedingungen im Bundes- und Landesrecht (z. B. KHG, KHEntgG, Krankenhausgesetze der Länder)
- Konjunkturelle Entwicklung auf daraus resultierende Auswirkungen auf Krankenhäuser (beispielsweise wegen veränderter Finanzlage der Gesetzlichen Krankenversicherungen)
- Kurzdarstellung des Krankenhauses (z. B. Fachabteilungen, Bettenzahl)
- Darstellung der Leistungsentwicklung (z. B. Case Mix, Case Mix Index, Kapazitätsauslastung)
- Patientenstruktur (z. B. Alter, Versichertenstatus)
- Änderungen des medizinischen und nichtmedizinischen Leistungsangebots
- Darstellung struktureller Änderungen (In-, Outsourcing von Leistungen, Verlagerung ambulanter Leistungen in ein Medizinisches Versorgungszentrum)
- Veränderungen in der Wettbewerbssituation (z. B. Eröffnung oder Schließung von anderen Krankenhäusern)

Ertragslage Die Ertragslage ist anhand der Ergebnisquellen darzustellen, zu analysieren und zu beurteilen. Im Rahmen der Analyse ist auf wesentliche Veränderungen im Vergleich zum Vorjahr und die dafür ursächlichen Faktoren einzugehen. Dabei sind insbesondere die zugrunde liegenden Trends und alle ungewöhnlichen oder nicht jährlich wiederkehrenden Ereignisse (z. B. Grippewelle) sowie alle wesentlichen ökonomischen Veränderungen, die nachhaltig die Ertragslage beeinflussen, darzustellen. Die Auswirkungen ungewöhnlicher oder nicht jährlich wiederkehrender Ereignisse auf die Ertragslage sind zu quantifizieren. Falls die Veränderung der Ertragslage auf mehrere Faktoren zurückzuführen ist, sind diese vollständig und in der Rangfolge ihrer Bedeutung darzustellen. Hierbei können beispielsweise folgende Faktoren in Betracht kommen:

- Mangel an Rohstoffen (z. B. Lieferengpässe bei Implantaten)
- Mangel an Fachkräften (z. B. unzureichende Anzahl an Fachärzten)
- Starke Abhängigkeit von bestimmten Zuweisern (z. B. niedergelassene Ärzte bei elektiven Eingriffen)
- Arzthaftungsfälle
- Änderung der rechtlichen oder regulatorischen Rahmenbedingungen, z. B. Einschränkung von stationären Maßnahmen, die nur noch ambulant erbracht werden dürfen

Der Umsatz ist anzugeben und zu analysieren. Im Rahmen der Analyse sollte der Umsatz nach Fachgebieten und Sektoren (ambulant, teilstationär, stationär) aufgegliedert werden.

Auf Preis- und Mengeneinflüsse sollte, sofern sinnvoll, differenziert nach Teilbereichen gesondert eingegangen werden. Beispiele sind die Energiekosten, Preisänderungen bei Arzneimitteln oder bei der Entwicklung der Personalkosten.

Als Faktoren der Analyse bieten sich an:

- Wirtschaftlichkeit der Leistungserstellung (z. B. mithilfe von Daten aus der Kostenrechnung), Kapazitätsauslastung (Bettenauslastung, Operationssaalauslastung), Rationalisierungsmaßnahmen (z. B. durch Prozessoptimierungen, neue Technologien), Qualitätssicherung
- Personalkosten und deren erwartete Entwicklung
- Inbetriebnahme und Stilllegung von Fachabteilungen, Stationen, Operationssälen usw.
- Preise und Konditionen (z. B. Basisfallwertentwicklung, Zahlungsverhalten der Kostenträger)
- Rohstoff- und Energiekosten (z. B. Kosten für Implantate, Stromkosten)

Umfasst der Konzernabschluss eine Segmentberichterstattung (z. B. Konzern, der Akutbereich, Rehabilitationskliniken und Pflegeeinrichtungen aufweist) und enthält diese Angaben zur Ertragslage, sind im Konzernlagebericht neben Angaben zur Ertragslage des Konzerns auch segmentbezogene Angaben zur Ertragslage zu machen.

Finanzlage

Die Finanzlage des Konzerns ist anhand der Kapitalstruktur, der Investitionen und der Liquidität darzustellen, zu analysieren und zu beurteilen. Die Ausführungen sind im Krankenhaus im Vergleich zu Industrieunternehmen oftmals nicht sehr umfangreich, da beispielsweise i. d. R. keine Verbindlichkeiten in Fremdwährungen bestehen und keine derivativen Finanzinstrumente genutzt werden.

Bei der Kapitalstruktur ist insbesondere einzugehen auf die Art, Fälligkeits-, Währungs- und Zinsstruktur sowie andere wesentliche Konditionen der Verbindlichkeiten. Auf wichtige Finanzierungsmaßnahmen des Berichtszeitraums sowie auf bedeutende Finanzierungsvorhaben ist einzugehen. Wesentliche Finanzierungsmaßnahmen können z. B. Emissionen von Aktien und Änderungen von Kreditlinien sein. Änderungen von bedeutsamen Kreditkonditionen im Vergleich zum Vorjahr sind darzustellen und zu erläutern.

Umfang und Zweck der wesentlichen im Berichtszeitraum getätigten Investitionen sind zu benennen. Dabei ist auch auf die Fortführung und den Abschluss von bedeutenden Investitionsvorhaben einzugehen. In diesem Teil des Lageberichts ist folglich eine Investitionsanalyse durchzuführen, darunter fällt die Betrachtung über die Fortführung und den Abschluss bedeutender Investitionen wie z. B. Bauvorhaben, Beschaffung medizinischer Großgeräte oder die Umstellung des EDV-Systems.

Die Liquidität ist darzustellen und zu analysieren. Die Liquiditätsanalyse ist anhand der Kapitalflussrechnung vorzunehmen. Geeignete Kennzahlen zur Finanzierungsstruktur sind beispielsweise:

$$\text{Eigenkapitalquote} = \frac{(\text{Eigenkapital} + \text{Sonderposten*}) \times 100}{\text{Gesamtkapital}}$$

* Sonderposten aus Fördermitteln nach dem KHG, Sonderposten aus Zuweisungen und Zuschüssen der öffentlichen Hand und Sonderposten aus Zuweisung Dritter

$$\text{Dynamischer Verschuldungsgrad} = \frac{\text{Fremdkapital} \times 100}{\text{Cashflow**}}$$

** Zur Berechnung des Cashflows s. Abschn. 2.3.8.

$$\text{Liquidität 1. Grades} = \frac{\text{Liquide Mittel} \times 100}{\text{Kurzfristiges Fremdkapital}}$$

$$\text{Liquidität 2. Grades} = \frac{(\text{Liquide Mittel} + \text{Kurzfristige Forderungen}) \times 100}{\text{Kurzfristiges Fremdkapital}}$$

$$\text{Liquidität 3. Grades} = \frac{\text{Umlaufvermögen} \times 100}{\text{Kurzfristiges Fremdkapital}}$$

$$\text{Liquiditätsreserve in Tagen} = \frac{\left(\text{Kurzfristiges Vermögen} - \text{kurzfristiges Fremdkapital}\right) \times 365}{\text{Personalaufwendungen} + \text{Sachaufwendungen}}$$

Vermögenslage

Die Vermögenslage ist darzustellen, zu analysieren und zu beurteilen. Haben im Berichtszeitraum deutliche Erhöhungen oder Minderungen des Vermögens stattgefunden, so ist deren Auswirkung auf die Vermögenslage zu erläutern. In diesem Berichtsabschnitt sind zunächst die Höhe und die Zusammensetzung des Vermögens darzustellen und wesentliche Abweichungen gegenüber dem Vorjahr anzugeben und zu erklären. Ebenso wie bei der Analyse der Finanzlage sollten ausgehend von der Bilanz stichtagsbezogene Kennzahlen dargestellt werden, wie z. B.:

$$\text{Anlagenintensität} = \frac{\text{Anlagevermögen} \times 100}{\text{Gesamtvermögen}}$$

$$\text{Intensität des bereinigten Anlagevermögens} = \frac{(\text{Anlagevermögen} - \text{verwendete Sonderposten}) \times 100}{\text{Gesamtvermögen} - \text{verwendete Sonderposten}}$$

$$\text{Intensität des Umlaufvermögens} = \frac{\text{Umlaufvermögen} \times 100}{\text{Gesamtvermögen}}$$

$$\text{Deckungsgrad A} = \frac{(\text{Bereinigtes Eigenkapital} + \text{Sonderposten}) \times 100}{\text{Anlagevermögen}}$$

$$\text{Deckungsgrad B} = \frac{(\text{Bereinigtes Eigenkapital} + \text{Sonderposten} + \text{langfristiges Fremdkapital}) \times 100}{\text{Anlagevermögen}}$$

$$\text{Deckungsgrad C} = \frac{(\text{Bereinigtes Eigenkapital} + \text{Sonderposten} + \text{langfristiges Fremdkapital}) \times 100}{\text{Anlagevermögen} + \text{langfristiges Umlaufvermögen}}$$

Im Bericht über die Vermögenslage sollten ferner Angaben zur Investitions- und Abschreibungspolitik sowie zu wesentlichen stillen Reserven aufgenommen werden. Ebenso wäre es darzustellen, wenn die bilanzierten Vermögenswerte in Einzelfällen über den Verkehrswerten liegen.

In die Analyse des Geschäftsverlaufs und in die Lage des Konzerns sind auch die bedeutsamsten nichtfinanziellen Leistungsindikatoren einzubeziehen, soweit sie für das Verständnis des Geschäftsverlaufs und der Lage des Konzerns von Bedeutung sind. Beispiele für nichtfinanzielle Leistungsindikatoren sind:

- Kundenbelange (Informationen zur Zusammensetzung nach Versichertenstatus, Patienten- und Zuweiserzufriedenheit)
- Umweltbelange (z. B. Energieverbrauch)
- Arbeitnehmerbelange (Indikatoren zur Mitarbeiterfluktuation, Mitarbeiterzufriedenheit, Fortbildungsmaßnahmen)
- Gesellschaftliche Reputation (Indikatoren zum sozialen und kulturellen Engagement, Wahrnehmung gesellschaftlicher Verantwortung)

Nachtragsbericht
Im Nachtragsbericht sind Vorgänge von besonderer Bedeutung, die sich im Zeitraum zwischen dem Bilanzstichtag und der Erstellung des Lageberichts ereignet haben, anzu-geben und ihre erwarteten Auswirkungen auf die Ertrags-, Finanz- und Vermögenslage zu erläutern. Dabei ist es unbedeutend, ob diese Vorgänge bereits abgeschlossen sind oder zum Zeitpunkt der Aufstellung des Lageberichts noch andauern. Ein Vorgang hat dann besondere Bedeutung, wenn er, hätte er sich bereits vor Ablauf des Berichtszeitraums ereignet, eine deutlich andere Darstellung der Vermögens-, Finanz- und Ertragslage erfordert. Auf ihren Eintritt nach Schluss des Berichtszeitraums ist gesondert hinzu-weisen. Sind keine anzuführenden Vorgänge eingetreten, ist dies anzugeben. Nachfolgend werden mögliche Vorgänge, die für einen Nachtragsbericht relevant sind, genannt:

- Änderungen des Leistungsspektrums
- Änderungen der Chefarztbesetzungen
- Kündigungen von Verträgen mit hohen finanziellen Auswirkungen wie Abfindungen
- Inbetriebnahme von medizinisch-technischen Großgeräten

Prognose-, Chancen- und Risikobericht

Die voraussichtliche Entwicklung mit ihren wesentlichen Chancen und Risiken ist zu beurteilen und zu erläutern. Die Berichterstattung über Risiken (Risikobericht) kann getrennt von oder gemeinsam mit der Berichterstattung über Chancen (Chancenbericht) erfolgen. Unabhängig davon können beide Berichte bzw. der gemeinsame Chancen-/Risikobericht in die Berichterstattung zur voraussichtlichen Entwicklung (Prognosebericht) integriert oder von ihr getrennt erfolgen.

- *Prognosebericht*

  Die Prognosen zum Geschäftsverlauf sind zu erläutern. Die Ausführungen sind zu einer Gesamtaussage zu verdichten. Die wesentlichen Annahmen, auf denen die Prognosen beruhen, sind anzugeben. Annahmen können z. B. sein:
  - Wirtschafts- und Branchenentwicklungen
  - Regulatorische Maßnahmen des Gesetzgebers wie Verschiebung von stationären Leistungen in den ambulanten Bereich
  - Medizinischer und medizinisch-technischer Fortschritt
  - Realisierung von Synergiepotenzialen bei neuen Betätigungsfeldern (z. B. Eröffnung eines Medizinischen Versorgungszentrums am Standort einer Klinik)
  - Inbetriebnahme neuer Großgeräte

  Werden Prognosen anderer Organisationen (z. B. Prognosen des RWI – Leibniz-Institut für Wirtschaftsforschung) den eigenen Prognosen als Annahmen zugrunde gelegt, ist dies anzugeben. Öffentlich verfügbare Prognosen zur Entwicklung der Gesamtwirtschaft und der Branche sind nur in dem Maß darzustellen, wie dies für das Verständnis der Aussagen zur voraussichtlichen Entwicklung erforderlich ist.

  Als Prognosezeitraum ist mindestens ein Jahr zugrunde zu legen. Der Zeitraum, auf den sich die Voraussagen beziehen, ist anzugeben. Die Prognosen müssen Aussagen zur erwarteten Veränderung der prognostizierten Leistungsindikatoren wie Case Mix oder Case Mix Index gegenüber dem entsprechenden Ist-Wert des Berichtsjahres enthalten.

- *Risiken- und Chancenbericht*

  Die Risikoberichterstattung umfasst Angaben zum Risikomanagementsystem, Angaben zu den einzelnen Risiken sowie eine zusammenfassende Darstellung der Risikolage. Darzustellen sind i. d. R. nur Restrisiken unter Berücksichtigung von Kompensationen der Risiken (z. B. durch den Abschluss einer Versicherung). Typische Gefahrenfelder sind u. a.:
  - Haftungs- und Rechtsrisiken: Infolge von gestiegener Klagebereitschaft von Patienten und gestiegenen Haftungssummen gewinnt dieser Bereich zunehmend an Bedeutung.
  - Investitionsrisiken: Nicht durchgeführte oder unrentable Investitionen können zu einer veralteten oder nicht zweckgemäßen Infrastruktur führen und die Erschließung neuer Marktpotenziale verhindern.
  - Personalrisiken: Beispiele sind der Fachkräftemangel oder die Abwanderung von Schlüsselpersonal sowie die Entwicklung der Personalkosten.

– IT-Risiken: Störungen der IT können z. B. zu Problemen im Behandlungsprozess führen, wenn etwa ein digitales Röntgen zeitweise nicht möglich ist.

– Erlös-, Dokumentations- und Budgetrisiken: In diesem Bereich liegen oftmals die größten Risiken für Kliniken. Es bestehen beispielsweise Risiken durch Rechnungskürzungen infolge unzureichender Dokumentation durch den Medizinischen Dienst der Krankenversicherung (MDK) oder durch neue Regelungen zu Minder- oder Mehrerlösausgleichen.

– Wettbewerbsrisiken: Im Bereich des Gesundheitswesens sind zahlreiche Wettbewerber aktiv. Es besteht das Risiko, dass durch Aktivitäten bestehender Wettbewerber bzw. durch den Eintritt neuer Wettbewerber der eigene Marktanteil negativ beeinflusst wird. Auch eine mögliche Fehleinschätzung von wichtigen Trends auf allen Marktebenen kann zu einer negativen Entwicklung führen.

– Zahlungsausfallrisiken: Das Risiko eines Zahlungsausfalls ist im Regelfall im Krankenhaus gering, da ein Großteil der Vergütungen über soziale Sicherungssysteme kommen. Je höher der Anteil an Privatzahlern ist (dazu gehören auch die ausländischen Patienten), desto bedeutender ist diese Risikoform.

– Finanzierungsrisiken: Kredite können beispielsweise sich verteuern oder nur unter erschwerten Bedingungen gewährt werden.

– Reputationsrisiken: Das Vertrauen und die Reputation ist für Kliniken von immenser Bedeutung. Negative Pressemeldungen und -berichte beispielsweise im Fernsehen können zu einer Rufschädigung führen, die erheblichen Einfluss auf die Lage des Krankenhauses hat.

– Qualitätsrisiken: Ein qualitativ hochwertiger Behandlungsprozess ist Grundlage eines erfolgreichen Krankenhauses. Qualitätsrisiken können beispielsweise aus einer unzureichenden Einweisung von Mitarbeitern oder einer Überlastung der Beschäftigten resultieren.

– Hygiene- und Desinfektionsrisiken: Beispiele sind die Nichteinhaltung der Regelungen zur Händedesinfektion oder zum Umgang mit Methicillin-resistenten Staphylococcus aureus (MRSA) infizierten Patienten.

– Compliance-Risiken: Das Risiko beschreibt die fehlende rechtliche und organisatorische Einhaltung aller maßgeblichen Gesetze und Normen. Es besteht aufgrund der Regelungsvielfalt die Gefahr, dass die Vorgaben vorsätzlich oder fahrlässig nicht eingehalten werden. Damit gehen rechtliche und wirtschaftliche Risiken einher. Dabei kann es sich um Strafen, Schadensersatzforderungen oder ein Berufsverbot für medizinisches Personal handeln. Ein Beispiel wären nicht zulässige Vereinbarungen in Kooperationsverträgen mit niedergelassenen Ärzten.

Neben der Angabe und Erläuterung des Risikos sind auch Gegenmaßnahmen zu benennen und zu erklären. Ein Beispiel ist die kontinuierliche Schulung von Mitarbeitern im Bereich Hygiene, um Infektionen aufgrund unzureichender Handhabung zu minimieren.

Neben den Risiken sind auch die Chancen darzustellen. Chancen können sich aus der Leistungserbringung ergeben. Dies beinhaltet insbesondere die Möglichkeit zur Weiterentwicklung der Abrechnungsprozesse und Optionen der Erlössteigerung. Weiterhin kann es Perspektiven zur Verbesserung der medizinischen Qualität durch den Einsatz neuer Prozesse und Technologien oder durch die Weiterbildung der Mitarbeiter geben. Marktchancen umfassen positive Entwicklungen, die aus der politischen oder wirtschaftlichen Entwicklung resultieren. Hierunter fällt beispielsweise die steigende Bereitschaft, nichtärztliche Wahlleistungen in Anspruch zu nehmen, wenn die konjunkturelle Entwicklung und die damit verbundene Einkommenssituation der Patienten sich verbessert. Strategische Chancen können sich aus der Eröffnung neuer Abteilungen, der Übernahme anderer Kliniken und ähnlichen Aktivitäten mit längerfristigem Charakter ergeben.

2.3.6 Anhang

Bei Kapitalgesellschaften ist der Anhang ein weiterer obligatorischer Bestandteil des Jahresabschlusses. Die KHBV schreibt auch einen Anhang vor.

▶ **Zweck des Anhangs** ist eine den tatsächlichen Verhältnissen entsprechende Erläuterung der Vermögens-, Finanz- und Ertragslage insbesondere durch ergänzende quantitative und qualitative Informationen, die aus den Zahlen der Bilanz und der GuV nicht zu entnehmen sind. Zudem soll er eine Übersichtlichkeit der Bilanz gewährleisten, indem bestimmte Informationen nicht direkt dort angegeben werden müssen.

Die Erläuterungsfunktion des Anhangs wird durch Angaben sichergestellt, die die Posten der Bilanz und der GuV kommentieren und diese interpretieren. Ein Beispiel ist die erläuternde Aufgliederung der Umsatzerlöse nach definierten Bereichen. Die Ergänzungsfunktion zeigt sich in Angaben, die keinen direkten Bezug zur Bilanz und zur GuV haben. Beispiele sind

- die durchschnittliche Zahl der beschäftigten Arbeitnehmer,
- die Bezüge der Geschäftsführung sowie der Aufsichtsgremien und
- Haftungsverhältnisse.

Eine weitere Funktion des Anhangs ist die Korrekturfunktion. Diese spielt v. a. dann eine Rolle, wenn das Bild von Bilanz und GuV nicht den tatsächlichen Verhältnissen entspricht. Die Angaben haben den Zweck, das den tatsächlichen Verhältnissen entsprechende Bild im Zusammenwirken mit Bilanz und GuV zu vermitteln. Beispiel dafür ist ein einmaliges, außergewöhnliches Ergebnis etwa durch den Verkauf von Klinikstandorten.

Die Entlastungsfunktion erfüllt der Anhang dadurch, dass Informationen dort aufgenommen werden und nicht in der Bilanz bzw. der GuV. Im Anhang müssen insbesondere die auf die Posten der Bilanz oder der GuV angewandten Bilanzierungs- und Bewertungsmethoden benannt werden.

Die KHBV macht es erforderlich, den Anhang um einen Anlagennachweis zu ergänzen. Die Gliederung ist in der Anlage 3 zur KHBV vorgegeben. Der Anlagennachweis zeigt die Entwicklung des Anlagevermögens in ihren einzelnen Posten in Abb. 2.3. Ausgenommen sind dabei immaterielle Vermögensgegenstände sowie die Finanzanlagen.

2.3.7 Bilanzanalyse

Aufgabe der Bilanzanalyse ist es, aus den verfügbaren Zahlen und Daten des Jahresabschlusses eines Krankenhauses darüber hinausgehende Informationen zur Analyse und Bewertung zu generieren. Ziel ist die Beurteilung der gegenwärtigen und die Prognose der zukünftigen wirtschaftlichen Lage und Entwicklung. In einem ersten Schritt werden hierzu Kapital, Vermögen, Bilanzsumme, Umsatz und Gewinn betrachtet, um sich einen ersten grundsätzlichen Überblick über das Verhältnis der großen Positionen zueinander zu verschaffen. Zudem gilt es, sich den Lagebericht und Anhang durchzulesen.

In einem zweiten Schritt werden die Zahlen des aktuellen Jahresabschlusses den Zahlen der Vorjahre gegenübergestellt, z. B. durch die Bildung einer Zeitreihe von fünf Jahren. Die Betrachtung der Veränderung von Bilanzsummen, Umsätzen und Gewinnen ermöglicht die Identifizierung von Trends. Zudem werden die Zahlen denen vergleichbarer Kliniken gegenübergestellt, um einen Branchenvergleich zu ermöglichen. Die Vergleichbarkeit der Daten verschiedener Krankenhäuser ist genau zu prüfen, da verschiedene Standorte und Rahmenbedingungen zu Verzerrungen führen können (z. B. Gebäudeart, da etwa Hochbauten oder Pavillonbauweisen direkte Auswirkungen auf die Effizienz der Leistungserbringung durch Wegezeiten und ähnliches haben).

Empfehlenswert ist bei der quantitativen Analyse wieder zweistufig vorzugehen. Zunächst werden auffällige und daher erklärungsbedürftige Veränderungen einzelner Positionen der Bilanz und der GuV gegenüber dem Vorjahr betrachtet. Im nächsten Schritt werden dann Kennzahlen gebildet, die eine weitergehende Interpretation ermöglichen sollen. Kennzahlen werden sowohl für die Ertrags-, als auch die Vermögens- und Finanzlage gebildet. Zentrale Kennzahlen in den einzelnen Bereichen werden nachfolgend erklärt.

Kennzahlen zur Ertragslage

▶   Bei der Analyse der **Ertragslage** steht im Vordergrund, die Entwicklung und
       die Quellen des Erfolgs eines Krankenhauses zu betrachten.

Zunächst gilt es, absolute Erfolgsgrößen zu beziffern und deren Entwicklung über mehrere Jahre zu betrachten. Danach sind Kennzahlen zu bilden, die zumeist sog. Verhältniszahlen darstellen. Zwei Größen der Bilanz werden also in Verhältnis zueinander gesetzt, um anhand des Quotienten Aussagen über die Ertragslage der Klinik treffen zu können. Nachfolgend werden ausgewählte Kennzahlen erläutert.

Sachanlagen	Entwicklung der Anschaffungswerte					Entwicklung der Abschreibungen						Restbuchwerte (Stand 31.12.)
	Anfangsstand	Zugang	Umbuchungen	Abgang	Endstand	Anfangsstand	Abschreibungen des Geschäftsjahres	Umbuchungen	Zuschreibungen des Geschäftsjahres	Entnahme für Abgänge	Endstand	
	Euro	Euro	Euro	Euro	Euro	Euro	Euro	Euro	Euro	Euro	Euro	Euro
1	2	3	4	5	6	7	8	9	10	11	12	13
1. Grundstücke und grundstücksgleiche Rechte mit Betriebsbauten einschließlich der Betriebsbauten auf fremden Grundstücken												
2. Grundstücke und grundstücksgleiche Rechte mit Wohnbauten einschließlich der Wohnbauten auf fremden Grundstücken												
3. Grundstücke und grundstücksgleiche Rechte ohne Bauten												
4. technische Anlagen												
5. Einrichtungen und Ausstattungen												
6. geleistete Anzahlungen und Anlagen im Bau												

Abb. 2.3 Anlagenverzeichnis. (Anlage 3 KHBV)

Der *Rohertrag* ist eine Produktivitätskennzahl, die besser zur Darstellung der Leistung geeignet ist als der Umsatz. Es werden dabei die Materialkosten vom Umsatz abgezogen. Diese umfassen neben den Kosten für die Roh-, Hilfs- und Betriebsstoffe auch die Kosten für bezogene Leistungen. Daneben wird für die Produktivitätsentwicklung die Wertschöpfung als Kennzahl verwendet. Diese bezeichnet den betriebswirtschaftlichen Wertezuwachs, den das Krankenhaus über die Vorleistungen hinaus erwirtschaftet. Für die Ermittlung gibt es zwei Möglichkeiten: die additive und die subtraktive Ermittlung (Tab. 2.4 und 2.5).

Für den *Gewinn* eines Krankenhauses gibt es in der betrieblichen Praxis verschiedene absolute Kennzahlen. Der Gewinn ergibt sich aus dem Abzug der Kosten von den Erlösen. Der Betriebswirt spricht aber selten von Gewinn, vielmehr tauchen folgende Begriffe auf:

- **EAT** (Earnings after Taxes, also der Gewinn nach Abzug von Steuern)
- **EBT** (Earnings before Taxes, also der Gewinn vor Steuern)
- **EBIT** (Earnings before Interest and Taxes, also der Gewinn vor Steuern und Zinsen)
- **EBITDA** (Earnings before Interest, Taxes, Depreiation and Amortisation, also der Gewinn vor Steuern, Zinsen und Abschreibungen)
- **EBITDAR** (Earnings before Interest, Taxes, Depreiation, Amortisation and Rent, also der Gewinn vor Zinsen, Steuern, Abschreibungen und Mieten)

Tab. 2.4 Additive Ermittlung

	Personalaufwand
+	Zinsaufwand
+	Steuern (Ertragssteuern und sonstige Steuern)
±	Jahresüberschuss bzw. Jahresfehlbetrag
=	Wertschöpfung

Tab. 2.5 Subtraktive Ermittlung

	Umsatzerlöse
+	Sonstige Erträge (einschließlich Zinserträge)
+	Aktivierte Eigenleistungen
±	Bestandsveränderungen an fertigen und unfertigen Erzeugnissen
−	Materialaufwand
−	Abschreibungen
−	Sonstige betriebliche Aufwendungen
=	Wertschöpfung

Die Kennzahl *Wertschöpfung je Vollzeitkraft* ist ein Indikator für die durchschnittliche Arbeitsproduktivität der Mitarbeiter. Im Gegensatz zur häufig verwendeten Umsatzproduktivität je Vollzeitkraft werden Effekte, die sich aus einem unterschiedlichen Grad an Vorleistungen ergeben, in der Kennzahl Wertschöpfung je Vollzeitkraft herausgerechnet. Wichtig ist die Umrechnung in Vollzeitkräfte, da ansonsten Verschiebungen im Teilzeitbereich den Wert der Kennzahl beeinflussen. Außerdem ist der Zahl der jahresdurchschnittlich Beschäftigten der Vorzug vor einer Stichtagszahl zu geben, da diese i. d. R. ungenauer ist als die Durchschnittsbetrachtung.

Der *Jahresüberschuss bzw. -fehlbetrag je Vollzeitkraft* zeigt, wie viel je Mitarbeiter als Gewinn bzw. Verlust nach Steuern erwirtschaftet wurde.

Weiterhin werden im Regelfall verschiedene *Renditen* berechnet:

$$\text{Eigenkapitalrendite} = \frac{\text{Gewinn} \times 100}{\text{Eigenkapital}}$$

$$\text{Gesamtkapitalrendite} = \frac{(\text{Gewinn} + \text{Fremdkapitalzinsen}) \times 100}{\text{Gesamtkapital}}$$

$$\text{Umsatzrendite} = \frac{\text{Gewinn} \times 100}{\text{Umsatz}}$$

Die *Gesamtkapitalrendite* nach Steuern zeigt die Verzinsung des gesamten im Krankenhaus eingesetzten Kapitals (wie viel Cent hat ein Euro des Vermögens erwirtschaftet?). Die Gesamtkapitalrendite einer erfolgreichen Klinik liegt über dem für das Fremdkapital zu zahlenden Zinssatz.

Die *Eigenkapitalrendite* nach Steuern gibt an, wie sich das von den Eigentümern bereitgestellte Kapital netto, also nach Abzug der Unternehmenssteuern), verzinst hat.

Die *Umsatzrendite* nach Steuern zeigt, wie viel Cent von einem Euro Umsatz als Ergebnis nach Steuern übrig bleibt. Diese Kennzahl ist zumeist von untergeordneter Bedeutung, da für Investitionsentscheidungen die Verzinsung des zu investierenden Kapitals die entscheidende Größe ist. Es geht also um die Frage, mit welcher zur Verfügung stehenden Investitionsalternative die höchste Rendite erzielt werden kann. Diese wird immer in Bezug auf das zu investierende Kapital gesetzt. Insofern zeigt die Umsatzrendite nur, wie viel Cent von einem Euro an Umsatz als Überschuss verbleiben.

Eine sehr wichtige Kenngröße ist die *Personalaufwandsquote*. Sie zeigt, wie viel Prozent der Umsatzerlöse für Personalaufwendungen ausgegeben wurden. Im Krankenhaus sind Quoten von 60 % und mehr normal, da es sich um eine personalintensive Dienstleistungserbringung handelt. Veränderungen der Personalaufwandsquote können aus der nicht proportionalen Entwicklung von Umsatz und Personalaufwand resultieren. Eine gesteigerte Produktivität durch bessere Fort- und Weiterbildungsmöglichkeiten oder eine höhere Motivation der Mitarbeiter kann beispielsweise eine Ursache sein. Ebenso kann eine Veränderung der Fertigungstiefe durch Outsourcing zu einer Veränderung führen. Wird etwa die Küche nicht mehr selbst betrieben, sondern fremd vergeben, werden weniger eigene

Mitarbeiter beschäftigt, sodass die Personalaufwandsquote sinkt. Hieran wird deutlich, dass ein Vergleich der Quoten über mehrere Jahre hinweg und ein Gegenüberstellen mit anderen Einrichtungen immer nur vor dem Hintergrund einer im Wesentlichen gleichen Fertigungstiefe erfolgen kann.

Die *Materialaufwandsquote* zeigt, wie viel Prozent der Umsatzerlöse für Roh-, Hilfs- und Betriebsstoffe sowie für bezogene Leistungen bereitgestellt werden musste. Veränderungen der Materialaufwandsquote können beispielsweise verursacht sein durch Preisveränderungen (z. B. erhöhte Preise für Medikamente), Veränderungen der Fertigungstiefe (Fremdvergabe von Leistungen) oder Veränderungen der Fallstruktur (vermehrt Fallpauschalen, die einen höheren Sachaufwand aufweisen).

Kennzahlen zur Vermögens- und Finanzlage

▶   Bei der Analyse der **Vermögens- und Finanzlage** steht die Einschätzung der Stabilität (Risikoanfälligkeit) und Substanz (Belastbarkeit in kurz- oder längerfristigen Krisen) im Mittelpunkt. Gebildet werden können absolute und relative Größen.

Das *Eigenkapital* entspricht dem Reinvermögen des Krankenhauses und wird in der Bilanz auf der Passivseite ausgewiesen. Es ist das von den Eigentümern dem Unternehmen zur Verfügung gestellte Kapital. Gewinne erhöhen, Verluste vermindern das bilanzielle Eigenkapital. Ist das Eigenkapital durch aufgelaufene Verluste mehr als aufgezehrt, so ist das Unternehmen buchmäßig überschuldet. In der Bilanz ist dann ein nicht durch Eigenkapital gedeckter Fehlbetrag ausgewiesen. Das Eigenkapital verursacht im Gegensatz zu Fremdkapital keine gewinnunabhängigen Aufwendungen. Zinsen für Kredite sind auch dann zu bezahlen, wenn ein Verlust geschrieben wird. Das Eigenkapital kann, soweit es das gezeichnete Kapital betrifft, nicht aus der Klinik abgezogen werden und ist damit mitentscheidend für die Krisenfestigkeit. Mithilfe einer hohen Eigenkapitaldecke können notfalls auch über mehrere Jahre hinweg Verluste getragen werden, ohne dass Insolvenz angemeldet werden muss.

In der Krankenhausbilanz weicht das ausgewiesene Eigenkapital erheblich vom *wirtschaftlichen Eigenkapital* ab. Unter wirtschaftlichem Eigenkapital versteht man über das bilanzielle Eigenkapital hinausgehende Kapitalbestandteile, die aus ökonomischer, nicht aber aus juristischer Sicht wie Eigenkapital anzusehen sind (eigenkapitalähnliche Mittel). Die erfolgsneutrale Verbuchung von Fördermittel und der daraus resultierende Sonderposten führen dazu, dass das ausgewiesene Eigenkapital oftmals niedrig ist. Fördermittel für Investitionen sind jedoch dem klassischen Eigenkapital sehr nahe, da bei zweckentsprechender Verwendung keine Rückzahlungspflicht besteht. Zudem müssen für diese Mittel keine Zinsen gezahlt werden. Schlussendlich sind deshalb dem wirtschaftlichen Eigenkapital die Sonderposten aus der Zuwendung zur Finanzierung des Sachanlagevermögens zuzurechnen (Tab. 2.6).

Tab. 2.6 Berechnung des wirtschaftlichen Eigenkapitals

	Eigenkapital
+	Sonderposten aus Fördermittel nach dem KHG
+	Sonderposten aus Zuweisungen und Zuschüssen der öffentlichen Hand
+	Sonderposten aus Zuweisungen Dritter
=	Wirtschaftliches Eigenkapital

Beim *Fremdkapital* ist zu betrachten, wie hoch der Betrag der Verbindlichkeiten ist, für die Zinsen zu bezahlen sind. Dies betrifft insbesondere die Verbindlichkeiten gegenüber Kreditinstituten, eventuell auch solche gegenüber Gesellschaftern oder dem Krankenhausträger. Eine Erhöhung der zu verzinsenden Verbindlichkeiten verschlechtert das Ergebnis der Klinik, wenn der durchschnittliche Fremdkapitalzinssatz höher ist als die Gesamtkapitalrendite.

Die *Bilanzsumme* zeigt die Gesamtheit des Vermögens eines Krankenhauses bzw. des dort investierten Kapitals. Erforderlich ist dieser Wert zur Berechnung der Eigenkapitalquote. Die Bilanzsumme zeigt allerdings nur den buchhalterischen Wert des Vermögens und sollte nicht mit dem Marktwert des Vermögens verwechselt werden. Ein bebautes oder unbebautes Grundstück kann beispielsweise einen deutlich höheren Wert haben, als es in der Bilanz ausgewiesen ist.

Die Sachinvestitionen des jeweiligen Jahres können dem Anlagennachweis entnommen werden. Benötigt wird dieser Wert zur Berechnung der Investitionsquote. Investitionen sichern die Zukunftsfähigkeit des Krankenhauses. Um zu sehen, ob kontinuierlich investiert wurde, sollte die Höhe der Investitionen im Zeitablauf beobachtet werden.

Ebenso kann eine Betrachtung von neuen Finanzinvestitionen vorgenommen werden. Sie zeigt, welche Mittel für neue Beteiligungen an anderen Unternehmen sowie in Wertpapiere und Ausleihungen geflossen sind. Diese Mittel sind deshalb nicht für Investitionen in Sachanlagen zur Verfügung gestanden.

Die *Eigenkapitalquote* zeigt den prozentualen Anteil des Eigenkapitals am Gesamtkapital und ist ein Maß für die Substanz des Krankenhauses. Geringe Eigenkapitalquote sind ein Zeichen dafür, dass Kliniken in schwierigeren finanziellen Phasen gefährdeter sind als Krankenhäuser mit höheren Quoten. Bei der Berechnung der Eigenkapitalquote für ein Krankenhausunternehmen ist die Verwendung des wirtschaftlichen Eigenkapitals zu bevorzugen.

Die *Investitionsquote* für Sachinvestitionen zeigt, wie viel Prozent des Umsatzes wieder in die Klinik investiert wurden. Diese Kennzahl ist allerdings bei Krankenhäusern weniger aussagekräftig als in anderen Unternehmen, da der überwiegende Anteil der Investitionen gefördert wird und damit nicht aus dem Umsatz zu finanzieren ist. Dadurch, dass sich die Höhe der Fördermittel u. a. nach Bundesländern teils stark unterscheidet, ist ein Vergleich von Quoten immer nur nach genauer Analyse der Höhe der Fördermittel sinnvoll.

Der *Anlagendeckungsgrad* zeigt, ob dem langfristig im Krankenhaus gebundenen Vermögen (Anlagevermögen) auf der Passivseite auch langfristig zur Verfügung stehendes Kapital gegenübersteht. Als langfristiges Kapital können das wirtschaftliche Eigenkapital sowie die langfristigen Rückstellungen (dies sind i. d. R. die Pensionsrückstellungen) betrachtet werden. Werte über 150 % sind als gut einzustufen, Werte unter 100 % weisen auf eine schwierige Finanzstruktur hin. Im Zusammenhang mit dem Anlagendeckungsgrad taucht auch immer wieder der Begriff der goldenen Bilanzregel auf. Die goldene Bilanzregel fordert, dass die langfristig an das Unternehmen gebundenen Anlagegüter durch langfristiges Kapital, in erster Linie durch Eigenkapital, gedeckt sein müssen, während das Umlaufvermögen durch kurzfristiges Kapital gedeckt sein kann.

Der durchschnittliche Fremdkapitalzinssatz ist von Bedeutung, da mit dem geliehenen und damit zu verzinsenden Kapital mindestens so viel erwirtschaftet werden muss, dass die Zinszahlungen bedient werden können. Der durchschnittliche Fremdkapitalzinssatz sollte deshalb unter der Gesamtkapitalrendite liegen.

Der *Cashflow* ist die zentrale Kennzahl zur Beurteilung der Finanzkraft eines Krankenhauses. Sämtliche Ergebnisgrößen wie EBIT oder EBITDA weisen auf die Veränderung des Reinvermögens hin. Der Cashflow bezieht sich dagegen auf die Finanzmittel (Geld), also die liquiden Mittel. Kurz gesagt ist der Cashflow die Differenz zwischen der Geldsumme, die in das Krankenhaus hineingeflossen ist und der Geldsumme, die hinausgeflossen ist. Aus dem Cashflow können Schulden getilgt, Investitionen finanziert und Gewinne ausgeschüttet werden (zur Berechnung des Cashflows s. Abschn. 2.3.8).

Zur Beurteilung des Cashflows sollte nicht dessen absolute Höhe betrachtet werden, vielmehr sind relative Maße zu bilden. Dies liegt in der Größe des Krankenhauses begründet. Ein kleines Haus mit geringen Umsätzen hat andere absolute Cashflowgrößen als sehr große Häuser. Deshalb wird eine *Cashflowquote* gebildet, die den absoluten Betrag in Relation zum Umsatz setzt.

▶ Eine **Cashflowquote** über 6–8 % liegt im Positiven, es ist von einer hohen Finanzkraft auszugehen. Schulden können ebenso getilgt werden, wie Investitionen finanziert werden können. Unter 6 % weist auf eine nicht optimale Finanzlage hin.

▶ **Wichtig**
Der **dynamische Verschuldungsgrad** dient zur Beurteilung der Verschuldungssituation unter Berücksichtigung der Finanzkraft. Eine einfache Fremdkapitalquote (Anteil des Fremdkapitals am Gesamtkapital) sagt nichts über die Fähigkeit des Krankenhauses aus, seine Schulden auch tilgen zu können. Der dynamische Verschuldungsgrad gibt an, in wie vielen Jahren das vorhandene Fremdkapital theoretisch aus dem Cashflow getilgt werden könnte, unter der Annahme eines konstanten Cashflows in Höhe des Cashflows des jeweils betrachteten Jahres.

Beträgt das Fremdkapital eines Krankenhauses beispielsweise 30 Mio. € und der Cashflow (Abschn. 2.3.8) beträgt 7,5 Mio. € pro Jahr, so errechnet sich der dynamische Verschuldungsgrad von 4 durch die Division von 30 Mio. € mit 7,5 Mio. €. Dieser Wert bedeutet, dass die Klinik das komplette Fremdkapital innerhalb von vier Jahren tilgen könnte.

Ein Wert unter 5 gilt als sehr gut, steigen die Werte über 10 an, ist die Lage angespannt. Werte über 20 zeigen, dass die Klinik erhebliche Probleme hat.

2.3.8 Cashflow

Cashflow bezeichnet den Mittelzufluss (Zufluss liquider Mittel) bzw. Mittelabfluss (Abfluss liquider Mittel) während einer Periode. Allgemein ausgedrückt handelt es sich um die Differenz zwischen Einzahlungen (Zuflüsse) und Auszahlungen (Abflüsse). Der Cashflow erlaubt Schlüsse über die Finanzkraft eines Krankenhauses, da er aufzeigt, wie viele Mittel der Klinik für Investitionen, Gewinnausschüttungen oder zur Schuldentilgung zur Verfügung stehen. Je mehr Geld selbst erwirtschaftet wird, desto weniger muss von anderen beispielsweise über Bankkredite aufgenommen werden. Im Gegensatz zum Gewinn, der neben zahlungswirksamen auch solche Geschäftsvorfälle berücksichtigt, die nicht mit Ein- oder Auszahlungen verbunden sind, berücksichtigt der Cashflow nur zahlungswirksame Geschäftsvorfälle.

Beispiel

Abschreibungen auf medizinisch-technische Geräte sind Aufwand und reduzieren den Gewinn eines Krankenhauses. In der Berechnung des Cashflows sind diese allerdings nicht zu berücksichtigen, da Abschreibungen zu keinen Auszahlungen (also zum Abfluss liquider Mittel) führen.

▶ Der **Gewinn** eines Krankenhauses lässt sich durch bilanzpolitische Maßnahmen wie Spielräume bei der Bewertung von Lagerbeständen beeinflussen, er ist in gewissen Umfang also Ansichtssache. Beim Cashflow bestehen solche Optionen nicht, sodass dieser eine Tatsache ist.

Konzerne müssen die Entwicklung des Cashflows in einer Kapitalflussrechnung als Teil des Konzernabschlusses darstellen (§ 297 Abs. 1 HGB). Zur Analyse der Liquiditätslage sollten jedoch alle Unternehmen die Veränderungen der flüssigen Mittel mithilfe einer Kapitalflussrechnung steuern. Nur so können z. B. frühzeitig Liquiditätsengpässe erkannt werden oder kann vermieden werden, dass unnötig Kredite aufgenommen werden oder falsche Laufzeiten gewählt werden.

In der Kapitalflussrechnung werden drei Ebenen unterschieden:

- Cashflow aus der Geschäftstätigkeit
- Cashflow aus der Investitionstätigkeit
- Cashflow aus der Finanzierungstätigkeit

Die Kapitalflussrechnung gibt also nicht nur Auskunft über die Bindung und Freisetzung von liquiden Mitteln in den drei Bereichen, sondern sie ermöglicht auch eine fundierte Analyse der Quellen und Abflüsse, die zu einer Veränderung des Bestands an liquiden Mitteln geführt haben. Die Tab. 2.7 zeigt die Grundstruktur einer Kapitalflussrechnung.

Tab. 2.7 Kapitalflussrechnung

1		Gewinn nach Steuern
2	+	Abschreibungen
3	− +	Erträge aus der Auflösung von Sonderposten Aufwendungen aus Zuführungen zu Sonderposten
4	− +	Zunahme Vorräte Abnahme Vorräte
5	− +	Zunahme Forderungen Abnahme Forderungen
6	+ −	Zunahme Verbindlichkeiten aus Lieferungen und Leistungen Abnahme Verbindlichkeiten aus Lieferungen und Leistungen
7	**=**	**Cashflow der Geschäftstätigkeit (Summe 1 + 2 + 3 + 4 + 5 + 6 + 7)**
8	−	Investitionen
9	+	Erlöse aus Anlageabgängen
10	+	Zuwendungen und Zuschüsse
11	**=**	**Cashflow der Investitionstätigkeit (Summe 8 + 9 + 10)**
12	+ −	Zunahme der Bankverbindlichkeiten Abnahme der Bankverbindlichkeiten
13	+	Erlöse aus der Ausgabe von Aktien
14	−	Gewinnausschüttungen
15	**=**	**Cashflow der Finanzierungstätigkeit (Summe 12 + 13 + 14)**
16	*=*	*Veränderungen der Zahlungsmittel (Summe 7 + 11 + 15)*

Literatur

Bayerische Krankenhausgesellschaft. (2018). Bilanzierung und Abgrenzung „Überlieger" im DRG-System 17/18, Excel-Tool. https://www.bkg-online.de/bkg/app/Content/BKG_AK_Umwelt/downloads/Allgemeines/Info-InternetseiteBAK.pdf.
Deutsches Rechnungslegung Standards Committee e. V. (2017). Deutscher Rechnungslegungs Standard Nr. 20 (DRS 20). Konzernlagebericht, Berlin.

Finanzierung

3

3.1 Überblick aus betriebswirtschaftlicher Sicht

Die Finanzierung ist in der Betriebswirtschaft das Bereitstellen von Kapital. Im engeren Sinn bedeutet Finanzierung die Beschaffung von Eigen- und Fremdkapital für ein Unternehmen. Im weiteren Sinn kann man Finanzierung auch als Steuerung des kompletten Zahlungsbereichs, der eine Zahlungsunfähigkeit vermeiden will, verstehen. Betrachtet man eine Bilanz, stellt die Passivseite der Bilanz die Finanzierungsseite dar. Grundsätzlich unterscheidet man in Außenfinanzierung und Innenfinanzierung.

Bei einer Außenfinanzierung bezieht das Unternehmen Kapital direkt von der Bank, von Einzelpersonen oder über den Kapitalmarkt. Folgende Formen sind möglich:

Beteiligungsfinanzierung

Die Beteiligungsfinanzierung umfasst sämtliche Finanzierungsvorgänge, bei denen ein Krankenhaus neues Eigenkapital von bereits vorhandenen oder neuen Eigentümern des Unternehmens erhält. Es sind sowohl finanzielle Einlagen als auch Sacheinlagen (z. B. medizinisch-technisches Gerät) denkbar.

Für die Beteiligung wird dem Unternehmen durch die Kapitalgeber Geld zugeführt, sodass es zu einem Anstieg des Eigenkapitals kommt. Durch den Anstieg des Eigenkapitals steigt auch die Eigenkapitalquote, dies wiederum führt zu einer höheren Bonität bzw. Kreditwürdigkeit. Dadurch ist es oftmals möglich, günstigere Zinsen bei Krediten zu erhalten. Durch die Beteiligung erwartet der Kapitalgeber aber auch eine Rendite.

Kreditfinanzierung

Bei der Kreditfinanzierung wird der Klinik Fremdkapital zugeführt, ohne dass der Geldgeber Anteilseigner wird. Es entsteht für den Kreditgeber der Anspruch auf Zins und Tilgung. Der Gläubiger (Kreditgeber) hat kein Recht auf Mitbestimmung, ebenso wenig

© Springer Fachmedien Wiesbaden GmbH, ein Teil von Springer Nature 2019
G. Schmola, *Jahresabschluss, Kostenrechnung und Finanzierung im Krankenhaus*,
https://doi.org/10.1007/978-3-658-20281-1_3

muss er für das Handeln des Schuldners (Kreditnehmer) haften. Maximaler Schaden ist der Ausfall des Kredits, d. h. das Krankenhaus bezahlt den Kredit ganz oder teilweise einschließlich Zinsen nicht zurück. Nach der Kreditlaufzeit kann zwischen unbefristeten und befristeten Krediten unterschieden werden. Wird im Voraus eine befristete Kreditlaufzeit vereinbart, muss der Kredit zu einem bestimmten Zeitpunkt in voller Höhe oder ab einem festgelegten Zeitpunkt in vereinbarten Raten zurückgezahlt werden. Demgegenüber ist beim unbefristeten Kredit der Zeitpunkt der Rückzahlung im Vorhinein nicht festgelegt. Ein Beispiel ist der Kontokorrentkredit (Überziehungskredit). Bei dieser Form des Bankkredits, bei dem dem Kreditnehmer eine bestimmte Kreditlinie (betragsmäßige Obergrenze, bis zu der ein Kreditnehmer sein Konto überziehen kann) eingeräumt wird, in deren Rahmen er jederzeit die Kreditmittel in Anspruch nehmen oder zurückzahlen kann. Der Kontokorrentkredit ist also die flexibelste aller Kreditformen, ohne Antrag können jederzeit Gelder bis zu der definierten Maximalhöhe in Anspruch genommen werden. Ebenso ist eine völlig flexible Tilgung möglich, man ist nicht an Grenzen gebunden. Nachteilig an dieser Kreditart ist der hohe Zinssatz.

Weiterhin können Kredite nach der Fristigkeit in kurz-, mittel- und langfristige Kredite unterschieden werden. Kurzfristige Kredite weisen eine Laufzeit von unter einem Jahr auf, während die Laufzeit mittelfristiger Kredite mindestens ein Jahr, aber weniger als vier Jahre beträgt. Die langfristigen Kredite schließlich haben eine Laufzeit von mehr als vier Jahren. Die längerfristige Bindung bietet dem Kreditnehmer die Sicherheit, zu definierten Konditionen für den festgelegten Zeitraum Gelder zur Verfügung zu haben. Allerdings kann eine längerfristige Bindung auch zu Problemen führen, beispielsweise, wenn im Krankenhaus bereits vor Ablauf der Kreditzeit ausreichend Mittel zur Verfügung stehen und der Kredit nicht mehr erforderlich ist. Die Klinik muss dann trotzdem Zinsen bezahlen oder den Kredit durch Zahlung einer Vorfälligkeitsentschädigung vorzeitig ablösen.

Bei der Innenfinanzierung kommt das Kapital von Innen, aus dem Unternehmen heraus. Man unterscheidet zwischen folgenden Formen:

Selbstfinanzierung
Bei der Selbstfinanzierung werden Gewinne, die ein Krankenhaus macht, nicht ausgeschüttet, sie verbleiben in der Klinik. Die flüssigen Geldmittel können dann für Investitionen herangezogen werden. Unterschieden wird in offene Selbstfinanzierung und verdeckte (stille) Selbstfinanzierung. Bei der offenen Selbstfinanzierung erhöht der Gewinn das Eigenkapital. Stille Selbstfinanzierung entsteht durch eine Unterbewertung des Vermögens oder eine Überbewertung der Schulden. Folge ist, dass der Gewinn reduziert wird und somit weniger gewinnabhängige Steuern zu zahlen sind. Still ist die Selbstfinanzierung, sofern stille Reserven aufgedeckt werden oder Passiva bisher überbewertet waren. Werden die Bilanzposten dann korrekt bewertet, erfolgt automatisch eine Erhöhung des Eigenkapitals des Unternehmens bzw. eine Verringerung der Schulden.

Finanzierung aus Rückstellungen

Rückstellung bedeutet zunächst, dass finanzielle Mittel für eine spätere Verwendung bei-
seitegelegt werden. Das Krankenhaus bildet also für Ereignisse, die in der Zukunft eintreten können oder werden, ein Finanzpolster, um sie im Fall einer Fälligkeit bezahlen
zu können. Ereignisse die eintreten können, sind z. B. Rückzahlungen an Krankenkassen,
wenn der Medizinische Dienst Rechnungen beanstandet. Unklar auf den ersten Blick ist
jedoch, warum es zu einer Finanzierungswirkung diese Posten kommt. Die Zahlungen,
für die die Position gebildet wird, ist nicht sofort, sondern irgendwann in der Zukunft
fällig. Das rückgestellte Geld kann also bis zur Fälligkeit für anderweitige Investitionen
verwendet werden. Sicherzustellen ist jedoch, dass das Krankenhaus zu dem Zeitpunkt,
an dem es die Rückstellungen braucht, diese auch wieder zur Verfügung hat. Wenn die
Rücklage also für andere Zwecke zwischenzeitlich ausgegeben wurde, muss sie auf-
gefüllt werden. Nur so kann der ursprüngliche Zweck auch erfüllt werden. Besonders bei
langfristigen Rückstellungen (z. B. Pensionsrückstellungen) hat ein Krankenhaus immer
wieder die Möglichkeit, die Rückstellungen für Finanzierungszwecke temporär zu ver-
wenden. Rückstellungen stellen einen Aufwand dar, die den Gewinn und damit die zu
zahlende Steuer reduziert. Diese Steuerersparnis ist ein weiterer Beitrag zur Finanzierung.

Abschreibungen

Durch Abschreibungen entstehen Aufwendungen, da durch die Abschreibung eines
Wertgegenstands (z. B. Gebäude, Medizintechnik) ein Wertverzehr durch Abnutzung
dargestellt werden soll. Diese Aufwendungen führen aber nicht zu einem Abfluss von
finanziellen Mitteln, sondern stehen weiter als Geldmittel zur Verfügung. Möglich ist es
folglich, diese Mittel für Investitionszwecke zu verwenden. Man unterscheidet zwischen
dem Kapitalfreisetzungseffekt und dem Kapazitätserweiterungseffekt.

Kapitalfreisetzungseffekt

Es wird Kapital freigesetzt, das als aufwandswirksame Abschreibung verbucht wird.
Diesem Aufwand steht aber kein Abfluss liquider Mittel gegenüber, sodass durch diesen
Effekt das in der Höhe der Abschreibungen verbuchte Geld freigesetzt wird.

Kapazitätserweiterungseffekt

Durch die Abschreibungen werden liquide Mittel freigesetzt. Werden diese in die
Erweiterung der Kapazität eines Unternehmens investiert (z. B. Anschaffung eines weiteren MRT) spricht man vom Kapazitätserweiterungseffekt. Durch die Kapitalfreisetzung
aus verbrauchsbedingten Abschreibungen kann bei Reinvestition in gleichwertige Geräte
eine Erweiterung der Kapazitäten stattfinden. Ursache ist, dass die Unternehmen die
Abschreibungen für die Nutzung der Produktionsanlagen in den Preisen der Leistungen
einkalkulieren. In der Regel werden die Abschreibungen über den Verkaufspreis allerdings früher vergütet, als es für die verschleißbedingte Erneuerung der Geräte nötig ist.
Dadurch steht freigesetztes Kapital temporär zur Verfügung, das reinvestiert werden kann.

Durch die Erläuterung insbesondere des Kapazitätserweiterungseffekts wird ersichtlich, dass diese Form der Finanzierung in Krankenhäusern nur eine sehr untergeordnete Rolle spielt. Kliniken kalkulieren nur in Ausnahmefällen ihre Preise selbst, zudem ist ein Großteil der Investitionen im Rahmen der dualen Finanzierung gefördert, sodass keine aufwandswirksamen Effekte entstehen.

Finanzierung durch Rationalisierungsmaßnahmen

Es ist immer möglich, durch eine funktionierende und saubere Rationalisierungsmaßnahme Kapital zu generieren, das zu Finanzierungszwecken genutzt werden kann. Dazu müssen die Prozesse analysiert und effizienter gestaltet werden. Bei der Rationalisierung sind sowohl kurzfristige als auch langfristige Kosteneinsparpotenziale möglich:

- Verringerung des Lagerbestands, um Lagerkosten und/oder den Verfall der gelagerten Ware zu verringern (etwa bei Arznei- oder Lebensmitteln)
- Effizienzerhöhung durch Verbesserung der Leistungserstellung, z. B. durch klinische Behandlungspfade, gezieltes Aufnahme- oder Entlassmanagement
- Effizienzerhöhung in anderen Bereichen des Krankenhauses (z. B. Verwaltung, Fuhrparkmanagement, innerbetriebliche Logistik)

Verringerung der Kapitalbindung

Die Bindung des Kapitals im Vermögen kann durch verschiedene Maßnahmen abgesenkt werden. Den Kunden wird ein kürzerer Zeitraum zur Zahlung gewährt, das Zahlungsziel wird also verkürzt. Bezahlen die Kunden Forderungen schneller, steht das Geld frühzeitiger zur Verfügung. Diese Form der Finanzierung lässt sich im Krankenhaus aufgrund seiner speziellen Finanzierungsform kaum umsetzen. Allenfalls können unter bestimmten Umständen Zahlungsziele von Privatpatienten auf das zulässig minimale Maß reduziert werden oder Anzahlungen für bestimmte Leistungen beispielsweise von ausländischen Patienten verlangt werden.

Das Krankenhaus kann seine Vorräte an Roh-, Hilfs- und Betriebsstoffen bzw. sonstige Vorräte verringern und dadurch seine Bestände optimieren. Beispiele sind Just-in-time-Belieferungen oder die Einrichtung von Konsignationslagern.

Anstatt Vermögensgegenstände des Anlagevermögens (z. B. Dienstwagen, Medizintechnik) zu kaufen, kann das Krankenhaus diese Gegenstände auch leasen.

Zur Erklärung: Beim Kauf eines neuen Geräts entstehen beispielsweise 100.000 € an Kosten. Sind diese 100.000 € sofort zu bezahlen, können sie nicht mehr für andere Zwecke genutzt werden. Beim Leasing hingegen fällt eine monatliche Leasingrate (z. B. 2000 €) an, sodass im Jahr ein Leasingaufwand von 24.000 € entsteht. Somit hat das Krankenhaus kurz- bis mittelfristig einen größeren finanziellen Handlungsspielraum, weil die finanziellen Aufwendungen zu Beginn geringer sind.

Veräußerung von Vermögensgegenständen des Anlagevermögens oder Anlagen am Finanzmarkt

Werden Vermögensgegenstände wie ein CT veräußert, so werden dem Krankenhaus in Höhe des Verkaufserlöses liquide Mittel zugeführt. Zu beachten ist allerdings, dass teilweise bei geförderten Investitionen der Verkauf eine anteilige Rückzahlungspflicht auslöst. Hierdurch kommt es zu einem Mittelabfluss aus der Klinik. Beispiel für eine Anlage am Finanzmarkt ist eine Aktie. Hält ein Krankenhaus Aktien an anderen Unternehmen, kann es durch Veräußerung der Aktien liquide Mittel freisetzen.

Finanzierung durch Vermögensumschichtung

Bei der Vermögensumschichtung wird Anlage- oder Umlaufvermögen, das nicht mehr benötigt wird, veräußert. Es findet folglich eine Umwandlung von Vermögen in Kapital statt. Bei der reinen Vermögensumschichtung ist das Vermögen bereits in der Bilanz vorhanden. Im Gegensatz dazu werden bei der Kapitalfreisetzung vorrangig grundsätzlich nicht betriebsnotwendige Vermögensgegenstände veräußerst. Die Erlöse werden oftmals an die Gesellschafter ausbezahlt.

3.2   Grundlagen im Krankenhaussektor

3.2.1   Gesetzliche Grundlagen

Die Finanzierung von Krankenhäusern basiert in Deutschland auf eine aufgeteilte Finanzierung zwischen den Bundesländern und den Kostenträgern (zumeist Gesetzliche Krankenversicherung und Private Krankenversicherung). Die Investitionskostenfinanzierung der Krankenhäuser wird im Wege der öffentlichen Förderung durch die Bundesländer getragen, während die laufenden Betriebskosten durch die Kostenträger finanziert werden. Neben den stationären Leistungen erbringen Krankenhäuser teils auch ambulante Leistungen (z. B. ambulantes Operieren oder in Ambulanzen) für die gesonderte rechtliche Rahmenbedingungen gelten. Insgesamt ergibt sich daher eine Vielzahl von Gesetzen und Verordnungen, die bei der Finanzierung von Krankenhäusern von Relevanz sind.

▶ **Wichtig**
Zentrale Regelungen für die Finanzierung von Krankenhäusern sind in nachfolgenden Gesetzen und Verordnungen enthalten:

Sozialgesetzbuch (SGB), insbesondere SGB V
Das Sozialgesetzbuch ist die Kodifikation des deutschen Sozialrechts und ist aus diversen Einzelgesetzen hervorgegangen. Insgesamt umfasst das SGB zwölf Bücher, wobei für Kliniken insbesondere das SGB V (Gesetzliche Krankenversicherung) von Bedeutung ist. Das SGB V regelt die Organisation, die Versicherungspflicht und die Leistungen der Gesetzlichen Krankenversicherung

sowie deren Rechtsbeziehungen zu weiteren Leistungserbringern wie beispielsweise Krankenhäusern.

Krankenhausfinanzierungsgesetz (KHG)
Zweck des Gesetzes ist die wirtschaftliche Sicherung der Krankenhäuser, um
eine bedarfsgerechte Versorgung der Bevölkerung mit leistungsfähigen,
eigenverantwortlich wirtschaftenden Krankenhäusern zu gewährleisten und
zu sozial tragbaren Pflegesätzen beizutragen.

Krankenhausentgeltgesetz (KHEntgG)
Die vollstationären und teilstationären Leistungen der DRG-Krankenhäuser werden nach diesem Gesetz und dem Krankenhausfinanzierungsgesetz vergütet.

Bundespflegesatzverordnung (BPflV)
Nach dieser Verordnung werden die voll- stationären und teilstationären Leistungen der Krankenhäuser oder Krankenhausabteilungen vergütet, die nicht
in das DRG-Vergütungssystem einbezogen sind.

Abgrenzungsverordnung (AbgrV)
Die Verordnung verfolgt den Zweck, die im Pflegesatz nicht zu berücksichtigenden Investitionskosten von den pflegesatzfähigen Kosten abzugrenzen.

Fallpauschalenvereinbarung (FPV)
In der FPV werden insbesondere Abrechnungsbestimmungen für die
DRG-Fallpauschalen sowie weitere Entgeltarten festgelegt. Ferner enthält sie
den jeweils gültigen Fallpauschalen- und Zusatzentgeltkatalog als Anlagen.

*Vereinbarung über die pauschalierenden Entgelte für die Psychiatrie und Psycho-
somatik (PEPPV)*
Regelt die Abrechnungsbestimmungen für die pauschalierenden Entgelte in
der Psychiatrie und Psychosomatik (PEPP). Sie enthält zudem die nach Ver-
gütungsstufen differenzierten Bewertungsrelationen für die erbrachten Fälle
sowie eine Auflistung abrechenbarer Zusatzentgelte.

Krankenhausbuchführungsverordnung (KHBV)
Die Rechnungs- und Buchführungspflichten von Krankenhäusern regeln sich
nach den Vorschriften und Anlagen dieser Verordnung.

3.2.2 Leistungen von Krankenhäusern

▶ **Krankenhausleistungen** sind gem. § 2 Abs. 1 KHEntgG insbesondere die
ärztliche Behandlung, Krankenpflege, Versorgung mit Arznei-, Heil- und
Hilfsmitteln sowie Unterkunft und Verpflegung. Sie umfassen allgemeine
Krankenhausleistungen und Wahlleistungen (z. B. Chefarztbehandlung, Einbettzimmer). Zu den Krankenhausleistungen gehören nicht die Leistungen
der Belegärzte sowie der Beleghebammen und -entbindungspfleger.

Von Bedeutung für die Finanzierung ist insbesondere die Differenzierung in allgemeine
Krankenhausleistungen und Wahlleistungen. Allgemeine Krankenhausleistungen sind
gem. § 2 Abs. 2 KHEntgG die Krankenhausleistungen, die unter Berücksichtigung der
Leistungsfähigkeit des Krankenhauses im Einzelfall nach Art und Schwere der Krankheit
für die medizinisch zweckmäßige und ausreichende Versorgung des Patienten notwendig
sind. Hierzu gehören auch

- während des Krankenhausaufenthalts durchgeführten Maßnahmen zur Früherkennung
  von Krankheiten;
- vom Krankenhaus veranlasste Leistungen Dritter;
- aus medizinischen Gründen notwendige Mitaufnahme einer Begleitperson des Patienten;
- besondere Aufgaben von Zentren und Schwerpunkten für die stationäre Versorgung
  von Patienten, insbesondere die Aufgaben von Tumorzentren und geriatrische Zentren
  sowie die Frührehabilitation.

Im Rahmen der allgemeinen Krankenhausleistungen richtet sich der Anspruch des Patienten gegen den Krankenhausträger. Der Patient hat lediglich ein Recht auf Behandlung
durch einen ausreichend qualifizierten Arzt, nicht jedoch durch einen bestimmten Arzt.
Sämtliche Leistungen, die über die allgemeinen Krankenhausleistungen hinausgehen,
sind Wahlleistungen. Sie sind nicht Bestandteil des Leistungsumfangs der Gesetzlichen
Krankenversicherung. Zu unterscheiden ist in ärztliche (zumeist Behandlung durch den
Chefarzt) und nichtärztliche Wahlleistungen. Hierunter fallen v. a. besondere Leistungen zur Unterkunft und Verpflegung. Wahlleistungen müssen vor der Erbringung schriftlich vereinbart werden. Für sie darf kein unangemessen hohes Entgelt verlangt werden
(§ 17 Abs. 1 KHEntgG). Welche Wahlleistungen Kliniken anbieten, können sie frei entscheiden. Gesetzlich ist Pflicht zum Angebot nicht vorgesehen. Erlaubt ist es dagegen
nicht, eine Vereinbarung über gesondert berechenbare Unterkunft von einer Vereinbarung
über sonstige Wahlleistungen abhängig zu machen (§ 17 Abs. 4 KHEntgG).
Weitere typische Leistungen eines Krankenhauses sind

- teilstationäre Leistungen,
- ambulantes Operieren,
- vor- und nachstationäre Leistungen und
- belegärztliche Leistungen.

Eine Abgrenzung stationärer von *teilstationären Leistungen* hat das Bundessozialgericht in seinem Urteil vom 04.03.2004 (AZ.: B 3 KR 4/03R) vorgenommen. Demnach sind bei stationären Leistungen die Patienten ununterbrochen (d. h. Tag und Nacht) in der Klinik. Bei teilstationären Leistungen verbringt der Patient entweder nur den Tag (Tagesklinik) oder die Nacht (Nachtklinik) in der Einrichtung. Die Behandlung erfolgt jedoch regelmäßig nicht im Rahmen eines einzigen Tagesaufenthalts im Krankenhaus, sondern vielmehr erstreckt sich die teilstationäre Behandlung regelmäßig über einen längeren Zeitraum. Hierbei wird auf die medizinisch-organisatorische Infrastruktur des Krankenhauses zurückgegriffen, eine ununterbrochene Anwesenheit des Patienten im Krankenhaus ist allerdings nicht erforderlich.

Unter einer *ambulanten Operation* werden solche Operationen verstanden, bei denen der Patient im Zusammenhang mit der operativen Leistung nicht stationär aufgenommen wird, also im Regelfall weder die Nacht vor noch die Nacht nach der Leistung in der Klinik verbringt. Grundlage für das ambulante Operieren im Krankenhaus ist § 115b SGB V.

Vor- und nachstationäre Leistungen stehen im Zusammenhang mit einem geplanten oder durchgeführten stationären Aufenthalt eines Patienten. Der Klinik ist es gemäß § 115a SGB V möglich, in medizinisch geeigneten Fällen den Patienten ohne Unterkunft und Verpflegung zu behandeln, um die Erforderlichkeit einer vollstationären Krankenhausbehandlung zu klären, die vollstationäre Krankenhausbehandlung vorzubereiten (vorstationäre Behandlung) oder um im Anschluss an eine vollstationäre Krankenhausbehandlung den Behandlungserfolg zu sichern bzw. zu festigen (nachstationäre Behandlung). Die vorstationäre Behandlung ist auf längstens drei Behandlungstage innerhalb von fünf Tagen vor Beginn der stationären Behandlung begrenzt, die nachstationäre Behandlung grundsätzlich auf sieben Behandlungstage innerhalb von 14 Tagen nach Beendigung der stationären Krankenhausbehandlung.

Belegärzte sind nach § 121 Abs. 2 SGB V nicht am Krankenhaus angestellte Vertragsärzte. Diese sind berechtigt, ihre Patienten (Belegpatienten) im Krankenhaus unter Inanspruchnahme der hierfür bereitgestellten Dienste, Einrichtungen und Mittel vollstationär oder teilstationär zu behandeln, ohne hierfür vom Krankenhaus eine Vergütung zu erhalten.

3.2.3 Krankenhausplanung

▷   Mit der **Krankenhausplanung** verwirklichen die Bundesländer ihren Sicherstellungsauftrag für die stationäre Versorgung der Bevölkerung. Rechtliche Grundlage sind das KHG sowie die Krankenhausgesetze der Länder. Grundsätzliches Ziel ist es, eine bedarfsgerechte Versorgung der Bevölkerung mit leistungsfähigen und wirtschaftlich selbstständigen Krankenhäusern sicherzustellen.

Die Herausforderung für die Länder besteht darin, einen Spagat zwischen Wirtschaftlichkeit der Planung auf der einen Seite und Gerechtigkeit auf der anderen Seite zu schaffen. Gerechtigkeit meint, dass es jedem Bürger in Deutschland innerhalb einer angemessenen Zeit möglich sein muss, in Abhängigkeit von seiner Erkrankung in ein für die Versorgung geeignetes Krankenhaus zu gelangen. Dem steht die Wirtschaftlichkeit dahin gehend entgegen, dass Bettenkapazitäten an vielfältigen Standorten zwar helfen würden, das Gerechtigkeitsziel zu verwirklichen, die Kosten für die Vorhaltung und den Betrieb der Kapazitäten jedoch steigen würden. Mit der Forderung nach Leistungsfähigkeit zielt der Gesetzgeber auf die Strukturen im Krankenhaus ab. Hierzu zählen u. a. folgende Aspekte (Münzel und Zeiler 2010, S. 39):

- Zahl und Art der Abteilungen
- Bettenzahl
- Geräte

Krankenhausplanung ist Aufgabe der Länder (§ 6 Abs. 1 KHG). Die Länder haben Krankenhauspläne und Investitionsprogramme aufzustellen, um eine adäquate Krankenhausversorgung sicherzustellen. Aufgabe des Krankenhausplans ist es, für einen räumlich abgegrenzten Bereich (Versorgungsgebiet), den notwendigen Bedarf der Bevölkerung an medizinischen Leistungen zu ermitteln (Bedarfsanalyse), die Versorgungsbedingungen der bereits im Krankenhausplan aufgenommenen Krankenhäuser zu beschreiben und zu bewerten (Krankenhausanalyse), um darauf aufbauend den festgestellten Bedarf auf bestehende oder neue Krankenhäuser zu verteilen. Krankenhäuser haben keinen Anspruch auf Feststellung der Aufnahme in den Krankenhausplan (§ 8 Abs. 2 Satz 1 KHG). Die Aufnahme oder Nichtaufnahme in den Krankenhausplan wird durch einen Feststellungsbescheid dem Krankenhaus mitgeteilt; gegen den Bescheid ist der Verwaltungsrechtsweg gegeben (§ 8 Abs. 1 Satz 3, 4 KHG). Der Feststellungsbescheid enthält diverse Festlegungen, wobei sich die Angaben nach Bundesländern unterscheiden:

- Aufnahme oder Nichtaufnahme in den Krankenhausplan
- Standort
- Gesamtbettenzahl
- Fachrichtungen
- Versorgungsstufe
- Spezifische Versorgungsschwerpunkte

Probleme ergeben sich immer dann, wenn weniger Betten benötigt werden, als von den Krankenhäusern, die in den Krankenhausplan integriert werden wollen, zur Verfügung gestellt werden. Die Behörde muss dann nach pflichtgemäßem Ermessen entscheiden, welche der in Betracht kommenden Krankenhäuser der Krankenhausplanung am besten gerecht werden. Pflichtgemäßes Ermessen beinhaltet dabei keinesfalls Willkür, vielmehr hat die Behörde nach sachlichen Gesichtspunkten unter Abwägung der öffentlichen Belange und der Interessen des Einzelnen zu entscheiden.

Versorgungsverträge sind in den §§ 108, 109 SGB V geregelt. Krankenkassen dürfen Krankenhausbehandlungen nur durch zugelassene Krankenhäuser erbringen lassen. Darunter fallen Krankenhäuser, die nach den landesrechtlichen Vorschriften als Hochschulklinik anerkannt sind, Kliniken, die in den Krankenhausplan eines Landes aufgenommen sind (Plankrankenhäuser), sowie Krankenhäuser, die einen Versorgungsvertrag mit den Landesverbänden der Krankenkassen und den Verbänden der Ersatzkassen abgeschlossen haben. Der Versorgungsvertrag nach § 108 Nr. 3 SGB V kommt gemäß § 109 Abs. 1 SGB V durch Einigung zwischen den Landesverbänden der Krankenkassen und den Ersatzkassen gemeinsam mit dem Krankenhausträger zustande. Bei den Hochschulkliniken gilt die Anerkennung nach den landesrechtlichen Vorschriften, bei den Plankrankenhäusern die Aufnahme in den Krankenhausbedarfsplan nach § 8 Abs. 1 Satz 2 KHG als Abschluss des Versorgungsvertrags (sog. Fiktion eines Versorgungsvertrags). Ein Anspruch auf Abschluss eines Versorgungsvertrags nach § 108 Abs. 3 SGB V besteht nicht.

Der Begriff Versorgungsauftrag ist gesetzlich nicht definiert. In den Feststellungsbescheiden werden Angaben über den Träger, den Standort, die Bettenzahl und die vorgehaltenen Fachabteilungen gemacht. Aus diesen Festlegungen lassen sich Versorgungsaufgaben ableiten (Münzel und Zeiler 2010, S. 22). Ferner legt § 109 Abs. 4 SGB V fest, dass Krankenhäuser für die Dauer des Versorgungsvertrags nicht nur zur Krankenhausbehandlung von Versicherten zugelassen sind, sondern auch im Rahmen des Versorgungsauftrags zur Krankenbehandlung verpflichtet sind. Die Krankenhausbehandlung selbst ist in § 39 SGB V geregelt. Versicherte haben demnach Anspruch auf vollstationäre Behandlung in einem nach § 108 SGB V zugelassenen Krankenhaus, wenn die Aufnahme nach Prüfung durch das Krankenhaus erforderlich ist, weil das Behandlungsziel nicht durch teilstationäre, vor- und nachstationäre oder ambulante Behandlung einschließlich häuslicher Krankenpflege erreicht werden kann.

3.3   Finanzierung von Investitionskosten

Um die komplexe Finanzierung von Investitionskosten in Krankenhäusern verstehen zu können, ist es erforderlich, die Begriffe Investitionskosten sowie förderfähige Kosten genauer zu erläutern.

3.3.1   Investitionskosten

Der § 2 Nr. 2a KHG definiert den Begriff der Investitionskosten als die Kosten der Errichtung (Neubau, Umbau, Erweiterungsbau) von Krankenhäusern sowie die Anschaffung der zum Krankenhaus gehörenden Wirtschaftsgüter. Ausgenommen sind die zum Verbrauch bestimmten Güter (Verbrauchsgüter). Darüber hinaus sind die Kosten der Wiederbeschaffung der Güter des zum Krankenhaus gehörenden Anlagevermögens (Anlagegüter) Investitionskosten.

Den Investitionskosten stellt das KHG noch weitere Kosten gleich (§ 2 Nr. 3 KHG): Dies sind Nutzungsentgelte (z. B. Leasingraten) für wiederbeschaffte Anlagegüter, Darlehenskosten (Zinsen, Tilgung und Verwaltungsaufwand), sofern eine Investition über einen Kredit finanziert wurde, sowie Abschreibungen auf Investitionsgüter. Nicht zu den Investitionskosten zählen die Kosten des Grundstücks, des Grundstückerwerbs, der Grundstückserschließung (z. B. Wasserversorgung) sowie deren Finanzierungskosten. Das KHG grenzt von den Investitionskosten die pflegesatzfähigen Kosten ab. Darunter fallen diejenigen Kosten, die von den Kostenträgern finanziert werden. Sie sind in den Entgelten einkalkuliert und damit abgegolten. Die Abgrenzungsverordnung (AbgrV) legt drei Gütergruppen fest (Anlage-, Gebrauchs- und Verbrauchsgüter) und regelt, ob die Kosten der jeweiligen Gütergruppe durch die Länder oder den Kostenträger zu übernehmen sind (s. §§ 2,3 AbgrV).

Anlagegüter sind diejenigen Gegenstände, die dazu bestimmt sind, dauernd dem Geschäftsbetrieb eines Krankenhauses zu dienen. Unterschieden wird zwischen langfristigen und kurzfristigen Anlagegütern sowie Gebrauchsgütern. Langfristige Anlagegüter haben eine Nutzungsdauer von mehr als 15 Jahren (z. B. Gebäude), während kurzfristige Anlagegüter eine Nutzungsdauer von mehr als 3 und bis zu 15 Jahren aufweisen (beispielsweise medizinische Geräte wie MRT). Gebrauchsgüter sind Anlagegüter mit einer Nutzungsdauer von bis zu drei Jahren (z. B. Geschirr, Narkosemasken). Übersteigen die Anschaffungs- und Herstellungskosten (AHK) von Anlagegütern 150 € ohne Umsatzsteuer nicht, so gelten sie als Verbrauchsgüter. Verbrauchsgüter dienen nicht dauerhaft dem Krankenhausbetrieb. Neben den Anlagegütern mit AHK von bis zu 150 € (sog. gewillkürte Verbrauchsgüter) zählen zu dieser Kategorie ferner Güter, die bei bestimmungsgemäßer Verwendung aufgezehrt (z. B. Arzneimittel, Lebensmittel) bzw. unverwendbar werden (z. B. Verbandmaterial) oder ausschließlich von einem Patienten genutzt werden und üblicherweise bei diesem verbleiben (z. B. Endoprothesen).

3.3.2 Förderungsfähige Kosten

Nach dem KHG haben Krankenhäuser, die in einen Landeskrankenhausplan aufgenommen sind, Anspruch auf staatliche Förderungen. Grundsätzlich unterscheidet man zwei Arten der Investitionsförderung, die Einzel- bzw. Antragsförderung (§ 9 Abs. 1 KHG) und die Pauschalförderung (§ 9 Abs. 3 KHG). Die Einzelfördermittel werden auf Antrag für konkrete Investitionsvorhaben der Kliniken, die mit den Investitionsprogrammen der Länder abgestimmt sind, gewährt. Mit den Pauschalfördermitteln dagegen können die Krankenhäuser im Rahmen der Zweckbindung frei wirtschaften. Eine gesonderte Antragstellung ist dabei nicht erforderlich. Durch die Antragsförderung werden in erster Linie die Errichtung von Krankenhäusern einschließlich der Erstausstattung mit den für den Krankenhausbetrieb notwendigen Anlagegütern sowie die Wiederbeschaffung von Anlagegütern mit einer durchschnittlichen Nutzungsdauer von mehr als drei Jahren gefördert (§ 9 Abs. 1 KHG).

Daneben (§ 9 Abs. 2 KHG) erfolgt die finanzielle Unterstützung im Wege der Antragsförderung u. a. auch für folgende Tatbestände:

- Nutzung von Anlagegütern (Miete, Leasing)
- Anlauf-, Umstellungs-, Umwidmungs- und Schließungskosten
- Lasten aus Darlehen, die vor der Aufnahme des Krankenhauses in den Krankenhaus-
  plan für förderungsfähige Investitionskosten aufgenommen wurden
- Ausgleich für die Abnutzung von Anlagegütern, soweit diese mit Eigenmitteln des
  Krankenhausträgers beschafft worden sind und bei Beginn der Förderung vorhanden
  waren

Werden Fördermittel zweckwidrig, also nicht entsprechend der im Fördermittelbescheid
genannten Zwecke verwendet, besteht eine Rückzahlungspflicht. In den meisten Fällen
ist die Art der Förderung nicht zwingend vorgeschrieben, lediglich § 9 Abs. 3 KHG sieht
vor, dass die Länder die Wiederbeschaffung kurzfristiger Anlagegüter sowie kleine bauliche Maßnahmen durch feste jährliche Pauschalbeträge fördern sollen. Die Kriterien zur
Bestimmung der Pauschalbeträge können von Bundesland zu Bundesland unterschiedlich sein. Der § 9 Abs. 3 Satz 2 KGH sieht lediglich vor, dass diese nicht ausschließlich
nach der Zahl der in den Krankenhausplan aufgenommenen Betten bemessen werden
sollen.

Die Erstbeschaffung sowie Wiederbeschaffung von langfristigen Anlagegütern wird
durch die Länder einzelgefördert. Eine Ausnahme stellen sog. kleine bauliche Maßnahmen dar, diese unterliegen einer Pauschalförderung (§ 9 Abs. 3 KHG). Die Länder
legen jeweils Kostengrenzen fest, bis zu welcher Höhe Maßnahmen als kleine bauliche
Maßnahmen gelten. Die Erstanschaffung von kurzfristigen Anlagegütern unterliegt der
Einzelförderung (§ 9 Abs. 1 Nr. 1 und 2 KHG), während die Wiederbeschaffung pau-
schal gefördert wird (§ 9 Abs. 3 KHG). Dadurch, dass sowohl langfristige als auch
kurzfristige Anlagegüter einzel- oder pauschalgefördert werden, sind deren Anschaf-
fungs- oder Herstellungskosten (AHK) nicht pflegesatzfähig. Gebrauchsgüter werden
bei ihrer Erstanschaffung einzelgefördert (§ 2 Nr. 2 KHG, § 9 Abs. 1 Nr. 1 KHG), die
Wiederbeschaffung ist nicht förderungsfähig, sodass die Kosten in die Pflegesätze einkalkuliert werden (§ 17 Abs. 4 Nr. 1 KHG, § 3 Abs. 1 Nr. 1 AbgrV). Verbrauchsgüter
werden weder einzel- noch pauschalgefördert, ihre Kosten sind demnach pflegesatzfähig
(§ 3 Abs. 1 Nr. 3 AbgrV).

Der § 10 KHG ermöglicht eine Investitionsförderung durch leistungsorientierte
Investitionspauschalen. Die Länder haben das Recht, eigenständig zwischen der Förderung durch leistungsorientierte Investitionspauschalen und der Einzelförderung von
Investitionen einschließlich der Pauschalförderung kurzfristiger Anlagegüter zu entscheiden. Aufgabe des Instituts für das Entgeltsystem im Krankenhaus (InEK) ist es,
bundeseinheitliche Investitionsbewertungsrelationen zu kalkulieren, die den Investitions-
bedarf für die voll- und teilstationären Leistungen pauschaliert abbilden.

Der § 8 Abs. 1 KHG sieht einen Rechtsanspruch der Krankenhäuser auf Förderung vor. Dies gilt jedoch nur, wenn sie in den Krankenhausplan des Landes aufgenommen sind. Zudem wird der Rechtsanspruch dadurch eingeschränkt, dass bei Investitionen nach § 9 Abs. 1 KHG zugleich die Aufnahme in das Investitionsprogramm des Landes erforderlich ist. Diese Investitionsprogramme können jedoch nach Haushaltsrecht nur im Rahmen der verfügbaren Haushaltmittel erstellt werden, sodass der Umfang von vornherein beschränkt ist (Münzel und Zeiler 2010, S. 103).

Die laufenden Betriebskosten müssen Kliniken über die Erlöse aus Krankenhausleistungen und anderen betrieblichen Erträgen decken. Zu diesen Kosten zählen u. a. die Personalkosten, zentrale Dienstleistungen (Wäscherei, Küche, Reinigung), Instandhaltungskosten, Steuern, Abgaben, Versicherungen, Zinsen für Betriebsmittelkredite, Wiederbeschaffung von Gebrauchsgütern und geringwertigen Anlagegütern sowie die Beschaffung von Verbrauchsgütern.

Instandhaltungskosten (pflegesatzfähig gem. § 3 AbgrV) müssen von den nicht pflegesatzfähigen Herstellungskosten unterschieden werden. § 4 AbgrV versteht unter Instandhaltungskosten die Kosten der Erhaltung oder Wiederherstellung von Anlagegütern, wenn dadurch das Anlagegut in seiner Substanz nicht wesentlich vermehrt, in seinem Wesen nicht erheblich verändert, seine Nutzungsdauer nicht wesentlich verlängert oder über seinen ursprünglichen Zustand hinaus deutlich verbessert wird. Liegt eine Substanzvermehrung, Änderung der Wesensart oder eine wesentliche Veränderung der Nutzungsdauer vor, so liegen nicht pflegesatzfähige Herstellungskosten vor.

Beispiele für eine Substanzvermehrung sind der Anbau eines Balkons, die Aufstockung des Gebäudes oder der Ausbau des Dachgeschosses. Eine Änderung der Wesensart liegt bei der Umwandlung von Mehrbettzimmern in Einbettzimmer für Privatzahler oder bei der Errichtung von Büros in vormals als Lagerräumen genutzten Flächen vor. Von einer wesentlichen Veränderung der Nutzungsdauer kann bei einer Kernsanierung gesprochen werden. Eine Kernsanierung umfasst sämtliche bauliche Sanierungsmaßnahmen, um die Bausubstanz eines bestehenden Gebäudes vollständig wieder herzustellen und in einen neuwertigen Zustand zu versetzen. Hierfür wird das Gebäude bis auf die tragenden Strukturen, wie etwa Fundamente, tragende Wände und Decken, zurückgebaut.

Zusammenfassend stellt Tab. 3.1 die Förderung im Überblick dar.

3.4 Betriebskostenfinanzierung

3.4.1 Einführung

Bis zur verbindlichen Einführung von Fallpauschalen, den „Diagnosis Related Groups", im Jahr 2004 wurden die anfallenden Betriebskosten eines Krankenhauses über tagesgleiche Pflegesätze mit den Kostenträgern abgerechnet. Die tagesgleichen Pflegesätze setzten sich aus einem Basispflegesatz für die Unterkunft und Verpflegung und einem für

Tab. 3.1 Finanzierung von Investitionskosten im Überblick. *AHK* Anschaffungs- oder Herstellungskosten; *ND* Nutzungsdauer (Schmola und Rapp 2014, S. 29)

Beschaffungsart Wirtschaftsgut	Erstbeschaffung	Wiederbeschaffung
Langfristiges Anlagegut ND > 15 Jahre	Einzelförderung (§ 9 Abs. 1 Nr. 1 und 2 KHG)	Einzelförderung (§ 9 Abs. 1 Nr. 1und 2 KHG), **außer:** kleine bauliche Maßnahme, dann Pauschalförderung (§ 9 Abs. 3 KHG)
Kurzfristiges Anlagegut 3 Jahre < ND ≤ 15 Jahre **und** AHK > 150 €	Einzelförderung (§ 9 Abs. 1 KHG)	Pauschalförderung (§ 9 Abs. 3 KHG) außer: Üblicher technischer Fortschritt wird wesentlich überschritten, dann Einzelförderung (§ 9 Abs. 4 KHG)
Gebrauchsgut ND ≤ 3 Jahre **und** AHK > 150 €	Einzelförderung (§ 2 Nr. 2 KHG, § 9 Abs. 1 Nr. 1 KHG)	Pflegesatz (§ 17 Abs. 4 Nr. 1 KHG, § 3 Abs. 1 Nr. 1 AbgrV)
Gewillkürte Verbrauchsgüter (Anlage- sowie Gebrauchsgüter bis 150 €)	Pflegesatz (§ 3 Abs. 1 Nr. 3 AbgrV)	Pflegesatz (§ 3 Abs. 1 Nr. 3 AbgrV)
Verbrauchsgut	Pflegesatz (§ 3 Abs. 1 Nr. 3 AbgrV)	Pflegesatz (§ 3 Abs. 1 Nr. 3 AbgrV)
Langfristiges Anlagegut ND > 15 Jahre	Einzelförderung (§ 9 Abs. 1 Nr. 1 und 2 KHG)	Einzelförderung (§ 9 Abs. 1 Nr. 1und 2 KHG), **außer:** kleine bauliche Maßnahme, dann Pauschalförderung (§ 9 Abs. 3 KHG)
Kurzfristiges Anlagegut 3 Jahre < ND ≤ 15 Jahre **und** AHK > 150 €	Einzelförderung (§ 9 Abs. 1 KHG)	Pauschalförderung (§ 9 Abs. 3 KHG) außer: Üblicher technischer Fortschritt wird wesentlich überschritten, dann Einzelförderung (§ 9 Abs. 4 KHG)

jede Abteilung gesondert ermittelten Abteilungspflegesatz zusammen. Für jeden Patienten einer Abteilung wurde ein einheitlicher Pflegesatz pro Tag in Rechnung gestellt, darüber hinaus wurde pro Tag ein für das Krankenhaus über alle Abteilungen hinweg einheitlicher Basispflegesatz abgerechnet. Folglich resultierte die Gesamtvergütung primär aus der Länge des Krankenhausaufenthalts. Die Qualität der Behandlung und der Kosten der erbrachten Leistung spielten keine Rolle.

Für die Vergütung der Allgemeinen Krankenhausleistungen wurde dann ein für alle Krankenhäuser ab dem Jahr 2004 verpflichtendes neues Vergütungssystem eingeführt. Anforderung war, dass das System eine durchgängige, leistungsorientierte und pauschalierende Vergütung ermöglichen soll. Zudem sollte es möglich sein, Komplexitäten (z. B. Komplikationen) und Komorbiditäten (z. B. bestehende chronische Erkrankungen) abzubilden. Darüber hinaus sollte sein Differenzierungsgrad praktikabel sein. Durchgängig bedeutet, dass mit dem System möglichst alle allgemeinen Leistungen eines Krankenhauses abgedeckt werden, Wahlleistungen sind daher beispielsweise vom System nicht erfasst. Die Anforderung der Leistungsorientierung zielt darauf ab, dass die Vergütung in einem direkten Zusammenhang mit dem Aufwand stehen soll, den die Behandlung verursacht. Mit pauschalierend meint der Gesetzgeber, dass gleichartige Fälle zu einer Fallgruppe zusammengeführt werden. Wichtig ist, dass Gleichartigkeit nicht medizinische Vergleichbarkeit beinhaltet, sondern Behandlungen zusammengefasst werden, die ökonomisch vergleichbaren Ressourcenverbrauch erfordern. Unter Komplexitäten versteht man Schwierigkeitsstufen, Komorbiditäten sind Begleiterkrankungen. Der praktikable Differenzierungsgrad beinhaltet die Forderung nach Übersichtlichkeit des Systems, die sich in einer überschaubaren Anzahl an ausgewiesenen Fallpauschalen äußert.

Die neue Vergütungsregelung auf Basis von Fallpauschalen wurde im ersten Schritt ausschließlich für die Leistungen der Akutkrankenhäuser eingeführt, ausgenommen waren die psychiatrischen und psychosomatischen Einrichtungen. In einem zweiten Schritt ist dann auch diese Leistungen in ein neues Entgeltsystem eingeführt worden. Die sog. PEPP (Pauschalierendes Entgeltsystem Psychiatrie und Psychosomatik; Abschn. 3.7) sind ein Patientenklassifikationssystem, das auf Grundlage einer tagesbezogenen Kostenkalkulation in einer klinisch relevanten und nachvollziehbaren Weise, Art und Anzahl der behandelten Krankenhausfälle in Bezug zum Ressourcenverbrauch des Krankenhauses setzen soll. Derzeit gelten noch Übergangsregelungen, die eine sanftere Umstellung auf das neue System gewährleisten sollen. Solche Regelungen gab es auch bei der Umstellung auf die DRG. Ermöglicht werden sollte, dass Kliniken, die durch das neue System geringere Erlöse erhalten, Zeit haben, sich auf die neuen Gegebenheiten anzupassen.

▶ Der wesentliche **Unterschied zwischen den DRG und den PEPP** ist die Abrechnungsgrundlage. Während die DRG fallbasiert abgerechnet werden, liegen den PEPP einheitliche tagesbezogene Entgelte zugrunde.

3.4.2 Bildung von Fallpauschalen

▶ Die **DRG** sind ein Patientenklassifikationssystem, mit dessen Hilfe einzelne Behandlungsfälle im Krankenhaus anhand definierter Kriterien zu Fallgruppen zusammengefasst werden. Diese Fallgruppen sind wiederum Grundlage der Vergütung. Ziel ist es, genau eine Fallgruppe und damit auch eine Vergütung je Fall zu bestimmen.

DRG basieren auf einem Schubladendenken, das beinhaltet, dass jeder Behandlungsfall im Krankenhaus genau einer definierten Schublade (DRG-Fallgruppe) zugeordnet wird. Mit der Einführung der DRG wurden für Krankenhäuser völlig neue Anreize gesetzt, aus denen zahlreiche Herausforderungen für das Patienten- und Prozessmanagement resultieren. Das DRG-System setzt den Anreiz, nicht mehr eine Maximierung der Verweildauer im Rahmen des Möglichen zu erreichen, sondern eine Minimierung anzustreben. Das Krankenhaus erhält für seine Leistung eine fest definierte Pauschale, aus denen es seine Aufwendungen zu tragen hat. Es ist daher grundsätzlich nicht mehr sinnvoll, den Patienten unnötig lang im Krankenhaus zu behalten, da der Patient selbst bei sehr gutem gesundheitlichen Zustand Kosten verursacht, die die Erträge schmälern würden. Die Systemumstellung auf DRG führt damit zu einer Reduktion der Verweildauer im Krankenhaus, was auch eine der Hauptintentionen der Einführung war.

Die Zuordnung eines Falls zu einer bestimmten DRG bezeichnet man als „grouping" (Gruppierung). Um sich die manuelle Ermittlung zu ersparen, existieren Gruppierungsprogramme (Grouper). Diese bestimmen automatisiert anhand erfasster Parameter mithilfe eines Algorithmus die zutreffende Fallgruppe. Die Abb. 3.1 zeigt den Grundablauf der DRG-Bildung im Überblick.

Abb. 3.1 Bildung einer diagnosebezogenen Fallgruppe (DRG) im Überblick (Schmola und Rapp 2014, S. 34)

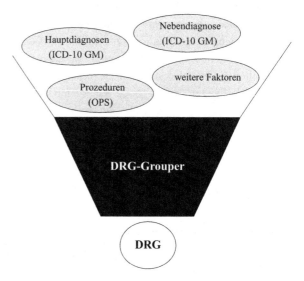

Für die Bildung der DRG ist zunächst die Bestimmung einer Hauptdiagnose erforderlich. Von dieser sind Nebendiagnosen abzugrenzen, die auch zu erfassen sind. Als Hauptdiagnose ist die Diagnose festzulegen, die hauptsächlich für den stationären Aufenthalt des Patienten verantwortlich war. Alle anderen Diagnosen, die bei Aufnahme bereits bestanden oder sich im Rahmen des Klinikaufenthalts entwickelt haben, sind Nebendiagnosen. Die Haupt- und Nebendiagnosen werden basierend auf dem ICD-10 (International Statistical Classification of Diseases and Related Health Problems, Internationale statistische Klassifikation der Krankheiten und verwandter Gesundheitsprobleme) erhoben. Darüber hinaus müssen Prozeduren erfasst werden. Unter Prozeduren versteht man Operationen und andere Untersuchungs- und Behandlungsmaßnahmen. Diese werden mithilfe des Operationen- und Prozedurenschlüssels (OPS) erfasst. Der OPS-Katalog wird vom Deutschen Institut für Medizinische Dokumentation und Information (DIMDI) herausgegeben und weiterentwickelt. Zu erfassen sind nicht alle Prozeduren: Solche, die routinemäßig bei den meisten Patienten durchgeführt werden, sind nicht zu erfassen, da sich der Aufwand für diese Prozeduren in der Diagnose oder in anderen dokumentierten Prozeduren widerspiegelt (z. B. Echokardiografien [EKG] und die Visiten). Abschließend sind noch weitere Daten zu erfassen, hierunter fallen die Entlassungsart (normal, verstorben, verlegt) sowie, sofern für die Ermittlung der DRG relevant, das Alter, das Geschlecht, das Geburtsgewicht und die Beatmungszeit.

Diagnosen ohne Mehraufwand (z. B. Zufallsbefunde ohne Konsequenz) dürfen nicht kodiert werden. Die Erfassung von Prozeduren ohne deren Durchführung ist ebenso untersagt. Die Kodierung sollte nur mit den vollständigen Unterlagen erfolgen, da im Arztbrief allein häufig nicht alle für die Dokumentation erforderlichen Informationen enthalten sind.

Sobald alle Daten erfasst wurden, kann mithilfe des Groupers die zutreffende DRG ermittelt werden. Zum besseren Verständnis der Arbeitsweise des Grouper werden die von diesem durchgeführten Schritte nachfolgend dargestellt. In einem ersten Schritt erfolgt die Konsistenzprüfung der eingegebenen Daten. Datensätze, die klinisch untypische oder ungültige Informationen enthalten, werden einer sog. Fehler-DRG zugeordnet. Die Entstehung kann zwei Ursachen haben: Fehler-DRG entstehen einerseits, wenn eine Operation ohne Bezug zur Hauptdiagnose durchgeführt wird. Erfolgt die Aufnahme eines Patienten beispielsweise wegen der Hauptdiagnose Akuter transmuraler Myokardinfarkt der Vorderwand und wird während des Aufenthalts aufgrund eines entdeckten Karzinoms eine Sigmaresektion durchgeführt, so entsteht eine Fehler-DRG, die im konkreten Fall zulässig und damit abrechenbar ist. Anderseits können auch Fehler-DRG entstehen, die nicht abrechnungsfähig sind. Wird eine Diagnose erfasst wird (z. B. bösartige Neubildung der Prostata), die unvereinbar mit dem Geschlecht ist, wird eine Fehler-DRG erzeugt, die nicht abrechenbar ist.

Liegt bei einem Patienten keine Fehler-DRG vor, wird ferner die Existenz von Sondertatbeständen geprüft. Diese Fälle sind im Regelfall nicht einem Organ oder Organsystem zuordnbar, ein häufig vorkommendes Beispiel ist die Beatmung.

Sind sowohl Fehlergruppen als auch Sondertatbestände auszuschließen, wird der Patient in eine Major Diagnosis Category (MDC) eingeordnet. MDC sind Hauptdiagnosegruppen, insgesamt existieren im DRG-System 23 davon. Die Hauptdiagnosegruppen sind überwiegend nach Organen bzw. Organsystemen aufgebaut. Erhält beispielsweise ein Patient eine neue Hüfte, so fällt dieser in die Hauptdiagnosegruppe 08: Erkrankungen und Störungen des Bewegungsapparats und des Bindegewebes. Neben der Einteilung nach Organen gibt es noch Gruppen, die nach der Krankheitsursache gebildet werden, z. B. die Gruppe 22 Verbrennungen.

Bevor eine sog. Basis-DRG bestimmt werden kann, wird im Anschluss an die Ermittlung der MDC auf Grundlage der Hauptdiagnose die Partition infolge der dokumentierten OPS-Codes ermittelt. Partition meint eine Untergliederung in eine der drei Gruppen operativ, andere oder medizinisch. Damit eine operative DRG gebildet wird, muss mindestens eine OR-Prozedur vorliegen. OR steht für Operation Room und weist auf eine operative Prozedur hin. Eine andere DRG wird erzeugt, wenn keine OR-Prozedur durchgeführt wurde, jedoch mindestens eine nicht operative Prozedur (NonOR), die für die Hauptdiagnosegruppe von Bedeutung ist (z. B. CT oder Probenentnahme). Werden keine operativen und nicht operativen Prozeduren erbracht, erhält man eine medizinische DRG.

Eine Basis-DRG besteht immer aus einem dreistelligen alphanummerischen Code (ein Buchstabe und zwei Zahlen). Aus dem Buchstaben lässt sich die Hauptdiagnosegruppe ableiten, der Buchstabe I steht beispielsweise für die Hauptdiagnosegruppe 08 Erkrankungen und Störungen des Bewegungsapparats und des Bindegewebes. Anhand der Zahlen lässt sich zumeist die Partition ableiten. Im Regelfall steht 01–39 für eine operative, 40–59 für eine andere und 60–99 für eine medizinische Partition. Gibt es mehr als 39 operative DRG in einer Hauptdiagnosegruppe, wird die Ordnung durchbrochen, was aber einen Ausnahmefall darstellt. Basis-DRG stellen eine medizinische Gruppierung dar und enthalten keine Unterteilung nach Schweregraden.

Während bei den Basis-DRG die Hauptdiagnose sowie Operationen und Prozeduren für die Bildung verwendet werden, benötigt man die Nebendiagnosen (Begleiterkrankungen und Komplexitäten) sowie die weiteren Faktoren (z. B. Alter, Gewicht) hauptsächlich für die Schweregradbildung. Ein Teil der weiteren Faktoren wurde bereits berücksichtigt, um Fehler-DRG und Sondertatbestände zu ermitteln (z. B. Geschlecht, Beatmungszeit). Der Schweregrad ist eine ökonomische Bewertung, anhand derer der Verbrauch an personellen und sachlichen Ressourcen beurteilt wird.

Jede der erfassten Nebendiagnosen wird in Abhängigkeit von der Basis-DRG ein Schweregrad zugeordnet. Dieser wird als Complication and Comorbidity Level (CCL) bezeichnet.

Nachdem für alle Nebendiagnosen die zugehörigen CCL ermittelt wurden, werden diese Werte mithilfe einer komplexen mathematischen Glättungsformel in einen PCCL (Patient Clinical Complexity Level, patientenbezogener Gesamtschweregrad) zusammengeführt. Der PCCL ist die Maßzahl für den kumulativen Effekt der Nebenerkrankungen (CC Comorbidity and Complications), um zu verhindern, dass ähnliche

Umstände mehrfach gewertet werden. Dies bedeutet, dass sich der PCCL nicht einfach aus der Summe der einzelnen CCL ergibt. Die PCCL-Werte haben folgende Bedeutung:

- 0 = Keine CC
- 1 = Leichte CC
- 2 = Mäßig schwere CC
- 3 = Schwere CC
- 4 = Äußerst schwere CC

Auch wenn zwei Patienten mit einer identischen Hauptdiagnose unterschiedliche PCCL aufweisen, bedeutet dies jedoch noch nicht, dass ihre Behandlung unterschiedliche Kosten verursacht. Daher werden in einem letzten Schritt die Fälle ökonomischen Schweregraden zugeordnet. Ist die Basis-DRG mit der finalen DRG identisch, bedeutet dies, dass die Fallkosten nicht von den Nebendiagnosen und den weiteren Faktoren abhängen.

Beispiel

Beispielsweise könnten Patienten mit einem PCCL von 0 bis 2 zu einer Fallpauschale zusammengefasst werden und die Patienten mit einem PCCL von 3 und 4 zu einer weiteren Fallpauschale.

Ein weiteres Differenzierungskriterium könnte das Alter sein, sodass z. B. der Einsatz eines Hüftgelenks bei einem Patienten mit Alter unter 16 Jahren mit einem eigenen Teiler erfasst wird.

Die Unterteilung einer Basis-DRG in mehrere Untergruppen wird als Splitting bezeichnet. Ob ein solches vorliegt, wird aus der vierten Stelle des DRG-Codes ersichtlich. A kennzeichnet den höchsten Ressourcenverbrauch, B den zweithöchsten usw. Je nachdem, wie unterschiedlich die Kosten innerhalb einer Basis-DRG in Abhängigkeit von den Nebendiagnosen und den weiteren Faktoren wie Alter oder Gewicht ausfallen, können auch mehr als zehn Differenzierungen vorliegen. Befindet sich ein Z am Ende des Codes, liegt eine ungesplittete DRG vor. Zusammenfassend zeigt die Abb. 3.2 die Bedeutung der vierstelligen alphanummerischen Nomenklatur innerhalb des DRG-Systems auf.

Abb. 3.2 Bedeutung des alphanummerischen Codes. *DRG* diagnosebezogene Fallgruppe (Schmola und Rapp 2014, S. 40)

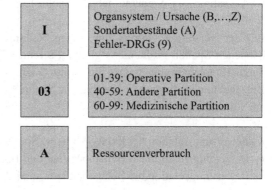

3.4.3   Ermittlung des Rechnungsbetrags

▶   Für den Zweck der Bestimmung des Rechnungsbetrags eines Patienten werden vom Institut für das Entgeltsystem im Krankenhaus (InEK) kalkulierte
Bewertungsrelationen verwendet.

Die Bewertungsrelation ist ein relativer Wert im Verhältnis zu einer definierten Bezugs-
leistung. Im deutschen System werden die durchschnittlichen DRG-Fallkosten aller
DRG-Fälle als Bezugsgröße festgelegt und mit dem Faktor 1,0 bewertet. Alle anderen
DRG werden in Abhängigkeit von den dafür im Durchschnitt aufzuwendenden Kosten
in Relation zu diesem Basisfall bewertet. Hat eine DRG beispielsweise eine Bewertungsrelation von 1,520, so bedeutet dies, dass diese Behandlung im Durchschnitt 1,520-mal
so aufwendig ist, wie die Behandlung des Basisfalls, der mit 1,0 bewertet wurde. Sämtliche Bewertungsrelationen sind dem jährlich angepassten Fallpauschalenkatalog zu entnehmen. Dieser wird von den Vertragspartnern auf Bundesebene verfasst und jährlich,
zusammen mit den G-DRG-Definitionshandbüchern, durch das InEK veröffentlicht.
Zu den Inhalten des Fallpauschalenkatalogs zählen die individuellen Angaben aus den
Bereichen Hauptabteilung, Belegabteilung sowie Teilstationär je DRG. Aus dem Fallpauschalenkatalog sind bei der Versorgung durch eine Hauptabteilung (Teil a des Katalogs) nachfolgende Informationen zu entnehmen:

- Vierstellige alphanumerische Bezeichnung der DRG (Spalte 1)
- Zuordnung zur Partition (Spalte 2)
- Bezeichnung der DRG (Spalte 3)
- Bewertungsrelation bei Hauptabteilung (Spalte 4)
- Bewertungsrelation bei Hauptabteilung und Beleghebamme (Spalte 5)
- Mittlere Verweildauer (Spalte 6)
- Untere Grenzverweildauer (Spalte 7) sowie erster Tag mit Abschlag (Spalte 8)
- Obere Grenzverweildauer (Spalte 9) sowie erster Tag mit zusätzlichem Entgelt
  (Spalte 10)
- Externe Verlegung Abschlag/Tag (Bewertungsrelation; Spalte 11)
- Verlegungsfallpauschale (Spalte 12)
- Ausnahme von Wiederaufnahme (Spalte 13)

Bei der Versorgung durch eine Belegabteilung (Teil b des Katalogs) sind die vorhandenen Spalten größtenteils gleich. Es fehlt allerdings die Spalte Bewertungsrelation
durch Hauptabteilung, sodass die Spalte 5 (Bewertungsrelation bei Hauptabteilung und
Beleghebamme) in diesem Katalog zur Spalte 4 wird. Ferner sind drei zusätzliche Spalten vorhanden:

- Bewertungsrelation bei Belegoperateur (Spalte 5)
- Bewertungsrelation bei Belegoperateur und Beleghebamme (Spalte 6)
- Bewertungsrelation bei Belegoperateur, -anästhesist und -hebamme (Spalte 7)

Die weiteren Spalten weisen demnach eine um zwei Zahlen höhere Nummerierung auf (z. B. mittlere Verweildauer ist demnach die Spalte 8).

Im Teil c des Katalogs sind die Bewertungsrelationen für teilstationäre DRG enthalten. Dort gibt es nur die Spalten 1 bis 9 analog des Katalogs für die Versorgung durch eine Hauptabteilung. Die Anzahl der teilstationären DRG ist sehr gering, im Katalog 2018 gab es mit den DRG L90B und L90C nur zwei teilstationäre Fallpauschalen.

Neu seit 2017 sind die Teile d und e im Fallpauschalenkatalog. Dort sind die DRG enthalten, bei denen eine abgestaffelte Vergütung in Abhängigkeit von der erbrachten Fallzahl erfolgt. Die Katalogbestandteile sind daher überschrieben mit Bewertungsrelationen mit gezielter Absenkung in Abhängigkeit der Median-Fallzahl. Die Spalten des Teils d entsprechen denen des Teils a, die des Teil e denen des Teils b, jeweils allerdings ergänzt um die zusätzliche Spalte Median-Fallzahl (Spalte 14 bzw. 16). Für definierte Leistungen wird der Median der Fallzahlen dieser DRG-Fallpauschalen im Datenjahr über alle Krankenhäuser, die diese Leistungen erbringen, ermittelt. Die Absenkung der genannten DRG-Fallpauschalen gilt nur für solche Krankenhäuser, die oberhalb des Medians bezüglich der Fallzahl dieser DRG-Fallpauschalen liegen. Die Regelung hat ein einfaches Ziel: Man nimmt an, dass bei bestimmten Leistungen Kosteneinsparungen durch die Krankenhäuser zu erzielen sind, wenn überdurchschnittliche Mengen erbracht werden. Um diesen Vorteil auszugleichen, erhalten diese Häuser dann für die Leistung weniger Vergütung als Kliniken, die eine geringere Fallzahl aufweisen.

Die Kalkulation des InEK basiert auf einer Ist-Kostenrechnung auf Vollkostenbasis, die im Kapitel Kostenrechnung genauer erläutert wird. Sog. Kalkulationskrankenhäuser erheben auf Grundlage eines vom InEK veröffentlichten Kalkulationshandbuchs die für die Kalkulation notwendigen Daten. Um eine möglichst genaue Kalkulation zu erreichen, müssen insbesondere auch Einzelkosten (z. B. für Implantate, teure Arzneimittel) erhoben und nicht den DRG-Bereich betreffende Kosten ausgegliedert werden (z. B. Kosten für Laboruntersuchungen, die für eine benachbarte Rehabilitationsklinik durchgeführt wurden).

Der Basisfallwert („base rate") ist der zweite Faktor, der zur Bestimmung des Rechnungsbetrags in Euro notwendig ist. Dieser gibt an, mit welchem Eurobetrag ein Fall mit dem Faktor 1,0 vergütet wird. Während die Bewertungsrelationen bundesweit einheitlich im Fallpauschalenkatalog ausgewiesen werden (§ 9 Abs. 1 KHEntgG), werden die Basisfallwerte gem. § 10 Abs. 1 KHEntgG landeseinheitlich durch die Vertragsparteien auf Landesebene (Landeskrankenhausgesellschaft, Landesverbände der Krankenkassen, Ersatzkassen, Landesausschuss des Verbands der privaten Krankenversicherung) vereinbart. Mit dem Krankenhausfinanzierungsreformgesetz (KHRG) wurde in § 10 Abs. 9 KHEntgG die Ermittlung eines Bundesbasisfallwerts (BBFW) vorgesehen. Dieser hat in den Jahren 2010–2015 stark abweichende Landesbasisfallwerte (LBFW) an einen Korridor herangeführt, der um den BBFW in Höhe von +2,5 % bis −1,25 % festgeschrieben wurde. Ab dem Jahr 2016 wurde mit den gesetzlichen Änderungen durch das Gesetz zur Reform der Strukturen der Krankenhausversorgung (Krankenhausstrukturgesetz, KHSG) die untere Korridorgrenze auf −1,02% angehoben und die Bundesbasisfallwertkonvergenz bis 2021 verlängert.

Letztendlich kann der Rechnungsbetrag für einen Patienten also durch eine einfache Multiplikation der Bewertungsrelation mit dem Basisfallwert berechnet werden. Beträgt der Basisfallwert beispielsweise 3500,00 € und die Bewertungsrelation 1,520, so errechnet sich der Betrag wie folgt:

$$1,520 \times 3500,00\,€ = 5320,00\,€$$

Dieselbe Berechnung gilt für die Rechnungen von allgemeinen Krankenhausleistungen an Privatpatienten. Sofern Wahlleistungen in Anspruch genommen wurden (egal, ob von ausschließlich privat versicherten Patienten oder von gesetzlich versicherten Patienten mit privater Zusatzversicherung), werden diese zusätzlich in Rechnung gestellt (Abschn. 3.6).

Der nach der beschriebenen DRG-Systematik zu ermittelnde Preis setzt voraus, dass DRG-spezifische Grenzen für die Verweildauer im Krankenhaus nicht über- oder unterschritten werden. Bei Über- oder Unterschreiten dieser Verweildauern werden Zu- oder Abschläge fällig. Dies ist erforderlich, um eine Über- bzw. Unterhonorierung bei unter- bzw. überdurchschnittlich aufwendigen Behandlungen innerhalb einer Fallgruppe zu vermeiden, wobei die Korrektur ausschließlich auf der Verweildauer fußt. Von Bedeutung sind die obere und die untere Grenzverweildauer sowie die mittlere Verweildauer.

Die obere Grenzverweildauer legt fest, ab welcher Verweildauer im Krankenhaus ein tagesbezogener Zuschlag vergütet wird. Für jede einzelne DRG wird im Fallpauschalenkatalog der erste Tag mit Zuschlag und eine Bewertungsrelation je Zuschlagstag ausgewiesen. Für den ersten Tag mit Zuschlag und für jeden weiteren Belegungstag des Krankenhausaufenthalts wird dann diese Bewertungsrelation zusätzlich vergütet. Damit sollen die erhöhten Kosten für die Behandlung kompensiert werden. Ob diese die entsprechenden zusätzlichen Kosten decken, ist vom Einzelfall abhängig, im Kern geht es jedoch nur um die Deckung der variablen Kosten, also den Kostenbestandteilen, die unmittelbar mit einer Verlängerung der Verweildauer ansteigen (z. B. Medikamentenkosten). Ermittelt wird der Zuschlagsbetrag dann, indem die zusätzliche Bewertungsrelation mit dem jeweiligen Landesbasisfallwert multipliziert wird.

Ist die Verweildauer des Patienten nicht länger als die untere Grenzverweildauer, so wird von der Fallpauschale ein Abschlag vorgenommen. Im Fallpauschalenkatalog wird als untere Grenzverweildauer der erste Tag mit Abschlag sowie eine Bewertungsrelation je Abschlagstag angegeben. Die Abschläge bei Unterschreitung der unteren Verweildauergrenze liegen deutlich oberhalb der Zuschläge bei der Überschreitung der oberen Verweildauergrenze. Dem liegt die Annahme zugrunde, dass insbesondere zu Anfang eines Krankenhausaufenthalts die täglichen Kosten deutlich höher liegen, als wenn der Aufenthalt verlängert werden muss. Die Abschlagsregelung soll die Kostenträger vor Übervorteilung der Krankenhäuser schützen, indem ein im Vergleich zum Durchschnitt deutlich günstiger zu behandelnder Patient mit dem gleichen Entgelt abgerechnet werden könnte, wie die anderen Patienten.

Beispiel

Ein Patient wurde in die DRG E74Z (Interstitielle Lungenerkrankung) eingruppiert. Die Bewertungsrelation (Spalte 4) beträgt 0,876. Der Basisfallwert beträgt 3500,00 €.

Fall 1: Die Verweildauer beträgt einen Tag

Gemäß Spalte 7 ist der erste Tag mit Abschlag Tag 1. Dies bedeutet, dass sofern der Patient weniger als zwei Tage an Verweildauer aufweist, je Tag der Unterschreitung das Kostengewicht von 0,538 gemäß Spalte 8 abzuziehen ist. Das Entgelt berechnet sich wie folgt:

$$(0,876 - 0,538) \times 3500,00\,€ = 1183,00\,€$$

Fall 2: Die Verweildauer beträgt 18 Tage

Spalte 9 weist als ersten Tag mit Zuschlag des 16 Tag aus. Die obere Verweildauergrenze beträgt daher 15 Tage. Für den Patienten wird folglich für den 16, 17 und 18 Tag ein Zuschlag fällig. Der Rechnungsbetrag ergibt sich wie folgt:

$$(0,876 + 3 \times 0,085) \times 3500,00\,€ = 3958,50\,€$$

Wird ein Patient vor Erreichen der mittleren Verweildauer (MVD) in ein anderes Krankenhaus verlegt, so sind hierfür Abschläge vorzunehmen. Der Abschlag wird für jeden Tag unterhalb der mittleren Verweildauer vorgenommen. Im Fallpauschalenkatalog finden sich je DRG kalkulierte externe Verlegungsabschläge pro Tag in Form von Bewertungsrelation. Auch das aufnehmende Krankenhaus hat nach derselben Systematik Abschläge vorzunehmen. Im Fall einer Verlegung in ein anderes Krankenhaus rechnet jedes beteiligte Krankenhaus folglich eine eigene Fallpauschale ab. Eine Verlegung liegt nur vor, wenn ein Patient in ein anderes akutstationäres Krankenhaus verlegt wird. Folgt auf einen Akutaufenthalt beispielsweise ein Aufenthalt in einer Rehabilitationsklinik, handelt es sich um eine Entlassung und nicht um eine Verlegung. Ebenso fallen Verbringungen nicht unter die Abschlagsregelung. Diese liegt vor, wenn der Patient lediglich zur bloßen Mitbehandlung in ein anderes Krankenhaus gebracht wird (z. B. für eine diagnostische Maßnahme). Die leistungserbringende Klinik bekommt bei einer Verbringung ihre erbrachten Leistungen direkt vom auftraggebenden Krankenhaus bezahlt.

Beispiel

Ein Patient wurde in die DRG E74Z (Interstitielle Lungenerkrankung) eingruppiert. Die Bewertungsrelation (Spalte 4) beträgt 0,876. Der Basisfallwert beträgt 3500,00 €.

Fall 1: Die Verweildauer beträgt acht Tage

Die mittlere Verweildauer beträgt 6,6 Tage (Spalte 6). Gerundet beträgt die Verweildauergrenze somit sieben Tage. Da der Patient jedoch acht Tage im Krankenhaus verbracht hat, ist kein Abschlag wegen Unterschreitung der mittleren Verweildauer vorzunehmen. Das Krankenhaus kann folgenden Betrag in Rechnung stellen:

$$0{,}876 \times 3500{,}00\,€ = 3066{,}00\,€$$

Fall 2: Die Verweildauer beträgt fünf Tage

In diesem Fall wurde die mittlere gerundete Verweildauer um zwei Tage unterschritten. Es ist ein Abschlag von 0,106 pro Tag (Spalte 11) vorzunehmen. Der Rechnungsbetrag beträgt daher:

$$(0{,}876 - 2 \times 0{,}106) \times 3500{,}00\,€ = 2324{,}00\,€$$

Ein weiterer Problembereich, der bei der Einführung der DRG gelöst werden musste, war der Umgang mit Wiederaufnahmen im Krankenhaus. Befürchtet wurde ein sog. Drehtüreneffekt. Es wurde angenommen, dass durch frühzeitige Entlassungen das Risiko bestehe, dass sich der Gesundheitszustand der nicht vollständig ausgeheilten Patienten schnell wieder so weit verschlechtern könne, dass der Patient nach kurzer Zeit erneut in die Klinik eingewiesen werden müsse. Bildlich gesprochen verlässt der Patient das Krankenhaus wie durch eine Drehtür und kehrt nach kurzer Zeit wieder durch selbige

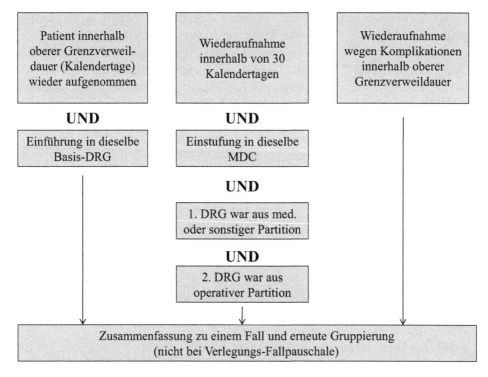

Abb. 3.3 Fallzusammenführung. *DRG* diagnosebezogene Fallgruppe; *MDC* Major Diagnostic Category (in Anlehnung an Kolb 2011, S. 75)

zurück. Der Gesetzgeber hat sich daher nicht einfach zu verstehende Regelungen zum Umgang mit Wiederaufnahmen einfallen lassen und diese in der Fallpauschalenverordnung niedergeschrieben.

Krankenhäuser sind in den drei in § 2 FPV definierten Fällen verpflichtet, eine Zusammenfassung der Falldaten und eine Neueinstufung in eine Fallpauschale vorzunehmen. Die Abb. 3.3 zeigt die Systematik der drei Fälle der Fallzusammenführung.

Beim ersten Fall ist zu prüfen, ob der Patient innerhalb der oberen Grenzverweildauer wieder aufgenommen wurde. Die obere Grenzverweildauer richtet sich nach der Zahl der Kalendertage, zählbar ab dem ersten Tag des unter die Zusammenfassung fallenden Krankenhausaufenthalts. Ist dieses Kriterium erfüllt, so sind die Fälle zusammenzuführen, sofern eine Einstufung in dieselbe Basis-DRG vorliegt. Abweichend wird keine Zusammenfassung und Neueinstufung vorgenommen, wenn die Fallpauschalen dieser Basis-DRG bei der Versorgung in einer Hauptabteilung in Spalte 13 des Fallpauschalenkatalogs oder bei belegärztlicher Versorgung in Spalte 15 als Ausnahme (x) gekennzeichnet sind.

Beispiel

Ein Patient wird am 01. Juni wegen massiver Kreislaufprobleme in einer Klinik stationär aufgenommen. Er wurde nach einer medikamentösen Therapie am 11. Juni entlassen. Die Eingruppierung erfolgte in die DRG F75A.

Wenige Tage später wird der Patient am 17. Juni wegen erneuter Kreislaufprobleme wiederaufgenommen, es wird die DRG F75D ermittelt.

Da zwischen dem Aufnahmetag des ersten Aufenthalts (02. Juli) und der Wiederaufnahme (18. Juli) weniger als 26 Tage (erster Tag mit Zuschlag des ersten für die Zusammenfassung relevanten Aufenthalts) liegen und für die Wiederaufnahme eine Einstufung in dieselbe Basis-DRG erfolgte, ist eine Fallzusammenführung vorzunehmen.

Im zweiten Fall ist eine Fallzusammenführung durchzuführen, wenn ein Patient innerhalb von 30 Kalendertagen ab dem Aufnahmedatum des ersten unter die Zusammenfassung fallenden Krankenhausaufenthalts wieder aufgenommen wird und er ferner innerhalb der gleichen Hauptdiagnosegruppe zunächst in die medizinische Partition oder andere Partition eingeordnet wurde und die anschließende Fallpauschale in die operative Partition einzugruppieren ist. Auch hier ist die Ausnahmeregelung durch Kennzeichnung der Spalte 13 bzw. 15 zu beachten.

Beispiel

Ein Patient wurde am 11.02. im Krankenhaus mit Schulterbeschwerden aufgenommen und am 14.02. entlassen. Es erfolgte eine konservative Behandlung, der Patient wurde in die DRG I77Z eingruppiert.

Am 27.02. erfolgt eine erneute Aufnahme wegen der Schulterbeschwerden, die dieses Mal operativ behandelt werden. Die Gruppierung ergab die DRG I16Z.

Es ist eine Fallzusammenführung vorzunehmen, da eine Wiederaufnahme innerhalb von 30 Kalendertagen mit der gleichen Hauptdiagnosegruppe vorliegt und die erste Behandlung nicht operativ und die zweite Behandlung operativ war. Die Fallzusammenführung der beiden Aufenthalte führt zur DRG I16Z, die abzurechnen ist.

Der dritte Fall der Zusammenführung bezieht sich auf die in den Verantwortungsbereich des Krankenhauses fallenden Komplikationen im Zusammenhang mit der durchgeführten Leistung. Zeitlich begrenzt ist die Zusammenführung auf die obere Grenzverweildauer, wiederum bemessen nach der Zahl der Kalendertage ab dem Aufnahmedatum des ersten zu berücksichtigenden Krankenhausaufenthalts.

▶ Eine **Fallzusammenführung** kommt nach der Rechtsprechung des Bundessozialgerichts (Urteil vom 12.07.2012, B 3 KR 18/11 R) dann in Betracht, wenn die zur Wiederaufnahme des Versicherten ins Krankenhaus führende Komplikation entweder durch einen Fehler der Ärzte oder Pflegekräfte bei der ersten stationären Behandlung verursacht worden ist oder sich als unvermeidbare, einem schicksalhaften Verlauf entsprechende Folge der Behandlung darstellt (Verantwortungsbereich des Krankenhauses), nicht aber, wenn die Komplikation auf einem unvernünftigen Verhalten des Versicherten beruht oder durch einen Dritten (z. B. weiterbehandelnder Hausarzt) verursacht worden ist. Ein Verschulden des Krankenhauses ist demnach nicht zwingende Voraussetzung für die Fallzusammenführung.

Beispiel

Bei einem stationären Krankenhausaufenthalt wurde einem Patienten der Blinddarm operativ entfernt. Festgestellt und behandelt wurde zudem eine Bauchfellentzündung. Als Fallpauschale ergab sich die DRG G07C. Die Verweildauer betrug acht Tage, der Patient wurde nach Hause entlassen.

Zwei Tage später erfolgt eine erneute Aufnahme wegen Komplikationen im Zusammenhang mit dem stationären Aufenthalt.

Es ist eine Fallzusammenführung vorzunehmen, da der Zeitabstand zwischen der Aufnahme bei der ersten Behandlung und der Wiederaufnahme geringer als 16 Tage (erster Tag mit Zuschlag der DRG der Erstbehandlung G07C) ist und die Wiederaufnahme wegen Komplikation erfolgt.

▶ Keine Wiederaufnahme im Sinn von § 2 FPV liegt bei einer Beurlaubung vor. Vollständige Tage der Beurlaubung zählen nicht zur Verweildauer. Eine **Beurlaubung** liegt vor, wenn ein Patient mit Zustimmung des behandelnden Krankenhausarztes die Krankenhausbehandlung zeitlich befristet unterbricht, die stationäre Behandlung jedoch noch nicht abgeschlossen ist (§ 1 Abs. 7 FPV).

Beispiel

Ein Patient wurde am 10. Februar zur stationären Behandlung in ein Krankenhaus aufgenommen. Mit Zustimmung des behandelnden Arztes verließ er am 17. Februar um 6.30 Uhr die Klinik und kehrte am 20. Februar um 22.30 Uhr in die Klinik zurück. Am 25. Februar wurde er nach Hause entlassen.

Die Verweildauer wird wie folgt bestimmt:

- 10. Februar bis 17. Februar: 8 Tage
- 18. Februar und 19. Februar: keine Wertung da vollständige Abwesenheit
- 20. Februar bis 24. Februar: 5 Tage
- 25. Februar: keine Wertung, da der Entlassungstag bei der Ermittlung der Verweildauer nicht mitgerechnet wird

In Summe ergibt sich also eine Verweildauer von 13 Tagen.

3.4.4 Zusatzentgelte

Bei Zusatzentgelten handelt es sich, wie der Begriff schon vermuten lässt, um zusätzlich zur DRG-Vergütung bezahlte Leistungen. Diese Entgelte werden üblicherweise bei Kodierung bestimmter Prozeduren ausgelöst. Mit diesen Entgelten werden Leistungen vergütet, die noch nicht oder noch nicht ausreichend in den DRG-Fallpauschalen berücksichtigt wurden. Es gibt bepreiste und unbepreiste Zusatzentgelte. Ein bepreistes Zusatzentgelt ist im Fallpauschalenkatalog in den Anlagen 2 oder 5 enthalten, unbepreiste Zusatzentgelte sind in den Anlagen 4 und 6 aufgeführt. Können für die Leistungen nach Anlage 4 bzw. 6 aufgrund einer fehlenden Vereinbarung für den Vereinbarungszeitraum noch keine krankenhausindividuellen Zusatzentgelte abgerechnet werden, ist der in der Fallpauschalenverordnung definierte Satz (2018: 600,00 €) abzurechnen.

In den jährlichen Budgetverhandlungen zwischen Krankenhäusern und Kostenträgern sind die Zusatzentgelte hinsichtlich deren geschätzter Anzahl verhandelt. Handelt es sich um ein unbepreistes Zusatzentgelt, ist neben der zu erwartenden Menge auch die Höhe des Entgelts zu vereinbaren.

Damit ein Zusatzentgelt in den Katalog aufgenommen werden kann, müssen mehrere Voraussetzungen erfüllt sein. Das Verfahren oder die Medikation müssen in mehreren DRG auftreten, zudem muss die Leistung genau definierbar sein sowie ein eindeutiges Identifikations- und Abrechnungsmerkmal aufweisen. Es muss sporadisch auftreten und darf keine feste Zuordnung zu einer DRG aufweisen und muss Kosten in relevanter Höhe verursachen.

3.4.5   Neue Untersuchungs- und Behandlungsmethoden

Die Versorgung im Krankenhaus unterliegt durch den medizinischen und medizinisch-technischen Fortschritt einer ständigen Änderung. Insbesondere hochpreisige Innovationen lassen sich jedoch nur schwer in der DRG-Kalkulation zeitnah abbilden. Von der Einführung einer neuen Therapie über die Einführung eines neuen Operationsschlüssels und dessen Verwendung in dem entsprechenden Datenjahr bis hin zur Kalkulation der DRG vergehen i. d. R. zwei bis drei Jahre. Folge wäre, dass Innovation nicht ausreichend vergütet wäre und so der Fortschritt nur mit Zeitverzögerung im System ankommen würde. Um eine weitreichendere Berücksichtigung von Innovationen im System der DRG-Fallpauschalen zu ermöglichen, hat der Gesetzgeber in § 6 Abs. 2 KHEntgG den Vertragsparteien auf Ortsebene die Möglichkeit gegeben, zeitlich befristete Vergütungen für noch nicht mit den Fallpauschalen sachgerecht abgerechnete neue Untersuchungs- und Behandlungsmethoden (NUB-Entgelte) zu vereinbaren. Die so zu vereinbarenden Entgelte besitzen eine Gültigkeitsdauer von lediglich einem Jahr und gelten jeweils nur für das beantragende Krankenhaus. Selbst wenn mehrere Kliniken dieselbe Leistung erbringen und abrechnen wollen, müssen diese gesonderte Vereinbarungen mit den Kostenträgern schließen. Die Entgelte sollen sachgerecht kalkuliert werden. Sie dürfen nicht bereits durch den Gemeinsamen Bundesausschuss ausgeschlossen worden sein. Das Krankenhaus hat hierzu bis zum 31. Oktober eines Jahres von den Vertragsparteien die Information einzuholen, ob die betreffende Leistung sachgerecht abgerechnet werden kann.

Die Partner der Selbstverwaltung (Deutsche Krankenhausgesellschaft, GKV-Spitzenverband und Verband der Privaten Krankenversicherung) haben zu diesem Zweck das DRG-Institut InEK beauftragt, die bis zum 31. Oktober eines jeden Jahres eingehenden Anträge der Krankenhäuser zu prüfen. Das InEK prüft, ob für die eingereichten Methoden bzw. Leistungen für das anfragende Krankenhaus in den vergangenen Jahren die Möglichkeit bestand, eine sachgerechte Vergütung zu erreichen. Insgesamt gelten für die Bewertung durch das InEK folgende vier Stufen:

- Angefragte Methoden bzw. Leistungen erfüllen die Kriterien der NUB-Vereinbarung der Vertragsparteien (Stufe 1)
- Angefragte Methoden bzw. Leistungen erfüllen nicht die Kriterien der NUB-Vereinbarung der Vertragsparteien (Stufe 2)
- Angefragte Methoden bzw. Leistungen konnten innerhalb der festgesetzten Frist nicht vollständig bearbeitet werden. Daher liegen für sie keine Informationen nach § 6 Absatz 2 Krankenhausentgeltgesetz (KHEntgG) vor (Stufe 3).
- Die mit der Anfrage gemäß § 6 Absatz 2 KHEntgG übermittelten Informationen haben die Kriterien der NUB-Vereinbarung zur Bewertung der angefragten Methode bzw. Leistung im Sinne des Verfahrens nicht ausreichend dargestellt (Stufe 4).

Ist eine sachgerechte Integration in das DRG-System frühestens ab dem Folgejahr möglich, so ist bis zur Ermöglichung die Vereinbarung eines krankenhausindividuellen Entgelts möglich. Das InEK übermittelt die Ergebnisse der NUB-Prüfung bis zum 31. Januar eines jeden Jahres an die anfragenden Krankenhäuser.

3.5 Budgetverhandlungen

▶ In den jährlichen **Budgetverhandlungen** vereinbaren die Krankenkassen mit jedem einzelnen Krankenhaus die Art und Menge der zu erbringenden Leistungen.

Multipliziert man diese mit dem jeweiligen Landesbasisfallwert, so ergibt sich daraus das Jahresbudget des Krankenhauses für voll- und teilstationäre Leistungen im DRG-Entgeltbereich. Zusätzlich werden krankenhausindividuelle Entgelte, sonstige Leistungen wie NUB und diverse Zu- und Abschläge, die für das Budget ebenfalls relevant sind, vereinbart.

An den Verhandlungen beteiligen sich grundsätzlich nur diejenigen Krankenkassen, die einen Belegungsanteil von mehr als 5% im zu verhandelnden Krankenhaus aufweisen. Die Budgetverhandlungen sollten immer im Voraus stattfinden, also das Folgejahr umfassen. Dies soll dazu führen, dass sowohl für den Leistungserbringer (Krankenhaus) als auch für diejenigen, die die Leistungen finanzieren (Kostenträger), Planungssicherheit herrscht. Aktuell ist es aber die Regel, dass die Verhandlungen im aktuellen Jahr und nicht im Vorjahr abgeschlossen werden.

Bevor mit den Verhandlungen begonnen werden kann, muss das Krankenhaus den Krankenkassen alle relevanten Unterlagen vorlegen, v. a. die voraussichtliche Leistungsstruktur und -entwicklung sind von Bedeutung. Die Ergebnisse der Verhandlungen halten die Vertragsparteien in einer Budgetvereinbarung fest.

Können sich die Verhandlungspartner über die Inhalte der Vereinbarung nicht einigen, so kann zur Konfliktlösung auf Antrag einer Vertragspartei eine Schiedsstelle angerufen werden. Diese legt dann das Budget fest. Sämtliche Budgetvereinbarungen sind abschließend durch die zuständige Aufsichtsbehörde zu genehmigen. Durch den Genehmigungsbescheid wird die Vereinbarung dann rechtlich wirksam.

▶ **Wichtig**
Folgende Punkte sind Bestandteil der **Entgeltvereinbarung**:
- Erlösbudget und die zugrunde liegende Summe der Bewertungsrelationen
- Sonstige Entgelte nach § 6 KHEntgG und deren Erlössumme nach § 6 Abs. 3 KHEntgG
- Zu- und Abschläge nach § 7 Abs. 1 KHEntgG
- Mehr- und Mindererlösausgleiche

3.5.1 Vereinbarung eines Erlösbudgets § 4 KHEntgG

Das Erlösbudget ist im § 4 KHEntgG geregelt. Es setzt sich aus den DRG-Fallpauschalen und den bundeseinheitlichen Zusatzentgelten (§ 7 KHEntgG) zusammen. Die Bewertungs-relationen für die vereinbarten DRG-Fallpauschalen stehen bundeseinheitlich durch den jährlich durch das InEK kalkulierten Fallpauschalenkatalog fest. Durch Multiplikation mit dem Landesbasisfallwert kann das Entgelt berechnet werden. Gleiches gilt für die abrechenbaren bundeseinheitlichen Zusatzentgelte.

Mit Zusatzentgelten werden Leistungen vergütet, die noch nicht oder noch nicht aus-reichend in den DRG-Fallpauschalen berücksichtigt wurden. Die möglichen Zusatz-entgelte sind abschließend im jeweils gültigen DRG-Katalog aufgeführt, wobei es bundeseinheitlich kalkulierte sowie krankenhausindividuelle Zusatzentgelte gibt. Die Anlagen 2 und 5 definieren die bundeseinheitlichen Zusatzentgelte, die Anlagen 4 und 6 die krankenhausindividuellen. Bundeseinheitlich bedeutet, dass die Preise auf einem auf Bundesebene vereinbarten Zusatzentgeltekatalog basieren, sodass keine Preis-verhandlungen zwischen dem einzelnen Krankenhaus und den Kostenträgern in den Budgetverhandlungen erforderlich sind. Für die DRG sowie die bundeseinheitlichen Zusatzentgelte erstrecken sich die Verhandlungen daher nur auf die zu erbringende Anzahl. Die krankenhausindividuellen Entgelte, die nicht unter diesen Teilbereich des Budgets fallen (gehören zur Vereinbarung über sonstige Entgelte nach § 6 KHEntgG), ist zwar auch die Leistung, aber kein einheitliches Entgelt definiert, sodass die Vertrags-parteien sich über dieses einigen müssen.

3.5.2 Vereinbarung sonstiger Entgelte nach § 6 KHEntgG

Für Leistungen, die noch nicht mit den auf Bundesebene vereinbarten DRG-Fallpauscha-len und Zusatzentgelten sachgerecht vergütet werden, und für besondere Einrichtungen können die Vertragsparteien fall- oder tagesbezogene Entgelte oder in eng begrenzten Ausnahmefällen Zusatzentgelte vereinbaren. Dafür sind krankenhausindividuell neben der Vereinbarung für die zu erbringenden Mengen auch Vereinbarungen über die abzu-rechnenden Preise zu treffen und eine Erlössumme zu ermitteln. Die Abrechnung erfolgt dann entweder als fallbezogenes oder als tagesbezogenes Entgelt. Zusätzlich sind indivi-duell vereinbarte Zusatzentgelte abrechenbar.

Bestandteil und Grundlage der Verhandlungen mit Krankenhäusern ist die jährliche Aufstellung der Entgelte und Budgetberechnung (AEB) mit deren fest vorgegebenen Inhalten:

- E1: Aufstellung der Fallpauschalen für das Krankenhaus
- E2: Aufstellung der Zusatzentgelte für das Krankenhaus
- E3: Aufstellung der nach § 6 KHEntgG krankenhausindividuell verhandelten Entgelte
- E3.1: Aufstellung der fallbezogenen Entgelte

- E3.2: Aufstellung der Zusatzentgelte
- E3.3: Aufstellung der tagesbezogenen Entgelte
- B1: Erlösbudget und Basisfallwert nach § 4 KHEntgG

Die Summe aus E1 und E2 bezeichnet man als Erlösbudget, die Erlössumme umfasst das Budget aus krankenhausindividuellen Zusatzentgelten und teilstationären Leistungen oder besonderen Einrichtungen, wobei die Entgelte für NUB und Zusatzentgelte für Bluter nicht einbezogen werden. Der Gesamtbetrag errechnet sich als Summe aus dem Erlösbudget und der Erlössumme.

3.5.3 Vereinbarung von Zu- und Abschlägen nach § 7 Abs. 1 KHEntgG

Neben dem Erlösbudget und sonstigen Entgelten sieht das Finanzierungssystem auch noch die Vereinbarung von Zu- und Abschlägen vor. Sie sind teilweise bundeseinheitlich festgelegt, teilweise müssen sie gesondert krankenhausindividuell vereinbart werden. Zuschläge dienen einer zusätzlichen Finanzierung. Beispiele sind:

Beispiel
- Ausbildungszuschlag zur Finanzierung der Kosten für Ausbildungsstätten und der Mehrkosten der Ausbildung
- Zuschlag im Rahmen des Hygiene-Förderprogramms
- Zuschlag für besondere Aufgaben von Zentren und Schwerpunkten

Neben den Zuschlägen gibt es auch Abschläge, die vorgenommen werden, wenn Krankenhäuser bestimmte Tätigkeiten nicht oder unzureichend ausführen. Ein Beispiel ist die Nichtteilnahme an der Notfallversorgung.

3.5.4 Ausgleiche

Die Komplexität der Abrechnung im Krankenhaus wird nicht nur durch die Vielfalt der Vergütungen verursacht, sondern auch dadurch, dass daneben noch mehrere Mechanismen existieren, die Abweichungen zwischen Soll- und Ist-Werten ausgleichen. Das Finanzierungssystem sieht also einen Ausgleichsmechanismus vor, wenn die in der Entgeltvereinbarung vereinbarten Erlössummen nicht tatsächlich umgesetzt werden. Es bestehen sowohl Regelungen für ein Über- als auch für ein Unterschreiten. Da die Entgeltvereinbarungen entgegen des gesetzlichen Wunschs nach prospektiver Vereinbarung zumeist erst während des jeweiligen Abrechnungszeitraums geschlossen werden und teils auch die Basisfallwerte noch nicht final feststehen, sind Abweichungen zwischen den vereinbarten und den tatsächlich erzielten Erlösen auch durch die Vergütung von Leistungen

möglich (preislich verursacht). Gegenstand der Ausgleichsermittlung ist der Gesamt-
betrag der Erlöse nach § 4 Abs. 3 KHEntgG, der aus dem Erlösbudget für die DRG-
Fallpauschalen und Zusatzentgelte und der Erlössumme der sonstigen Entgelte besteht.
Da der Gesetzgeber bei der Ermittlung des Mengenausgleichs annimmt, dass die in der
Entgeltvereinbarung festgelegten Preise auch abgerechnet worden sind, ist zunächst der
Preisausgleich und dann der Mengenausgleich durchzuführen. Die ermittelten Preis- und
Mengenausgleiche werden als prozentualer Zu- oder Abschlag auf die abgerechneten
Erlöse im Rahmen der nachfolgenden Entgeltvereinbarung berücksichtigt.

3.5.4.1 Preisausgleich

Mehr- oder Mindererlöse infolge der Weitererhebung des bisherigen Landesbasisfall-
werts und bisheriger Entgelte werden grundsätzlich im restlichen Vereinbarungszeitraum ausgeglichen. Der Ausgleichsbetrag wird im Rahmen des Zu- oder Abschlags
abgerechnet. Ziel ist es, die Vertragsparteien so zu stellen, als wäre eine prospektive Entgeltvereinbarung getroffen worden, sodass der Ausgleichssatz 100 % beträgt. Im ersten
Schritt sind für die Berechnung des Preisausgleichs die Erlöse zu ermitteln, die erzielt
worden wären, wenn die der Entgeltvereinbarung zugrunde liegenden Preise von Anfang
an abgerechnet worden wären (fiktive Erlöse). Hierzu werden die tatsächlich erzielten
Leistungen mit den tatsächlich vereinbarten Preisen bewertet. Im nächsten Schritt werden die fiktiven Erlöse den tatsächlichen Erlösen gegenübergestellt. Weichen die fiktiven
Erlöse von den tatsächlichen Erlösen ab, so findet ein Ausgleich statt. Zur Veranschaulichung dient nachfolgendes vereinfachtes Beispiel.

Beispiel

Gelingt es einem Krankenhaus erst zum 1.7. mit den Kassen Einigung über das Budget zu
erzielen und käme das Haus rechnerisch auf einen Basisfallwert von 3375 €, dann wären
alle Patienten des ersten Halbjahrs mit dem alten Basisfallwert abzurechnen gewesen.
Beträgt dieser beispielsweise 3330 €, so wären alle Patienten um 45 € zu günstig
abgerechnet worden. Um diese Abweichung zu kompensieren, wird ein neuer Zahl-Basisfallwert für die Zeit vom 1.7. bis 31.12. errechnet. Nimmt man an, dass sich die Leistungen des ersten und des zweiten Halbjahres entsprechen, wäre dieser Zahl-Basisfallwert
der Basisfallwert von 3375 € plus die 45 €, um die unzureichende Bezahlung des ersten
Halbjahres auszugleichen.

3.5.4.2 Mengenausgleich

Grundlage für die Ermittlung des Mengenausgleichs bilden die fiktiven Erlöse aus dem
Preisausgleich. Durch das schrittweise Vorgehen spielen beim Mengenausgleich Preis-
effekte keine Rolle mehr. Ziel ist es, Mengenabweichungen durch Vergleich der tatsächlich erbrachten mit den vereinbarten Leistungsmengen auszugleichen. Es sind dabei stets
Ausgleichssätze unter 100% im Unterschied zum Preisausgleich vorgesehen. Ergibt sich
aus dem Vergleich, dass der Gesamtbetrag der fiktiven Erlöse unterhalb des Gesamt-
betrags der Erlöse laut Entgeltvereinbarung liegen, so spricht man von Mindererlösen,
im umgekehrten Fall von Mehrerlösen.

Durch das Festlegen von Ausgleichssätzen werden Anreize gesetzt, die geplanten Mengen auch tatsächlich zu erreichen. Zumeist unterliegen Mehrleistungen hohen Abschlägen, während Minderleistungen mit geringeren Ausgleichssätzen berücksichtigt werden. Der hohe Ausgleichsatz bei Mehrerlösen führt dazu, dass die Krankenhäuser bei Überschreitung der vereinbarten Leistungsmengen oftmals nicht mal die variablen Kosten decken können. Der niedrige Ausgleichssatz bei Mindererlösen führt dagegen dazu, dass das Krankenhaus teilweise seine Fixkosten nicht komplett erstattet bekommt.

Mehr- oder Mindererlöse werden nach Maßgabe der folgenden Sätze ausgeglichen:

- Mindererlöse: 20%
- Mindererlöse aus Zusatzentgelten für Arzneimittel und Medikalprodukte: 0% (kein Ausgleich)
- Mehrerlöse aus Zusatzentgelten für Arzneimittel und Medikalprodukte und aus Fallpauschalen für schwerverletzte, insbesondere polytraumatisierte oder schwer brandverletzte Patienten: 25%
- Sonstige Mehrerlöse: 65%

Für Fallpauschalen mit einem sehr hohen Sachkostenanteil sowie für teure Fallpauschalen mit einer schwer planbaren Leistungsmenge, insbesondere bei Transplantationen oder Langzeitbeatmung, können die Vertragsparteien im Voraus einen abweichenden Ausgleich vereinbaren. Mehr- oder Mindererlöse aus Zusatzentgelten für die Behandlung von Blutern sowie aufgrund von Abschlägen wegen Nichteinhaltung der Verpflichtungen zur Qualitätssicherung werden nicht ausgeglichen.

3.5.5   Fixkostendegressionsabschlag

Seit dem Budgetjahr 2017 gibt es mit dem Fixkostendegressionsabschlag einen weiteren zu berücksichtigenden Abschlag, der den bisherigen Mehrleistungsabschlag ersetzt. Der Grundgedanke beider Abschläge ist identisch. Die in den Budgetverhandlungen verhandelten Mehrleistungen gegenüber dem Vorjahr bewirken eine Ausweitung des Erlösbudgets. Es wird angenommen, dass sich dadurch die Fixkosten eines Krankenhauses auf eine größere Anzahl an Fällen verteilen, wodurch das Krankenhaus mengenbezogene Kostenvorteile erzielen kann. Dies liegt darin begründet, dass mit dem DRG sowohl die behandlungsabhängigen variablen Kosten als auch ein Teil der Fixkosten des Krankenhauses vergütet werden. Diesem Effekt soll mit dem Abschlag entgegengewirkt werden, indem bestimmte Fixkostenanteile indirekt für die zusätzlichen Leistungen aus der DRG-Vergütung gestrichen werden. Das Krankenhaus bekommt folglich nicht mehr 100%, sondern nur einen geringeren Vergütungssatz für diese Leistungen für einen definierten Zeitraum.

Für 2017 und 2018 hat der Gesetzgeber den Mindestabschlag bundeseinheitlich auf 35% festgelegt. Danach sollen die Mindesthöhen auf Landesebene vereinbart werden.

Die Vertragsparteien vor Ort können bei zusätzlichen Leistungen, bei denen bereits in erhöhtem Maß wirtschaftlich begründete Fallzahlsteigerungen eingetreten oder zu erwarten sind, davon abweichend höhere Abschläge und eine längere Geltungsdauer festlegen. Der zusätzliche Abschlag ist auf maximal 15% begrenzt. Bei der Vereinbarung von Mehrleistungen sind die Abschläge grundsätzlich für drei Jahre vorzunehmen. Einige Bereiche sind von den Regelungen ausgenommen. Hierunter fallen beispielsweise unbewertete Fallpauschalen und Zusatzentgelte, NUB, bereits abgesenkte oder abgestufte DRG sowie DRG mit zwei Drittel Sachkostenanteil. Eine hälftige Anwendung des Fixdegressionsabschlags findet sich bei nicht mengenanfälligen Leistungen.

3.6   Selbstzahler- und Wahlleistungen

Auch wenn die Begrifflichkeiten Selbstzahler- und Wahlleistungen im betrieblichen Alltag synonym verwendet werden, gibt es für den Patienten einen entscheidenden Unterschied.

▶   **Selbstzahlerleistungen** umfassen alle Leistungen, die der Patient komplett
     selbst übernehmen muss. Hinter den **Wahlleistungen** verbirgt sich dagegen
     der Sammelbegriff für Leistungen, die Personen unter Rückgriff auf privaten
     Voll- oder Zusatzkrankenversicherungsschutz über die allgemeinen Kranken-
     hausleistungen hinaus in Anspruch nehmen.

Unterschieden werden ärztliche und nichtärztliche Leistungen. Nehmen Patienten ohne eine Versicherung Leistungen in Anspruch, handelt es sich um Selbstzahlerleistungen. Besteht dagegen eine Zusatzversicherung für diese Leistungen, handelt es sich um Wahlleistungen.

3.6.1   Rechtlicher Rahmen

Die allgemeinen Krankenhausleistungen werden sowohl von Gesetzlichen als auch von der Privaten Krankenversicherung übernommen. Die Entgelte sind für diesen Leistungsbereich identisch, sodass, egal welche Versicherungsform zugrunde liegt, kein Patient mehr oder weniger bezahlen muss. Ebenso wie die allgemeinen Krankenhausleistungen gehören Wahlleistungen zu den Krankenhausleistungen.

§ 2 Krankenhausleistungen

(1) Krankenhausleistungen nach § 1 Abs. 1 sind insbesondere ärztliche Behandlung,
     auch durch nicht fest angestellte Ärztinnen und Ärzte, Krankenpflege, Versorgung
     mit Arznei-, Heil- und Hilfsmitteln, die für die Versorgung im Krankenhaus

notwendig sind, sowie Unterkunft und Verpflegung; sie umfassen allgemeine Krankenhausleistungen und Wahlleistungen. Zu den Krankenhausleistungen gehören nicht die Leistungen der Belegärzte (§ 18) sowie der Beleghebammen und -entbindungspfleger.

(2) Allgemeine Krankenhausleistungen sind die Krankenhausleistungen, die unter Berücksichtigung der Leistungsfähigkeit des Krankenhauses im Einzelfall nach Art und Schwere der Krankheit für die medizinisch zweckmäßige und aus-reichende Versorgung des Patienten notwendig sind.

Die Wahlleistungen müssen hinsichtlich des Leistungsumfangs nicht zwingend über die allgemeinen Krankenhausleistungen hinausgehen, sondern es reicht beispielsweise aus, dass diese durch einen speziellen Arzt (z. B. liquidationsberechtigter Chefarzt) erbracht werden. Die Behandlung durch einen liquidationsberechtigten Arzt und die Wahlleistung Unterkunft sind die am häufigsten vorkommenden Wahlleistungen. Insbesondere nicht-ärztliche Leistungen wie ein Einbettzimmer werden jedoch auch als Selbstzahlerleistung in Anspruch genommen. Seltener dagegen ist die Inanspruchnahme eines liquidations-berechtigten Arztes als Selbstzahler.

Der § 17 Abs. KHEntgG beinhaltet wichtige Voraussetzungen, um Wahlleistungen abrechnen zu können.

Dazu gehören:

I.   Andere Leistungen als die allgemeinen Krankenhausleistungen dürfen als Wahl-leistungen gesondert berechnet werden, wenn die allgemeinen Krankenhausleistungen durch die Wahlleistungen nicht beeinträchtigt werden. Es darf also zu keiner schlech-teren Versorgungslage für die Versorgung der Patienten mit allgemeinen Krankenhaus-leistungen kommen, nur weil Wahlleistungen erbracht werden.

II.   Die gesonderte Berechnung ist im Voraus mit dem Patienten zu vereinbaren.

III. Die Entgelte für Wahlleistungen dürfen in keinem unangemessenen Verhältnis zu den Leistungen stehen. Die Deutsche Krankenhausgesellschaft und der Verband der privaten Krankenversicherung können Empfehlungen zur Bemessung der Entgelte für nichtärztliche Wahlleistungen abgeben. Verlangt ein Krankenhaus ein unan-gemessen hohes Entgelt für nichtärztliche Wahlleistungen, kann der Verband der privaten Krankenversicherung die Herabsetzung auf eine angemessene Höhe ver-langen.

IV.   Wahlleistungen sind vor der Erbringung schriftlich zu vereinbaren.

V.   Der Patient ist vor Abschluss der Vereinbarung schriftlich über die Entgelte der Wahlleistungen und deren Inhalt im Einzelnen zu unterrichten.

VI.   Eine Vereinbarung über wahlärztliche Leistungen erstreckt sich auf alle an der Behandlung des Patienten beteiligten angestellten oder beamteten Ärzte des Krankenhauses, soweit diese zur gesonderten Berechnung ihrer Leistungen im Rahmen der vollstationären und teilstationären sowie einer vor- und nachstationären

Behandlung berechtigt sind. Dies gilt einschließlich der von diesen Ärzten veranlassten Leistungen von Ärzten und ärztlich geleiteten Einrichtungen außerhalb des Krankenhauses. In der Vereinbarung ist darauf hinzuweisen (sog. Wahlarztkette).

VII. Eine Vereinbarung über gesondert berechenbare Unterkunft darf nicht von einer Vereinbarung über sonstige Wahlleistungen abhängig gemacht werden.

3.6.2 Ärztliche Wahlleistungen

Für die Abrechnung von ärztlichen Wahlleistungen gilt die Gebührenordnung für Ärzte (GOÄ). Die GOÄ regelt die Abrechnung aller medizinischen Leistungen außerhalb der Gesetzlichen Krankenversicherung. In der GOÄ sind die abrechnungsfähigen Leistungen sowie ein jeweils zugehöriger Abrechnungswert in Punkten angegeben. Multipliziert man die Punktzahl mit dem aktuell gültigen Punktwert, so erhält man das Honorar in Euro. Darüber hinaus ist der Ansatz von Steigerungsfaktoren möglich. Beim Einfachsatz (auch 1,0-Faches) handelt es sich um den Betrag, der sich aus der Multiplikation der Punktzahl der Leistungen mit dem Punktwert der GOÄ ergibt.

Beispiel

Eine Visite im Krankenhaus ist mit 70 Punkten bewertet. Wird der Einfachsatz angesetzt ergibt sich folgendes Honorar:

$$70 \, Punkte \times 0{,}0582873 \, € \, je \, Punkt = 4{,}08 \, €$$

Unter dem Schwellenwert (auch Regelsatz oder Schwellensatz) versteht man den Betrag, der sich nach Multiplikation des Einfachsatzes mit der Gebührenschwelle ergibt. Gebührenschwellen sind die Faktoren, bis zu denen gesteigert werden kann, ohne eine Begründung geben zu müssen. Für sog. technische Leistungen liegt die Gebührenschwelle beim 1,8-fachen, für Laborleistungen beim 1,15-fachen Satz. Bei persönlichen Leistungen ist eine Steigerung bis zum Faktor 2,3 möglich.

Beispiel

Für die Visite im Krankenhaus errechnet sich:

$$70 \, Punkte \times 0{,}0582873 \, € \, je \, Punkt \times 2{,}3 = 9{,}38 \, €$$

Unter dem Höchstwert (auch Höchstsatz) fällt der Betrag, der sich nach Multiplikation des Einfachsatzes mit dem zu der Leistung höchstmöglichen Multiplikator ergibt. Für technische Leistungen liegt der Höchstwert beim 2,5-fachen, für Laborleistungen beim 1,3-fachen Satz. Bei persönlichen Leistungen ist der Höchstmultiplikator 3,5. Der Höchstsatz kann ausschließlich mit Begründung abgerechnet werden.

Beispiel

Für die Visite im Krankenhaus errechnet sich:

$$70\ Punkte \ \times\ 0{,}0582873\ €\ je\ Punkt\ \times\ 3{,}5\ =\ 14{,}28\ €$$

▶   Zu beachten ist, dass bei vollstationären, teilstationären sowie vor- und nach-
    stationären privatärztlichen Leistungen die Gebühren um 25% zu mindern
    sind; bei Belegärzten beträgt der Minderungssatz 15% (§ 6a GOÄ).

3.6.3   Abrechenbarkeit von Leistungen

Der Wahlarzt wird von Patienten als ein besonderer Arzt mit spezieller Qualifikation wahr-
genommen, sodass der Patient eine persönliche Leistungserbringung erwartet und darauf
auch bis auf wenige Ausnahmefälle Anspruch hat. Der in der Wahlleistungsvereinbarung
aufgeführte liquidationsberechtigte Arzt muss die Wahlleistung folglich grundsätzlich
persönlich erbringen, sofern es sich um den Kernbereich der Wahlleistung wie die Durchführung eines operativen Eingriffs durch den Chirurgen handelt. Ob es sich um eigene
Leistungen des Wahlarztes handelt, regelt die GOÄ (§ 4 Abs. 2 S. 3). Es ist zulässig
z. B. Laborkosten, die vom liquidationsberechtigten Arzt im Rahmen der Wahlleistung
veranlasst worden sind, als dessen Wahlleistung abzurechnen. Der Wahlarzt kann zudem
die ärztlichen Leistungen außerhalb des Kernbereichs an andere Ärzte delegieren. Der
Umfang des Kernbereichs der Wahlleistung bestimmt sich im Einzelfall nach dem Fach-
gebiet und dem Therapieprogramm und kann daher nicht einheitlich festgelegt werden.

Ein Sonderfall sind unvorhergesehene Fälle persönlicher Verhinderung des Arztes.
In diesem Fall kann ein anderer Arzt als Vertreter eingesetzt werden, sofern dieser eine
mit dem liquidationsberechtigten Arzt vergleichbare Qualifikation aufweist. Zulässig
ist eine Vertretung nur bei einer unvorhergesehenen Verhinderung des Wahlarztes, wenn
der Patient zugleich vor Abschluss der Wahlleistungsvereinbarung auf die Vertretungs-
regelung hingewiesen wurde. Er ist des Weiteren möglichst früh über die vorhersehbare
Verhinderung des Wahlarztes zu unterrichten. Anzubieten ist, dass ein bestimmter Vertreter zu den vereinbarten Bedingungen die wahlärztlichen Leistungen erbringt oder
auf die Inanspruchnahme wahlärztlicher Leistungen verzichtet werden kann, sodass
eine Behandlung ohne Zuzahlung von einem geeigneten Arzt durchgeführt wird. Ist die
jeweilige Maßnahme bis zum Ende der Verhinderung des Wahlarztes verschiebbar, so ist
dem Patienten auch dies zur Wahl zu stellen.

Besonders strenge Anforderungen gelten in dem Fall, in dem die Abwesenheit des
liquidationsberechtigten Arztes bereits bei Abschluss der Wahlleistungsvereinbarung
bekannt ist (z. B. geplanter Jahresurlaub oder Fortbildung). Es fehlt dann an einer wirk-
samen Stellvertretervereinbarung, wenn die Wahlleistungs- und Stellvertretervereinbarung auf vorgefertigten, standardisierten Formularen zeitgleich geschlossen wurden.
Eine Stellvertretervereinbarung kann im Fall einer vorhersehbaren Verhinderung nur
wirksam durch eine Individualabrede getroffen werden.

3.6.4 Liquidationsrecht

Die Erlöse für wahlärztliche Leistungen verbleiben zumeist nicht ausschließlich beim Krankenhaus. Der liquidationsberechtigte Arzt erhält daran einen Anteil. Für die Ausgestaltung des Liquidationsrechts des Arztes sind zwei Konstellationen denkbar, das eigene Liquidationsrecht und das Beteiligungsrecht.

3.6.4.1 Eigenes Liquidationsrecht

Das Liquidationsrecht ist die dem Arzt arbeitsvertraglich vom Krankenhausträger eingeräumte Befugnis, als Nebentätigkeit wahlärztliche Leistungen anzubieten und selbstständig gegenüber dem Patienten abrechnen zu dürfen. Besitzt der Arzt das Liquidationsrecht, so muss er für stationäre, teilstationäre sowie vor- und nachstationäre wahlärztliche Leistungen an das Krankenhaus von den erhaltenen Honoraren ein Nutzungsentgelt abführen. Die Kostenerstattung ist in § 19 Abs. 2 KHEntgG gesetzlich festgelegt, sie beträgt 40 % der Gebühr für technische Leistungen (z. B. Laborleistungen, Strahlenmedizin sowie MRT) und 20 % für die übrigen Leistungen. Berechnungsgrundlage ist die Gebühr nach der GOÄ vor Abzug der 25 % aufgrund von § 6a GOÄ. Die Kostenerstattung kann des Weiteren einen sog. Vorteilsausgleich umfassen. Dieser ist nicht gesetzlich vorgesehen, sondern wird vertraglich vereinbart. In der Praxis findet man regelmäßig Sätze in Höhe von 10 bis 20 %.

Die Tab. 3.2 zeigt exemplarisch die Bestimmung der verbleibenden Erlöse des liquidationsberechtigten Arztes ausgehend von ungeminderten Gebühren gemäß GOÄ.

Liquidationsberechtigte Ärzte beteiligen regelmäßig nachgeordnete Mitarbeiter an ihren Liquidationserlösen (sog. Poolbeteiligung). Die Beteiligung stellt einen Ausgleich dafür dar, dass die nachgeordneten Ärzte den liquidationsberechtigten Arzt bei der Ausübung seiner Tätigkeit unterstützen, aber selbst kein Liquidationsrecht haben. Inwieweit für die Beteiligung eine gesetzliche Pflicht besteht, regelt sich nach Landesrecht. Einige Bundesländer (z. B. Baden-Württemberg) sehen eine Verpflichtung zur Beteiligung zwingend vor. Die Poolregelungen sind in den Ländern in der Höhe der

Tab. 3.2 Berechnung der Erlöse des liquidationsberechtigten Arztes. *GOÄ* Gebührenordnung für Ärzte

	Ungeminderte Gebühren gemäß GOÄ	75.000 €
-	25 % Gebührenminderung gemäß § 6a GOÄ	18.750 €
-	Kostenerstattung gem. § 19 Abs. 2 KHEntgG 40 % für technische Leistungen (Annahme: 25.000 €) 20 % für sonstige Leistungen (Annahme: 50.000 €)	20.000 €
-	Vorteilsausgleich (Annahme: 10% der Liquidationseinnahmen nach Kostenerstattung)	3625 €
=	Verbleibende Erlöse des liquidationsberechtigten Arztes	32.625 €

Beteiligung sowie der zu beteiligenden Mitarbeitern unterschiedlich ausgestaltet. Auch wenn das Landesrecht keine Beteiligungspflicht vorsieht, ergibt sich diese jedoch aus dem Standesrecht der Ärzte eine Pflicht zur Beteiligung der nachgeordneten Ärzte (§ 29 Abs. 3 MBO-Ä).

§ 29 Abs. 3 MBO-Ä

Ärztinnen und Ärzte mit aus einem Liquidationsrecht resultierenden oder anderweitigen Einkünften aus ärztlicher Tätigkeit (z. B. Beteiligungsvergütung) sind verpflichtet, den von ihnen dazu herangezogenen Kolleginnen und Kollegen eine angemessene Vergütung zu gewähren bzw. sich dafür einzusetzen, dass die Mitarbeit angemessen vergütet wird.

Beispiel

Werden in der Berechnung (Tab. 3.2) beispielsweise weitere 20 % der Liquidationseinnahmen nach Kostenerstattung der Poolbeteiligung zugeführt (7250 €), so verbleiben dem liquidationsberechtigten Arzt letztendlich 25.375 € an Einnahmen.

3.6.4.2 Beteiligungsrecht

Beim Beteiligungsrecht wird die Erbringung wahlärztlicher Leistungen zur Dienstaufgabe erklärt. Der Arzt erhält dann regelmäßig nur ein Beteiligungsrecht an den erzielten Erlösen aus den wahlärztlichen Behandlungen, deren Höhe vertraglich fixiert wird (z. B. 30%).

3.6.5 Nichtärztliche Wahlleistungen

Für nichtärztliche Wahlleistungen existiert keine gesetzliche Gebührenordnung, lediglich unangemessen hohe Entgelte sind nach § 17 Abs. 1 Satz 3 KHEntgG unzulässig. Als Orientierung, was im Bereich Unterkunft ein angemessenes Entgelt ist, haben die Deutsche Krankenhausgesellschaft (DKG) und der Verband der Privaten Krankenversicherung eine Empfehlung zur Bemessung der Entgelte für nichtärztliche Wahlleistungen vereinbart (abrufbar unter https://www.dkgev.de).

Der Preis für die Wahlleistung Unterkunft setzt sich aus einer Basiskomponente (Grundzuschlag für Zweitbett- oder Einbettzimmer) sowie verschiedenen Komfortelementen (z. B. Sanitärzone, Größe und Ausstattung des Zimmers) zusammen. Zuschläge im Basisbereich sind nur dann abrechenbar, wenn die Leistung keine Regelleistung des Krankenhauses darstellt.

Gibt es im Krankenhaus nur Zweibett- und Einbettzimmer, so stellt das Zweibettzimmer den Standard dar. Für den Standard dürfen keine Zuschläge berechnet werden. Lediglich das Einbettzimmer stellt eine gesondert abrechenbare Wahlleistung dar.

Treten weitere Komfortelemente hinzu, können diese als Komfortzuschläge zusätzlich in Rechnung gestellt werden. Das Krankenhaus hat zunächst aufgrund einer Selbstprüfung abzugrenzen, welche Komfortelemente überhaupt abrechenbar sind und sich dann innerhalb der Komfortblöcke durch wirklichkeitsnahe Schätzung gemäß den in der Vereinbarung genannten Anhaltspunkten einzustufen. Bei der Einstufung ist auch der Aspekt der Qualität der Komfortelemente angemessen zu berücksichtigen. Können keine Komfortelemente dieser Kategorie berechnet werden, ergibt die Einstufung 0 €. Liegen alle Komfortelemente in hoher Qualität vor, kann der Höchstbetrag dieser Kategorie in Ansatz gebracht werden. Die Vereinbarungspartner gehen davon aus, dass im Regelfall ein mittleres Preisniveau angemessen ist. Auf Anforderung des Verbands der Privaten Krankenversicherung (PKV) hat das Krankenhaus geeignete Nachweise für die gemachten Angaben zu erbringen. Die Leistungslegende der Vereinbarung ist abschließend und definiert einen Standard, den die PKV bereit ist, in ihren Tarifen Unterkunft zu finanzieren. Darüber hinausgehende Leistungen können nur nach Zustimmung des Verbands der PKV über den Unterkunftszuschlag abgerechnet werden. Liegt diese nicht vor, kommt nur eine Abrechnung als Selbstzahlerleistung gegenüber dem Patienten in Betracht. Ein Komfortelement kann grundsätzlich nur dann in die Bewertung einfließen, wenn es sich bei diesem Komfortelement um andere als die allgemeinen Krankenhausleistungen handelt. Ausschlaggebend ist dabei die entsprechende bettenführende Fachabteilung. Stellt das Zweibettzimmer den Regelleistungsstandard in einer bettenführenden Fachabteilung dar, ist eine isolierte Abrechnung ausschließlich von Komfortelementen als Komfortzuschlag möglich. Dieser ist in den Wahlleistungsvereinbarungen und den Abrechnungen ausdrücklich als Komfortzuschlag zu bezeichnen; eine Berechnung des Basispreises ist nicht möglich. Eine Reservierung bzw. das Freihalten eines Einbettzimmers (z. B. bei Aufenthalt auf der Intensivstation) ist nur dann berechenbar, wenn dies ausdrücklich mit dem Patienten vereinbart wurde und ein Zeitraum von vier Tagen nicht überschritten wird. In dieser Zeit darf das Zimmer nicht anderweitig belegt werden. Für die Tage des Freihaltens ist der Gesamtpreis des Zimmers um 25 % zu mindern, wobei der Basispreis nicht unterschritten werden darf. Eine gesonderte Berechnung der Reservierung bzw. des Freihaltens eines Zweibettzimmers ist nicht möglich. Der Entlassungstag kann nicht berechnet werden.

Komfortelemente
Abschnitt 1 der Vereinbarung beinhaltet Komfortelemente für den Bereich Sanitärzone: Folgende Aspekte werden als mögliche zusätzlich in Rechnung stellbare Leistungen definiert:

- *Separates WC*
  Das WC ist in einer direkt oder nur vom Krankenzimmer erreichbaren separaten sanitären Anlage oder es ist für den Wahlleistungspatienten ein über den Flur erreichbares separates WC vorgesehen.

- *Separate Dusche*
  Die Dusche ist in einer direkt oder nur vom Krankenzimmer erreichbaren separaten sanitären Anlage. Alternativ ist eine über den Flur erreichbare separate Duschanlage vorhanden, die nur dem konkreten Wahlleistungspatienten zur Verfügung steht.
- *Besondere Größe der Sanitärzone*
  Eine Größe über vier Quadratmeter ist erforderlich.
- *Sonstige Sanitärausstattung*
  Besondere Ausstattung sind z. B. Spiegel, gefällige Beleuchtung, Waschtische, Stauräume, Ablagen und Sitzgelegenheiten für den Patienten.
- *Zusatzartikel Sanitär*
  Bademäntel, Frotteehandtücher, Fön, Dusch- und Waschsets werden den Patienten zur Verfügung gestellt.

Die Preisspanne reicht im Jahr 2019 von 0 bis 12,14 € im Doppelzimmer und 16,20 € im Einzelzimmer.

3.6.6 Selbstzahlerleistungen

Liegt keine Erkrankung vor, die eine Behandlung aus medizinischen Gründen notwendig macht, hat der Patient keinen Erstattungsanspruch. Beispiele sind:

- Schönheitsoperationen (Nasenkorrekturen, Brustvergrößerungen etc.)
- Fettabsaugungen
- Medizinisch nicht indizierte Sterilisationen
- Medizinisch nicht indizierte verlängerte Verweildauer im Krankenhaus auf Patientenwunsch

Die Leistungen unterscheiden sich von Wahlleistungen durch das Fehlen eines Zusammenhangs mit einer allgemeinen Krankenhausleistung. Die Vergütung derartiger Leistungen kann frei vereinbart werden, z. B. in Anlehnung an GOÄ oder nach einem sonstigen Haustarif. Grenze für die Vereinbarung der Entgelte ist ein offensichtliches Missverhältnis der selbstdefinierten Pauschalen mit der Vergütung vergleichbarer Leistungen. Die Möglichkeit einer freien Preisvereinbarung gilt auch für die anlässlich einer Krankenhausbehandlung auf Wunsch des Patienten erbrachten medizinischen Wahlleistungen (z. B. erweiterte Labordiagnostik). Auch diese Leistungen würden nämlich außerhalb des Versorgungsauftrags des Krankenhauses erbracht, sodass sie nicht den Abrechnungsbestimmungen des Krankenhausentgeltgesetzes unterliegen, Für nichtmedizinische Wahlleistungen, die nicht über eine Versicherung erstattet werden, gelten die gleichen Maßstäbe, als wären diese als Wahlleistung erstattungsfähig. Ist eine Erstattung durch eine Versicherung generell nicht möglich, kann die Vergütung frei ausgehandelt werden. Einen besonderen Bereich der Selbstzahler stellen ausländische Patienten dar.

3.7   Pauschalierendes Entgeltsystem Psychiatrie und Psychosomatik

Mit dem Krankenhausfinanzierungsreformgesetz (KHRG) wurde den Selbstverwaltungs-partnern der Auftrag erteilt, ein neues Entgeltsystem für den Bereich der Psychiatrie, Psychotherapie und Psychosomatik zu entwickeln. Der finanzierungsrechtliche Rahmen wird durch das Gesetz zur Einführung eines pauschalierenden Entgeltsystems für psychiatrische und psychosomatische Einrichtungen (PsychEntgG) geregelt, das am 1. Januar 2013 in Kraft getreten ist. Für das Jahr 2013, dem ersten Jahr der Anwendung des neuen PEPP, konnten sich die Selbstverwaltungspartner nicht auf einen Entgeltkatalog einigen, sodass das System durch Ersatzvornahme durch das Bundesministerium für Gesundheit (BMG) vorgegeben wurde. In den Folgejahren gelang es nach intensiven Verhandlungen, die Ausgestaltung des PEPP durch die Selbstverwaltung zu regeln, dennoch ist das System bis heute umstritten.

Für Krankenhäuser ist die Teilnahme erst nach den sog. Optionsjahren verpflichtend, ursprünglich sollte dies ab dem Jahr 2015 der Fall sein. Mit dem GKV-Finanzstruktur- und Qualitäts-Weiterentwicklungsgesetz (GKV-FQWG) wurde die Optionsphase erst-malig um zwei Jahre verlängert. Die verpflichtende Anwendung sollte demnach ab dem Jahr 2017 erfolgen. Das Gesetz zur Weiterentwicklung der Versorgung und Vergütung für psychiatrische und psychosomatische Leistungen (PsychVVG) führte jedoch zu einer weiteren Verschiebung um ein Jahr. Erst seit 2018 müssen alle Einrichtungen das neue Entgeltsystem anwenden, alles bis Ende 2019 unter budgetneutralen Bedingungen.

Die im Anschluss an die budgetneutrale Phase ursprünglich vorgesehene Konvergenz-phase hatte zum Ziel, die Vergütung der Krankenhäuser stufenweise von krankenhaus-individuellen Basisfallwerten auf landesweit gültige Basisentgeltwerte umzustellen. Die Phase entfällt nun jedoch, die Finanzierung psychiatrischer und psychosomatischer Krankenhausleistungen wird zukünftig weiterhin krankenhausindividuell, zunächst wie bisher auf Basis der Psychiatrie-Personalverordnung (Psych-PV), ab 2020 dann auf Basis von Personalvorgaben des Gemeinsamen Bundesausschusses (G-BA) erfolgen. Über einen Krankenhausvergleich sollen die Budgets einander angepasst werden.

3.7.1   Wichtige Begrifflichkeiten im Pauschalierenden Entgeltsystem Psychiatrie und Psychosomatik

PEPP ist ein Patientenklassifikationssystem, das auf Grundlage einer tagesbezogenen Kostenkalkulation in einer klinisch relevanten und nachvollziehbaren Weise Art und Anzahl der behandelten Krankenhausfälle in Bezug zum Ressourcenverbrauch des Krankenhauses setzt. Die Eingruppierung nach PEPP ist somit Grundlage der leistungs-orientierten tagesbezogenen Entgelte nach §17d KHG. Die Gültigkeit des Entgeltsystems erstreckt sich auf Einrichtungen im Geltungsbereich des §17d KHG. Die Abkürzung PEPP wird sowohl für das Entgeltsystem im Allgemeinen als auch für die einzelnen Fall-gruppen verwendet:

▶ **Wichtig**

Strukturkategorie (SK)

Bezeichnet eine Kategorie, die vornehmlich über strukturelle Kriterien wie z. B. die Fachabteilung definiert wird.

Basis-PEPP (BPEPP)

Eine Basis-PEPP wird grundsätzlich durch die gleiche Liste von Diagnose- oder Prozedurencodes definiert.

PEPP

Innerhalb einer BPEPP unterscheiden sich die PEPP durch ihren Ressourcen-verbrauch und sind anhand unterschiedlicher Faktoren wie komplizierende Diagnosen bzw. Prozeduren oder Alter untergliedert.

Grouper

Grouper ist analog zum DRG-System eine Software zur Zuordnung von Behandlungsepisoden zu Strukturkategorie, Basis-PEPP und PEPP.

3.7.2   Klassifikation des Pauschalierenden Entgeltsystems Psychiatrie und Psychosomatik

▶ **Wichtig**

Das **Kürzel jeder PEPP** besteht aus fünf alphanumerischen Zeichen (z. B. PA04A). Das Grundschema ist nach dem Muster AB##S aufgebaut.

Die Zeichen haben die folgende Bedeutung:

- **AB** verweisen auf die Strukturkategorie, der die PEPP angehört.
- **##** gibt die Basis-PEPP innerhalb der der Strukturkategorie sowie die gruppierungsrelevante Diagnosegruppe an.
- **S** kennzeichnet die Einteilung der PEPP innerhalb einer Basis-PEPP anhand ihres Ressourcenverbrauchs.

Das *erste Zeichen (A)* des PEPP-Kürzels ist ein Buchstabe, wobei P für einen voll-stationären Behandlungsfall steht. T steht für teilstationäre PEPP.

Das *zweite Zeichen (B)* kann ein Buchstabe oder eine Zahl sein. Die Zahl 0 zeigt an, dass es sich um eine Prä-PEPP handelt. Der Buchstabe A verweist auf eine PEPP der (Allgemein-)Psychiatrie, das P auf PEPP der Psychosomatik und das K auf PEPP der Kinder- und Jugendpsychiatrie.

Das *dritte und vierte Zeichen* sind zwei Ziffern. In der Prästrukturkategorie und bei den Fehler-PEPP wird beginnend mit 01 durchnummeriert. In allen anderen Struktur-kategorien verweisen die Ziffern auf eine an die Klassifikation des ICD-10 angelehnte Diagnosegruppe. Diese Diagnosegruppe ist für die entsprechende PEPP gruppierungs-relevant und namensgebend. Nicht alle Diagnosegruppen enthalten in der jeweili-gen Strukturkategorie genügend Fälle, um eine eigene PEPP zu bilden. In diesem Fall werden Diagnosegruppen zusammengefasst und die PEPP trägt i. d. R. den Namen und das Kürzel der fallzahlstärksten Diagnosegruppe.

Das *fünfte Zeichen* einer jeden PEPP-Bezeichnung dient zur Einteilung von PEPP innerhalb einer Basis-PEPP bezogen auf den Ressourcenverbrauch.

3.7.3 Gruppierungsprozess

Der PEPP-Grouper verwendet für die Ermittlung des Entgelts folgende Variablen:

- Aufnahme- und Entlassdatum
- Diagnosen
- Prozeduren (gegebenenfalls mit Seitenkennzeichen)
- Prozedurendatum
- Geschlecht
- Alter
- Aufnahmeanlass
- Aufnahmegrund
- Entlassungsgrund
- Verweildauer
- Urlaubstage
- Fachabteilung
- Status der Verweildauer „ein Belegungstag"
- Dauer der maschinellen Beatmung

Der Grouper führt die folgenden Aufgaben in der angegebenen Reihenfolge aus:

1. Überprüfung demografischer und klinischer Merkmale
2. Prä-PEPP-Verarbeitung mit
3. Verteilung der Fälle in die Strukturkategorien
4. Gegebenenfalls Gruppierung in eine Basis-PEPP der Prä-PEPP
5. Zuordnung zur Basis-PEPP innerhalb der Strukturkategorien
6. Zuordnung zur PEPP innerhalb Basis-PEPP

Überprüfung demografischer und klinischer Merkmale
Vor der Strukturkategoriezuordnung überprüft der Grouper anhand von demografischen und klinischen Merkmalen die Gültigkeit der für die Gruppierung verwendeten Variablen. Die Plausibilitätsprüfung der klinischen Merkmale dient zur Überprüfung aller Diagnose- und Prozedurencodes in Bezug auf die ICD und den OPS sowie hinsichtlich des Alters. Auch die Zulässigkeit der Hauptdiagnose wird überprüft.

Strukturkategoriezuordnung
Im nächsten Schritt wird die Behandlungsepisode einer Strukturkategorie (SK) zugeordnet. Diese Zuordnung erfolgt primär anhand des Aufnahmegrunds (möglich sind teilstationär, stationsäquivalente Behandlung und vollstationär) und der verwendeten Fachabteilungsschlüssel. Die Zuordnung erfolgt hierarchisch, wobei zunächst die teil-stationären SK, dann die SK der stationsäquivalenten Behandlung und zuletzt die voll-stationären SK im SK-Zuordnungsalgorithmus abgefragt werden. Innerhalb der SK mit gleichem Aufnahmegrund stehen die PEPP der Kinder- und Jugendpsychiatrie vor denen der Psychosomatik. In den SK Psychiatrie werden alle Fälle zusammengefasst, die weder die Bedingungen der Psychosomatik noch der Kinder- und Jugendpsychiatrie erfüllen.

Prä-PEPP-Zuordnung
Die Prä-PEPP-Verarbeitung dient neben der SK-Zuordnung auch der Identifikation besonders kostenintensiver Fälle. Diese werden in Prä-PEPP gruppiert, die nach dem Ressourcenverbrauch geordnet sind. Hauptsignal eines hohen Ressourcenverbrauchs sind Prozeduren des OPS, wie beispielsweise die 1:1-Betreuung bei Erwachsenen.

Zuordnung zu Basis-PEPP
In der Prä-SK werden Behandlungsepisoden den Basis-PEPP im Regelfall aufgrund der dokumentierten Prozedurencodes zugeordnet. In den anderen SK erfolgt diese Zuordnung vorrangig durch Diagnosecodes. Über Prozedurencodes oder Nebendiagnosebedingungen definierte PEPP werden hierarchisch nach abnehmendem Ressourcenverbrauch abgefragt.

PEPP-Zuordnung
PEPP innerhalb einer Basis-PEPP unterscheiden sich durch ihren Ressourcenverbrauch. Sie sind durch die Faktoren Hauptdiagnose, Nebendiagnose, Prozedur oder Alter unterteilt.

Stationsäquivalente Behandlung
Die Stationsäquivalente Behandlung (StäB) ist eine seit 2018 eingeführte Form der Krankenhausbehandlung. Sie wurde mit dem PsychVVG beschlossen und ist im §115d in Verbindung mit §39 Abs. 1 SGB V definiert. Da sie der stationären Krankenhausbe-handlung gleichgestellt ist (§39 Abs. 1 SGB V), erfolgt die Abbildung entsprechend der stationären oder teilstationären Behandlung innerhalb einer eigenen SK.

Fehler-PEPP
Bestimmte Datensätze, die klinisch untypische, ungültige oder widersprüchliche Infor-mationen enthalten, werden einer Fehler-PEPP zugewiesen.

Beispiel
- PF01Z Fehlkodierung bei erhöhtem Betreuungsaufwand bei Erwachsenen, 1:1-Betreuung, Kleinstgruppe und
- Krisenintervention
- PF96Z Nicht gruppierbar

Die PEPP PF96Z wird verwendet, wenn die Hauptdiagnose ungültig ist oder wichtige Informationen fehlen oder falsch sind. Diese PEPP wird sowohl für vollstationäre als auch für teilstationäre Behandlungsfälle benutzt.

3.7.4 Berechnung der Vergütung im Pauschalierenden Entgeltsystem Psychiatrie und Psychosomatik

Analog zum DRG-System muss der ermittelte Code noch in ein Entgelt transferiert werden. Folgende Faktoren sind dabei von Bedeutung:

- Basisentgeltwert
- Anzahl der Berechnungstage
- Effektive Bewertungsrelation pro Tag

Zur Veranschaulichung der Bestimmung des Rechnungsbetrags dient nachfolgendes Beispiel.

Beispiel

Ein Patient wurde am 01.01. auf einer allgemein-psychiatrischen Station vollstationär aufgenommen. Behandlungsgrund war eine schwere depressive Episode (F32.2). Entlassen wurde der Patient am 11.01. Auf Basis der codierten Daten wurde durch den Grouper die PEPP PA04C ermittelt. Bei einem Blick in den Katalog fällt auf, dass die effektive Bewertungsrelation pro Tag abhängig ist von der Anzahl der Berechnungstage.

Maßgeblich für die Abrechnung ist also die Zahl der Berechnungstage. Berechnungstage sind der Aufnahmetag sowie jeder weitere Tag des Krankenhausaufenthalts bzw. bei stationsäquivalenter Behandlung Tage mit direktem Patientenkontakt inklusive des Verlegungs- oder Entlassungstages aus dem Krankenhaus bzw. der stationsäquivalenten Behandlung. Wird ein Patient am gleichen Tag – gegebenenfalls auch mehrfach – aufgenommen und verlegt oder entlassen, gilt dieser Tag als Aufnahmetag und zählt als ein Berechnungstag.

Für jeden Wert an Berechnungstagen ist ein eigener Bewertungsrelationswert angegeben, ab einer gewissen Größenordnung (im Beispielfall 20) bleibt der Wert gleich, auch wenn die Berechnungstage diesen Wert überschreiten.

Im Beispiel beträgt die Anzahl der Belegungstage 11. Gemäß Tabelle wird bei 11 Tagen ein Wert von 0,9873 an Bewertungsrelation zugrunde gelegt, sodass sich die gesamte Bewertungsrelation wie folgt berechnet:

$$11 \times 0,9873 = 10,8603$$

Wird ein Basisentgeltwert von 240,22 € angenommen, ergibt sich ein Entgelt in folgender Höhe:

$$10,8603 \times 240,22 \text{ €} = 2608,86 \text{ €}$$

3.7.5 Regelungen bei Wiederaufnahmen

Eine Zusammenfassung der Aufenthaltsdaten zu einem Fall und eine Neueinstufung in ein Entgelt ist vorzunehmen, wenn ein Patient innerhalb von 14 Kalendertagen, bemessen nach der Zahl der Kalendertage ab dem Entlassungstag der vorangegangenen Behandlung wieder aufgenommen wird und in dieselbe Strukturkategorie einzustufen ist. Eine Zusammenfassung und Neueinstufung ist nur vorzunehmen, wenn ein Patient innerhalb von 90 Kalendertagen ab dem Aufnahmedatum des ersten unter diese Vorschrift der Zusammenfassung fallenden Krankenhausaufenthalts wiederaufgenommen wird. Bei der Neueinstufung ist ein Entgelt mit den Daten aller zusammenzufassenden Krankenhausaufenthalte zu ermitteln. Als Hauptdiagnose des zusammengefassten Falls ist die Hauptdiagnose des Aufenthalts mit der höchsten Anzahl an Berechnungstagen zu wählen. Bei mehr als zwei zusammenzufassenden Aufenthalten sind die Berechnungstage einzelner Aufenthalte mit gleicher Hauptdiagnose aufzusummieren und mit der Anzahl an Berechnungstagen der anderen Aufenthalte zu vergleichen. Ist die Anzahl der Berechnungstage für mehrere Hauptdiagnosen gleich hoch, so ist als Hauptdiagnose die Diagnose des zeitlich früheren Aufenthalts zu wählen.

3.7.6 Verlegungen

Bei einer Verlegung in ein anderes Krankenhaus rechnet jedes beteiligte Krankenhaus die Entgelte auf Basis der im eigenen Krankenhaus erfassten Daten ab. Eine Verlegung liegt immer dann vor, wenn zwischen der Entlassung aus einem Krankenhaus und der Aufnahme in ein anderes Krankenhaus nicht mehr als 24 h vergangen sind. Wird ein Patient in ein anderes Krankenhaus verlegt und von diesem oder einem anderen Krankenhaus in dasselbe Krankenhaus zurückverlegt, gelten die Regelungen zur Fallzusammenfassung entsprechend den Vorgaben zur Wiederaufnahme.

Unterliegt ein Krankenhaus neben dem Geltungsbereich der Bundespflegesatzverordnung auch dem Geltungsbereich des Krankenhausentgeltgesetzes, sind diese unterschiedlichen Geltungsbereiche im Fall von internen Verlegungen wie eigenständige Krankenhäuser zu behandeln. Bei Verlegungen innerhalb eines Krankenhauses am selben Kalendertag aus dem Geltungsbereich der Bundespflegesatzverordnung in den Geltungsbereich des Krankenhausentgeltgesetzes ist der Verlegungstag von der verlegenden Abteilung nicht abrechnungsfähig.

Wird ein Patient in demselben Krankenhaus sowohl vollstationär, stationsäquivalent oder teilstationär behandelt, so sind diese Fälle jeweils getrennt zu betrachten. Eine Zusammenfassung von vollstationären, stationsäquivalenten und teilstationären Behandlungsfällen erfolgt nicht. Innerhalb der Bereiche finden die Regelungen zur Wiederaufnahme und zur Verlegung Anwendung. Bei interner Verlegung bzw. Wechsel am selben Kalendertag zwischen vollstationärer, stationsäquivalenter oder teilstationärer

Behandlung innerhalb des Geltungsbereichs der Bundespflegesatzverordnung, ist dieser Verlegungstag für den verlegenden Bereich nicht abrechnungsfähig.

3.7.7 Zusatzentgelte

Zusätzlich zu den mit Bewertungsrelationen bewerteten Entgelten können bundeseinheitliche Zusatzentgelte nach dem Zusatzentgeltekatalog nach Anlage 3 des PEPP-Entgeltkatalogs abgerechnet werden. Ergänzend sind auch ergänzende Tagesentgelte nach Anlage 5 abrechenbar.

Für die in Anlage 4 benannten, mit dem bundeseinheitlichen Zusatzentgeltekatalog nicht bewerteten Leistungen vereinbaren die Vertragsparteien nach § 11 BPflV krankenhausindividuelle Zusatzentgelte nach § 6 Absatz 1 BPflV. Können für die Leistungen nach Anlage 4 aufgrund einer fehlenden Vereinbarung für den Vereinbarungszeitraum noch keine krankenhausindividuellen Zusatzentgelte abgerechnet werden, gilt der jeweils für solche Fälle vorgesehene Abrechnungssatz des § 5 der PEPPV.

Literatur

Gemeinsame Empfehlung gemäß 22 Absatz 1 BPflV/17 Absatz 1 KHEntgG zur Bemessung der Entgelte für eine Wahlleistung Unterkunft zwischen dem Verband der Privaten Krankenversicherung, Köln und der Deutschen Krankenhausgesellschaft, Düsseldorf. https://www.dkgev.de/media/file/7801.DKG-PKV_Empfehlung_gem_§_22_BPflV_Wahlleistung_Unterkunft.pdf.

Kolb, T. (2011). *Grundlagen der Krankenhausfinanzierung.* Kulmbach: Mediengruppe Oberfranken – Buch- und Fachverlage GmbH & Co. KG.

Münzel, H., & Zeiler, N. (2010). *Krankenhausrecht und Krankenhausfinanzierung.* Stuttgart: Kohlhammer.

Schmola, G., & Rapp, B. (2014). *Grundlagen des Krankenhausmanagements. Betriebswirtschaftliches und rechtliches Basiswissen.* Stuttgart: Kohlhammer.

Kostenrechnung und Kalkulation diagnosebezogener Fallgruppen

4

4.1 Überblick über das interne Rechnungswesen

Die Umstellung auf ein fallpauschaliertes Vergütungssystem hat in den letzten Jahren auch zu Anpassungsmaßnahmen in der Kosten- und Leistungsrechnung geführt. Transparenz über das Leistungsgeschehen ist notwendig, um eine fundierte Grundlage zur Kostensteuerung zu haben.

Die Kosten- und Leistungsrechnung gliedert sich in zwei Teilbereiche. In der Kostenrechnung geht es um die Ermittlung der Kosten als betriebsbedingter und bewerteter Verbrauch an Gütern (z. B. Medikamente) und Dienstleistungen (z. B. Fremdleistungen durch andere Institutionen). Die Leistungsrechnung will das Ergebnis des Betriebsprozesses über die Erfassung der Erlöse wertmäßig rechnerisch abbilden. Der Vergleich von Kosten und Leistungen ermöglicht eine Beurteilung und Kontrolle der Wirtschaftlichkeit und ist damit Basis aller kostenrelevanten Entscheidungen.

Während die Finanzbuchhaltung externen Zwecken dient, indem Informationen veröffentlicht werden, dient die Kosten- und Leistungsrechnung primär dazu, den internen Informationsbedarf zu decken. Konsequenterweise bestehen daher für die Kosten- und Leistungsrechnung grundsätzlich keine gesetzlichen Vorgaben. Der Bereich von Krankenhäusern stellt hier jedoch einen wichtigen Ausnahmebereich dar. Neben dem primären Ziel Daseinsfürsorge mit Gesundheitsleistungen ist die Wirtschaftlichkeit als weiteres wichtiges und gleichrangig zu behandelndes Ziel der Krankenhäuser anzusehen. Dadurch, dass eine Mehrzahl der Leistungen eines Krankenhauses durch Sozialversicherungsträger finanziert sind, besteht naturgemäß ein Interesse der Kostenträger daran, einen Einblick in die Kosten von Behandlungen zu haben. Mit dieser Transparenz soll es ermöglicht werden, dass die Maßnahmen zu angemessenen Kosten erbracht werden und demnach angemessene Vergütungssätze aus Sicht der Kassen vereinbart werden können. Folglich ist die Kosten- und Leistungsrechnung im Krankenhaus gesetzlich geregelt, konkret im § 8 der KHBV. Demnach hat das Krankenhaus eine Kosten- und Leistungsrechnung zu

© Springer Fachmedien Wiesbaden GmbH, ein Teil von Springer Nature 2019
G. Schmola, *Jahresabschluss, Kostenrechnung und Finanzierung im Krankenhaus*,
https://doi.org/10.1007/978-3-658-20281-1_4

führen, die eine betriebsinterne Steuerung sowie eine Beurteilung der Wirtschaftlichkeit und Leistungsfähigkeit erlaubt. Diese muss zudem die Ermittlung der pflegesatzfähigen Kosten ermöglichen. Zur konkreten Umsetzung werden Mindestanforderungen definiert. Das Krankenhaus hat die aufgrund seiner Aufgaben und Struktur erforderlichen Kosten-stellen zu bilden. Es sollen, sofern hierfür Kosten und Leistungen anfallen, mindestens die Kostenstellen gebildet werden, die sich aus dem Kostenstellenrahmen der Anlage 5 ergeben. Die Kosten sind aus der Buchführung nachprüfbar herzuleiten. Die Kosten und Leistungen sind verursachungsgerecht nach Kostenstellen zu erfassen; sie sind darüber hinaus den anfordernden Kostenstellen zuzuordnen.

Wichtig ist, dass die Vorgaben der KHBV Mindestvorgaben darstellen. Dem Kranken-haus steht es somit frei, die eigene Kostenrechnung mit tieferem Detaillierungsgrad aus-zugestalten.

▶ **Wichtig**

Unabhängig von den gesetzlichen Vorgaben, verfolgt die **Kostenrechnung** drei Aufgaben, die sich in den Teilbereichen der Kostenrechnung widerspiegeln:
- *Kostenartenrechnung:* Zunächst werden die angefallenen Kosten systema-tisch erfasst. Die Kostenartenrechnung befasst sich dabei mit der Frage: Welche Kosten sind in welcher Höhe angefallen?
- *Kostenstellenrechnung:* Danach werden sie den Orten bzw. Bereichen des Anfalls und damit möglichst verursachungsgerecht zugeordnet. Damit soll die Frage beantwortet werden: Wo werden die unterschiedlichen Kosten verursacht?
- *Kostenträgerrechnung:* Zuletzt werden die Kosten in einem dritten Schritt den Objekten der Leistungserbringung zugewiesen. Es geht also darum herauszufinden, für welche Leistungen die Kosten angefallen sind.

4.2   Kostenartenrechnung

Die Gliederung der Kostenarten kann nach verschiedenen Ansätzen erfolgen. Der wichtigste Gliederungsansatz ist die Differenzierung nach der Art der verbrauchten Produktionsfaktoren.

In der KHBV findet sich eine Listung im Krankenhaus vorhandener Kostenarten durch die Vorgabe eines Kontenrahmens für die Buchführung (Anlage 6, Kontenklassen 6 und 7). Innerhalb der Kontenklasse findet eine weitere Differenzierung u. a. in Kontengruppen statt.

Die wichtigsten Kontengruppen sind:

60: Löhne und Gehälter

Erfasst werden die Löhne und Gehälter mit direktem Beschäftigungsverhältnis im Kranken-haus. Die Kosten umfassen alle Kosten, die dem Krankenhaus durch die Beschäftigung von ärztlichem und nichtärztlichem Personal entstehen. Nachgewiesen werden sämtliche Kosten für die Mitarbeiter des Krankenhauses, unabhängig davon, ob es sich um ein Arbeitnehmer- oder arbeitnehmerähnliches Verhältnis, um eine nebenberufliche Tätigkeit oder um eine nur vorübergehende oder aushilfsweise Tätigkeit handelt. Kosten für Personal ohne direktes Beschäftigungsverhältnis beim Krankenhaus werden den Sachkosten zugewiesen. Zu erfassen sind:

- *6000: Ärztlicher Dienst*
  Hierunter fallen alle Ärzte.
- *6001: Pflegedienst*
  Dieser Bereich umfasst die Pflegedienstleitung, das Pflege- und Pflegehilfspersonal. Dazu gehören auch Pflegekräfte in Intensivpflege und -behandlungseinrichtungen sowie Dialysestationen; ferner Schüler und Stationssekretärinnen, soweit diese auf die Besetzung der Stationen mit Pflegepersonal angerechnet werden.
- *6002: Medizinisch-technischer Dienst*
  Dem Medizinisch-technischen Dienst werden u. a. zugeordnet: Apothekenpersonal, Chemiker, Diätassistenten, Krankengymnasten, Physiotherapeuten, Logopäden, Masseure, medizinisch-technische Assistenten, Orthoptisten, Psychologen, Schreibkräfte im ärztlichen und medizinisch-technischen Bereich und Sozialarbeiter.
- *6003: Funktionsdienst*
  Zur Personalgruppe des Funktionsdiensts gehören z. B. Krankenpflegepersonal für den Operationsdienst, die Anästhesie, in der Ambulanz und in Polikliniken sowie Hebammen und Entbindungshelfer, Beschäftigungs-/Arbeits- und Ergotherapeuten, Krankentransportdienst.
- *6004: Klinisches Hauspersonal*
  Haus- und Reinigungspersonal der Kliniken und Stationen
- *6005: Wirtschafts– und Versorgungsdienst*
  Als Wirtschafts- und Versorgungsdienst werden u. a. bezeichnet: Desinfektion, Handwerker und Hausmeister, Küchen und Diätküchen (einschließlich Ernährungsberater), Wirtschaftsbetriebe (z. B. Metzgereien und Gärtnereien), Wäscherei und Nähstube.
- *6006: Technischer Dienst*
  Umfasst das Personal, das u. a. in den folgenden Bereichen bzw. mit folgenden Funktionen eingesetzt wird: Betriebsingenieure, Einrichtungen zur Versorgung mit Heizwärme, Warm- und Kaltwasser, Frischluft, medizinischen Gasen, Strom, Instandhaltung, z. B. Maler, Tapezierer und sonstige Handwerker
- *6007: Verwaltungsdienst*
  Personal der engeren und weiteren Verwaltung, der Registratur, ferner der technischen Verwaltung, sofern nicht beim Wirtschafts- und Versorgungsdienst erfasst, z. B. Aufnahme- und Pflegekostenabteilung, Bewachungspersonal, Botendienste (Postdienst), Kasse und Buchhaltung, Pförtner, Statistische Abteilung, Telefonisten, Verwaltungsschreibkräfte

- *6008: Sonderdienste*
  Als Sonderdienste werden beispielsweise bezeichnet: Oberinnen, Seelsorger, Kranken-
  fürsorger, Mitarbeiter, die zur Betreuung des Personals und der Personalkinder eingesetzt werden.
- *6010: Personal der Ausbildungsstätten*
  Hierzu zählen die Vergütungen für Lehrkräfte, die für diese Tätigkeit einen Arbeits-
  oder Dienstvertrag haben (eventuell anteilig); sonstige Entschädigungen, z. B. Honorare
  für nebenamtliche Lehrtätigkeit von Krankenhausmitarbeitern oder Honorare nicht fest
  eingestellter Lehrkräfte, sind dem Sachaufwand der Ausbildungsstätten zuzuordnen.
- *6011: Sonstiges Personal*
  Unter dem sonstigen Personal werden nachgewiesen: Famuli, Schüler, soweit diese
  auf die Besetzung der Stationen mit Pflegepersonal nicht angerechnet werden, Vor-
  schüler, Praktikanten jeglicher Art, soweit nicht auf den Stellenplan einzelner Dienstarten angerechnet.
- *6012: Nicht zurechenbare Personalkosten*
  Hier werden die Personalkosten nachgewiesen, die nicht einer der oben genannten
  Personalgruppen zugeordnet werden können. Dazu gehören z. B. die Umlagen, die
  von den kommunalen Krankenhäusern für pensionierte Beamte zu zahlen sind, die
  früher in den Krankenhäusern tätig waren, Umlagen der Berufsgenossenschaften,
  Schwerbehindertenabgaben, Kosten für einen krankenhausfremden betriebsärzt-
  lichen Dienst, nicht personengebundene Personalaufwendungen aus Gestellungsver-
  trägen, Aufwendungen für Altersversorgung und Ruhegehälter, soweit sie nicht nach
  Personalgruppen aufteilbar sind.

61: Gesetzliche Sozialabgaben

Hier sind die Arbeitgeberanteile zur Kranken-, Renten- und Arbeitslosenversicherung
sowie die Beiträge zur gesetzlichen Unfallversicherung zu buchen. In ihrer Höhe gesetzlich festgelegte Arbeitnehmeranteile, die ganz oder teilweise vom Arbeitgeber übernommen werden, sind als Löhne und Gehälter zu behandeln. Eine Differenzierung
analog der Aufteilung in 6000 bis 6012 ist vorzunehmen.

62: Aufwendungen für Altersvorsorge

Hier sind nur die Aufwendungen für Altersversorgung, und zwar Beiträge zu Ruhe-
gehalts- und Zusatzversorgungskassen sowie anderen Versorgungseinrichtungen, ferner
Ruhegehälter für ehemalige Mitarbeiter des Krankenhauses zu erfassen. Alle übrigen
freiwilligen Sozialleistungen gehören – soweit es nicht Beihilfen und Unterstützungen
sind – zu den sonstigen Personalaufwendungen. Eine Differenzierung analog der Aufteilung in 6000 bis 6012 ist vorzunehmen.

63: Aufwendungen für Beihilfen und Unterstützungen

Eine Differenzierung analog der Aufteilung in 6000 bis 6012 ist vorzunehmen.

64: Sonstige Personalaufwendungen

Hierunter fallen z. B. Erstattungen von Fahrtkosten zum Arbeitsplatz und freiwillige soziale Leistungen an die Mitarbeiter (freiwillige Weihnachtsgeschenke, Jubiläumsgeschenke und -zuwendungen, Zuschuss zum Mittagessen). Eine Differenzierung analog der Aufteilung in 6000 bis 6012 ist vorzunehmen.

65: Lebensmittel

Zu den Lebensmitteln zählen neben Fleisch-, Wurst-, Fisch- und Backwaren sowie Getränken, Obst, Gemüse, Tiefkühlkost und Konserven auch die üblichen Kindernährmittel, Muttermilch und diätetische Nahrungsmittel. Diese Position umfasst auch die Kosten für eventuelle Untersuchungen von Lebensmittelproben sowie die mit den Lieferungen anfallenden Frachtkosten. In der Kostenposition ist sowohl der Aufwand für die Patienten als auch für das Personal enthalten.

66: Medizinischer Sachbedarf

Der medizinische Bedarf setzt sich zusammen aus: Arzneimitteln, Blut/Blutkonserven/Blutplasma, Verband-/Heil- und Hilfsmitteln, ärztlichem und pflegerischem Verbrauchsmaterial/Instrumenten, Narkose- und sonstigem OP-Bedarf, Laborbedarf, Implantaten, Transplantaten, Dialysebedarf, Kosten für Krankentransporte und sonstiger medizinischer Bedarf.

67: Wasser, Energie, Brennstoffe

Hierzu zählen z. B. Wasser einschließlich Abwasser, Strom, Fernwärme, Öl, Kohle, Gas.

68: Wirtschaftsbedarf

Der Kostenart Wirtschaftsbedarf werden u. a. zugeordnet: Reinigungs-/Desinfektionsmittel, Wäschereinigung/-pflege, Treibstoffe und Schmiermittel, Gartenpflege, Reinigung durch fremde Betriebe, kultureller Sachaufwand für den betrieblichen Bereich (z. B. Gottesdienste, Patientenbücherei, Musik- und Theateraufführungen).

69: Verwaltungsbedarf

Die Kosten für den Verwaltungsbedarf umfassen u. a. Büromaterialien, Druckarbeiten, Porti, Postfach- und Bankgebühren, Fernsprech- und Fernschreibanlagen, Rundfunk und Fernsehen, Personalbeschaffungskosten, Reisekosten, Fahrgelder, Spesen, EDV- und Organisationsaufwand.

70: Aufwendungen für zentrale Dienstleistungen

- *Zentrale Verwaltungsdienste*
  Zentrale Verwaltungsdienste sind Leistungen zentraler Stellen der Trägerverwaltung, soweit es sich um betriebliche und nicht um aufsichtsbehördliche Leistungen handelt. Außerdem gehören dazu Leistungen, die von Einrichtungen erbracht werden, die

der Krankenhausträger unabhängig vom Krankenhausbetrieb oder in Verbindung mit einem Krankenhaus für mehrere eigene Krankenhäuser betreibt.

- *Zentrale Gemeinschaftsdienste*
  Als zentrale Gemeinschaftsdienste sind Gemeinschaftswäschereien, Zentralapotheken, Zentralküchen, zentrale EDV-Anlagen, Zentraleinkauf usw. anzusehen, die von mehreren Krankenhäusern gemeinsam betrieben werden.

71: Wiederbeschaffte Gebrauchsgüter (soweit Festwerte gebildet wurden)

Soweit Festwerte gebildet wurden, werden die Kosten für Anlagegüter mit einer durchschnittlichen Nutzungsdauer von bis zu drei Jahren (§ 2 Nr. 2 AbgrV), wie z. B. Dienst- und Schutzkleidung, Wäsche, Textilien, Glas- und Porzellanartikel, Atembeutel, Heizdecken und -kissen, Bild-, Ton- und Datenträger bei den wiederbeschafften Gebrauchsgütern erfasst.

72: Pflegesatzfähige Instandhaltungen

Nach § 4 Abgrenzungsverordnung (AbgrV) sind Instandhaltungskosten Kosten der Erhaltung oder Wiederherstellung von Anlagegütern des Krankenhauses, wenn dadurch das Anlagegut in seiner Substanz nicht wesentlich vermehrt, in seinem Wesen nicht erheblich verändert, seine Nutzungsdauer nicht wesentlich verlängert oder über seinen bisherigen Zustand hinaus nicht deutlich verbessert wird bzw. wenn dadurch in baulichen Einheiten Gebäudeteile, betriebstechnische Anlagen und Einbauten oder Außenanlagen vollständig oder überwiegend ersetzt werden. Pflegesatzfähig sind nur die Kosten von Leistungen (hier: Instandhaltungen), die für den Bereich der voll- und teilstationären Krankenhausleistungen sowie im Fall des Erlösabzugs für vor- und nachstationäre Leistungen erbracht wurden.

73: Steuern, Abgaben, Versicherungen

- *Steuern*
  Zu den Steuern zählen Grundsteuer, Kfz-Steuer u. ä., nicht jedoch Lohn-, Kirchen-, Umsatz- und Grunderwerbssteuer.
- *Versicherungen*
  Den Versicherungskosten werden Prämien für Sachversicherungen (Feuer, Haftpflicht, Glasbruch, Einbruch, Betriebsunterbrechung usw.) zugeordnet.
- *Abgaben*
  Hierzu zählen u. a. Gemeindeabgaben, Schornsteinfegergebühren und Kosten für Müllabfuhr.

74: Zinsen und ähnliche Aufwendungen

Hierzu gehören z. B. Zinsen für Betriebsbauten und Wohnbauten sowie Zinsen für Einrichtungen und Zinsen für sonstiges Fremdkapital.

75: Auflösung von Ausgleichsposten und Zuführungen der Fördermittel nach dem KHG zu Sonderposten oder Verbindlichkeiten

Folgende Unterpositionen umfasst dieser Bereich:

- Auflösung des Ausgleichspostens aus Darlehensförderung
- Auflösung des Ausgleichspostens für Eigenmittelförderung
- Zuführungen der Fördermittel nach dem KHG zu Sonderposten oder Verbindlichkeiten
- Zuführung zu Ausgleichsposten aus Darlehensförderung
- Zuführung von Zuweisungen oder Zuschüssen der öffentlichen Hand zu Sonderposten oder Verbindlichkeiten
- Zuführung der Nutzungsentgelte aus anteiligen Abschreibungen medizinisch-technischer Großgeräte zu Verbindlichkeiten nach dem KHG

76: Abschreibungen

Hierzu zählen folgende Posten:

- Abschreibungen auf immaterielle Vermögensgegenstände
- Abschreibungen auf Sachanlagen
- Abschreibungen auf wiederbeschaffte Gebrauchsgüter
- Abschreibungen auf Finanzanlagen und auf Wertpapiere des Umlaufvermögens
- Abschreibungen auf Forderungen
- Abschreibungen auf sonstige Vermögensgegenstände
- Abschreibungen auf Vermögensgegenstände des Umlaufvermögens, soweit diese die im Krankenhaus üblichen Abschreibungen überschreiten

77: Aufwendungen für die Nutzung von Anlagegütern nach § 9 Abs. 2 Nr. 1 KHG

78: Sonstige Aufwendungen

In der Sammelposition Sonstiges werden die Kosten für Mieten und Pachten, Sachaufwand der Fort- und Weiterbildung, Prämien im Rahmen des betrieblichen Vorschlagswesens usw. erfasst. Darüber hinaus sind die Aufwendungen aus Ausbildungsstättenumlage sowie der Sachaufwand der Ausbildungsstätten Bestandteile dieser Kontengruppe.

79: Übrige Aufwendungen

Zu den übrigen Posten gehören

- Aufwendungen aus Ausgleichsbeträgen für frühere Geschäftsjahre,
- Aufwendungen aus dem Abgang von Gegenständen des Anlagevermögens,
- periodenfremde Aufwendungen,
- Spenden und ähnliche Aufwendungen.

Innerhalb der Kostenrechnung können neben dem Gliederungsansatz der KHBV weitere Differenzierungen erfolgen.

Herkunft der Kostengüter

Die Unterscheidung der Kostenarten erfolgt nach primären und sekundären Kosten. Primäre Kosten sind die Kosten der von außerhalb des Unternehmens bezogenen Wirtschaftsgüter. Ihnen liegen die Faktormengen der Waren bzw. Dienstleistungen zugrunde, die das Krankenhaus von den Beschaffungsmärkten (also von außen) bezogen hat. Beispiele sind

- Personalkosten,
- Kosten der Roh-, Hilfs- und Betriebsstoffe,
- Fremdleistungen bei Reinigung, Speisenversorgung.

Primär meint die Kostenentstehungsart:

- Welche Tätigkeiten sind in einer Kostenstelle durchzuführen und welche Mitarbeiter sind damit befasst? Welche Personalkosten entstehen dadurch?
- Welches Equipment (z. B. medizinische Geräte) ist für die Erstellung notwendig; welche Fläche wird dafür gebraucht?

Es entsteht jedoch eine weitere Frage, die aufzeigt, was mit sekundären Kosten gemeint ist: Welche Dienste anderer Stellen benötigt man, um die Leistung zu erbringen?

Im Krankenhaus kann der Bereich Station beispielsweise operative Leistungen aus dem Bereich OP in Anspruch nehmen. Dann entstehen in der Station, die Leistungen empfängt, sog. sekundäre Kosten.

Art der Zurechnung

Die Unterscheidung nach der Art der Zurechnung auf eine bestimmte Kostenstelle oder einen definierten Kostenträger wird durch Einzelkosten und Gemeinkosten beschrieben.

Einzelkosten werden auch als direkte Kosten bezeichnet. Sie können mengen- und wertmäßig einem einzelnen Kostenträger (z. B. einer bestimmten Fallpauschale) zugerechnet werden. Sie fließen daher direkt in die Kostenträgerrechnung ein. Beispielsweise kann genau ermittelt werden, für welche Fallpauschale eine bestimmte Endoprothese verwendet wurde. Alle anderen Kosten sind Gemeinkosten und werden in der Kostenstellenrechnung auf Kostenstellen verteilt.

Gemeinkosten können den einzelnen Kostenträgern nicht direkt zugerechnet werden. Sie fallen für mehrere oder sogar alle Kostenträger an. Die Gemeinkosten werden auch als indirekte Kosten bezeichnet. Beispiele sind

- Gehälter von Mitarbeitern (sofern diese nicht ausschließlich für einen einzigen Kostenträger eingesetzt werden),
- Kosten für Gebäude (Abschreibungen, Instandhaltung),
- Energiekosten,
- Kosten von Geräten (insbesondere Abschreibungen), sofern sie nicht ausschließlich für einen Kostenträger eingesetzt werden.

Eine weitere wichtige Unterscheidung in der Kostenrechnung ist die Differenzierung nach echten und unechten Gemeinkosten. Neben den nicht direkt zurechenbaren *echten Gemeinkosten* gibt es die sog. *unechten Gemeinkosten,* die zwar prinzipiell zurechenbar wären, bei denen dies aber aus Wirtschaftlichkeits- bzw. Praktikabilitätsüberlegungen heraus nicht gemacht wird. Zu den *unechten Gemeinkosten* zählen beispielsweise günstige Medikamente wie Aspirin. Eine Erfassung, welcher Patient wie viele Tabletten erhalten hat, wäre im Rahmen der Kostenrechnung zwar möglich, aber zeitaufwendig. Unechte Gemeinkosten werden daher analog den anderen echten Gemeinkosten über Schlüssel auf die Kostenträger umgelegt.

Zuletzt kann noch zwischen Stelleneinzelkosten und Stellengemeinkosten unterschieden werden. Die Personalkosten für den Pflegedienst auf einer Station können einer Kostenstelle direkt zugeordnet werden, sodass hierfür kein Schlüssel notwendig ist. Lediglich für die Verrechnung der Personalkosten auf den einzelnen Kostenträger ist ein Schlüssel erforderlich. Bei Stellengemeinkosten kann dagegen eine Zurechnung nur über Schlüssel erfolgen. So ist es beispielsweise nötig, einzelnen Stationen im Krankenhaus die Personalkosten der Personalabteilung anteilig zuzurechnen.

Abhängigkeit von Kosteneinflussgrößen
Man unterscheidet folgende vier Kosteneinflussgrößen:

- *Fixe Kosten*
  Hierunter fallen alle Kosten, die konstant bleiben, auch wenn sich eine Veränderung der Leistungen ergibt (z. B. erhöhte Patientenzahl). Man spricht auch von beschäftigungsunabhängigen Kosten. Beispiele sind
  – Versicherungen,
  – Personalkosten in Höhe einer erforderlichen Mindestbesetzung,
  – Vorhaltekosten wie z. B. Grundinstandhaltung von Gebäuden und Geräten,
  – Abschreibungen,
  – Mieten.
- *Variable Kosten*
  Im Gegensatz zu den fixen Kosten verändern sich die variablen Kostenbestandteile bei einer Veränderung der Leistungsmenge. Beispiele sind
  – Arzneimittel und
  – Lebensmittel.

- *Gemischt variable-fixe Kosten*
  In der täglichen Praxis eines Krankenhauses sind fixe und variable Kosten nicht immer nur in Reinform anzutreffen. Vielmehr liegen meist gemischt variable-fixe Kosten vor. Bei den Personalkosten ist es beispielsweise durch Überstunden möglich, geringfügig beschäftigte Mitarbeiter oder Honorarkräfte einen – wenn auch kleinen – Anteil zu flexibilisieren. Ebenso ist ein Teil der Wasser- und Energieversorgung abhängig von der Beschäftigung. Ein Mehr an Belegung führt zu einem Anstieg des Verbrauchs, wenngleich der größte Teil der Ausgaben in diesem Bereich fixe Kosten der Wasser- und Energiegrundversorgung eines Krankenhauses sind.
- *Sonderform der sprungfixen Kosten*
  Beim Großteil der Personalkosten festangestellter Mitarbeiter handelt es sich um fixe Kosten. Bis zu einer bestimmten Beschäftigungsmenge sind die Kosten immer dieselben. Überschreitet man diese Menge, so ist es erforderlich, neue Mitarbeiter einzustellen, sofern nicht die Mehrleistung über Überstunden oder Honorarkräfte abgefangen werden kann. So kann ein Operateur eben nur eine bestimmte Menge an Operationen pro Tag erbringen; ist die Nachfrage, die befriedigt werden soll, höher, muss man zusätzliches Personal einstellen. Die Personalkosten steigen dann sprunghaft an.

4.3   Kostenstellenrechnung

Kostenstellen sind Bereiche eines Krankenhauses, in denen Leistungen erstellt und Kosten verursacht werden. Die KHBV sieht verbindlich vor, das Kostenstellen gebildet werden müssen. Die Kostenstellenrechnung verfolgt abrechnungsorientierte Ziele (im Wesentlichen die Verteilung der Einzel- und Gemeinkosten) sowie organisatorische Zielsetzungen. Hierunter fällt die Planung und spätere Kontrolle der betrieblichen Tätigkeit.

Kostenstellen sollen nach vier Grundsätzen gebildet werden (Keun und Prott 2008, S. 183):

- *Grundsatz der Eindeutigkeit*
  Kostenstellen müssen klar voneinander abgrenzbar sein. Nur so ist es möglich, alle Kosten eindeutig einer Kostenstelle zuzuordnen.
- *Grundsatz der Wirtschaftlichkeit*
  Die Tiefe der Kostenstellendifferenzierung sollte stets dahingehend hinterfragt werden, ob die durch die weitere Unterteilung verursachten Aufwendungen in Relation zu dem Mehrwert einer erhöhten Aussagekraft stehen.
- *Grundsatz der Identität von Kostenstellen und Verantwortungsbereich*
  Jede Kostenstelle sollte ein eigenständiger Verantwortungsbereich sein, dem ein Kostenstellenverantwortlicher zugeteilt ist. Nur so kann eine wirksame Kosten- und Wirtschaftlichkeitskontrolle erfolgen.
- *Grundsatz der eindeutigen Bezugsgrößenfindung*
  Bezugsgrößen sind Maßstäbe der Kostenverursachung und damit der Kostenverteilung. Je differenzierter die Kostenstellenbildung ist, desto einfacher ist es, klare Bezugsgrößen zu definieren. Zu beachten ist jedoch stets der Grundsatz der Wirtschaftlichkeit.

Als verpflichtende Rahmenvorgabe nimmt die Anlage 5 der KHBV eine Gliederung der Kostenstellen nach Funktionsbereichen vor. Den Krankenhäusern steht es jedoch frei, eine feinere Differenzierung unter Berücksichtigung der Grundsätze der Kostenstellenbildung vorzunehmen.

Für die Verrechnung ist die Unterscheidung in Vor- und Endkostenstellen von Relevanz. Die Vorkostenstellen leisten an andere Vorkostenstellen oder an Endkostenstellen. Die auf ihnen gesammelten Kosten werden über Schlüssel auf die Endkostenstellen verteilt. Vorkostenträger sind Kostenträger, die zum Zweck der innerbetrieblichen Leistungsverrechnung gebildet werden, z. B. für Laborleistungen. Die diesen Vorkostenträgern direkt oder über Schlüssel zugerechneten Kosten müssen dann auf die eigentlichen Leistungen (z. B. bestimmte Fallpauschale) verteilt werden. Die darunterfallenden Kostenstellen erbringen im Regelfall nur innerbetriebliche Leistungen, die nicht am Markt veräußert werden. Man bezeichnet diese Kostenstellen daher auch als Hilfskostenstellen. Zu den Vorkostenstellen zählen:

- 90 Gemeinsame Kostenstellen
  - 900 Gebäude einschließlich Grundstück und Außenanlagen
  - 901 Leitung und Verwaltung des Krankenhauses
  - 902 Werkstätten
  - 903 Nebenbetriebe
  - 904 Personaleinrichtungen (für den Betrieb des Krankenhauses unerlässlich)
  - 905 Aus-, Fort- und Weiterbildung
  - 906 Sozialdienst, Patientenbetreuung
- 91 Versorgungseinrichtungen
  - 910 Speisenversorgung
  - 911 Wäscheversorgung
  - 912 Zentraler Reinigungsdienst
  - 913 Versorgung mit Energie, Wasser, Brennstoffen
  - 914 Innerbetriebliche Transporte
  - 917 Apotheke/Arzneimittelausgabestelle (ohne Herstellung)
  - 918 Zentrale Sterilisation
- 92 Medizinische Institutionen
  - 920 Röntgendiagnostik und -therapie
  - 921 Nukleardiagnostik und -therapie
  - 922 Laboratorien
  - 923 Funktionsdiagnostik
  - 924 Sonstige diagnostische Einrichtungen
  - 925 Anästhesie, OP-Einrichtungen und Kreißzimmer
  - 926 Physikalische Therapie
  - 927 Sonstige therapeutische Einrichtungen
  - 928 Pathologie
  - 929 Ambulanzen

Daneben bestehen sog. Endkostenstellen. Die Kosten dieser Stellen werden im Rahmen der Kostenverrechnung nicht weiterverrechnet, da die Kosten direkt auf die Kostenträger verrechnet werden können. Endkostenstellen können sowohl Haupt- oder Nebenkostenstellen sein. Hauptkostenstellen sind Bereiche, in denen die eigentlichen betrieblichen Leistungen eines Krankenhauses erbracht werden. Hierunter fallen folgende Bereiche:

- 93 bis 95 Pflegefachbereiche – Normalpflege
  - 930 Allgemeine Kostenstelle
  - 931 Allgemeine Innere Medizin
  - 932 Geriatrie
  - 933 Kardiologie
  - 934 Allgemeine Nephrologie
  - 935 Hämodialyse/künstliche Niere (alternativ 962)
  - 936 Gastroenterologie
  - 937 Pädiatrie
  - 938 Kinderkardiologie
  - 939 Infektion
  - 940 Lungen- und Bronchialheilkunde
  - 941 Allgemeine Chirurgie
  - 942 Unfallchirurgie
  - 943 Kinderchirurgie
  - 944 Endoprothetik
  - 945 Gefäßchirurgie
  - 946 Handchirurgie
  - 947 Plastische Chirurgie
  - 948 Thoraxchirurgie
  - 949 Herzchirurgie
  - 950 Urologie
  - 951 Orthopädie
  - 952 Neurochirurgie
  - 953 Gynäkologie
  - 954 HNO und Augen
  - 955 Neurologie
  - 956 Psychiatrie
  - 957 Radiologie
  - 958 Dermatologie und Venerologie
  - 959 Zahn- und Kieferheilkunde, Mund- und Kieferchirurgie
- 96 Pflegefachbereiche – abweichende Pflegeintensität
  - 960 Allgemeine Kostenstelle
  - 961 Intensivüberwachung
  - 962 Intensivbehandlung
  - 964 Intensivmedizin

- 965 Minimalpflege
- 966 Nachsorge
- 967 Halbstationäre Leistungen – Tageskliniken
- 968 Halbstationäre Leistungen – Nachtkliniken
- 969 Chronisch und Langzeitkranke

Zu den Nebenkostenstellen zählen:

- 97 Sonstige Einrichtungen
  - 970 Personaleinrichtungen (für den Betrieb des Krankenhauses nicht unerlässlich)
  - 971 Ausbildung
  - 972 Forschung und Lehre
- 98 Ausgliederungen
  - 980 Ambulanzen
  - 981 Hilfs- und Nebenbetriebe

Nebenkostenstellen erbringen Leistungen, die nicht zum klassischen Leistungsangebot eines Krankenhauses gehören. Die Ausgliederung der Ambulanzen verfolgt den Zweck, die Kosten der Ambulanzen aufzuzeigen und den Erlösen gegenüberstellen zu können.

4.4   Kostenträgerrechnung

4.4.1   Bedeutung

Aufgabe der Kostenträgerrechnung ist es festzustellen, wofür Kosten entstanden sind. Unter einem Kostenträger sind alle betrieblichen Leistungen zu verstehen, die einen Güter- und Leistungsverzehr ausgelöst haben. Darunter fallen nicht nur Leistungen, die nach Außen abgegeben wurden (z. B. Behandlung eines Patienten), sondern auch innerbetriebliche Leistungen (z. B. Konsil einer Abteilung für eine andere Fachrichtung). Im Krankenhaus sind im Allgemeinen alle Leistungsempfänger, die Kosten verursacht haben, im Rahmen der Kostenrechnung als Kostenträger möglich. Neben Einzelleistungen (z. B. einzelne Röntgenaufnahme) kommen ebenso Leistungspakete, wie die Fallpauschale sie darstellen, infrage.

Die Kostenträgerrechnung bietet für das Management wichtige Informationen:

Ermittlung der Kosten je Leistungseinheit und Unterstützung der Planungs- und Kontrollmaßnahmen
Zentrale Aufgabe der Kostenträgerrechnung ist die Ermittlung der Kosten, um sie mit den erzielbaren Preisen zu vergleichen. Für DRG-Fallpauschalen können die internen Erstellungskosten bestimmt und den extern vorgegebenen Preisen gegenübergestellt werden. Somit kann ermittelt werden, mit welchen Leistungen das Krankenhaus Gewinne

erwirtschaftet und welche Fallpauschalen zu Verlusten führen. Folge kann sein, dass das Krankenhaus versucht, Spezialisierungen in bestimmten Behandlungsgruppen zu erreichen, um dort eine höhere Fallzahl anbieten zu können, oder versuchen wird, sich aus der Erbringung definierter Leistungen – sofern der Versorgungsauftrag dies zulässt – zurückzuziehen.

Bildung interner Verrechnungspreise
Mithilfe der Kostenträgerrechnung kann errechnet werden, welche Kosten die interne Erstellung von bestimmten Leistungen wie die radiologische Diagnostik verursachen. Diese können mit den Preisen externer Anbieter verglichen werden. Es ist dadurch möglich, Entscheidungen über die Fremdvergabe von Leistungen ökonomisch besser beurteilen zu können.

Ermittlung von Angebotspreisen und Preisuntergrenzen
Nimmt man an, dass beispielsweise eine benachbarte Rehabilitationsklinik um ein Angebot für die Übernahme von deren Speisenversorgung bittet, so muss die Klinik bestimmen können, was die internen Erstellungskosten sind. Mithilfe der Kostenträgerrechnung können diese als Grundlage für einen Angebotspreis bestimmt werden; zudem stellen die internen Erstellungskosten die Preisuntergrenze dar, also den Preis, der mindestens erzielt werden muss, damit das Krankenhaus kostendeckend arbeitet.

Die Kostenträgerrechnung umfasst zwei Teilbereiche, die Kostenträgerstück- und die Kostenträgerzeitrechnung. Die Kostenträgerstückrechnung wird auch als Kalkulation bezeichnet, diese sollte jedoch immer auch um die Kostenträgerzeitrechnung (Betriebsergebnisrechnung) ergänzt werden.

4.4.2   Kostenträgerstückrechnung

Die Kostenträgerstückrechnung ist eine einzelleistungsbezogene Rechnung. Durch die Zurechnung von Kosten auf einzelne Kostenträger werden die Herstellungs- und Selbstkosten je Leistungseinheit bestimmt. Die Kostenträgerstückrechnung kann als Vollkosten- und Teilkostenrechnung erstellt werden. Die Vollkostenrechnung verteilt die fixen und variablen (also die gesamten) Kosten auf die Kostenträger. Die Teilkostenrechnung berücksichtigt dagegen nur die variablen Kosten. Die Verrechnung der Kosten kann entweder auf Basis einer Divisionskalkulation (mit oder ohne Gewichtung) oder von Zuschlagsverfahren vorgenommen werden.

Die Kalkulation der DRG-Fallpauschalen basiert auf einer Verteilung der kompletten Kosten auf den Kostenträger DRG-Fallpauschale. Auf Basis aufbereiteter Kosten- und Leistungsdaten werden mithilfe eines einheitlichen Kalkulationsschemas die fallbezogenen Behandlungskosten je DRG-Fallgruppe bestimmt.

4.4.3 Kostenträgerzeitrechnung

Für die Steuerung eines Krankenhauses reicht es nicht ausschließlich aus, den Erfolg je Kostenträger (Stückerfolg) zu kennen, es sollte ebenso der Erfolg einzelner Bereiche sowie der Gesamterfolg der Klinik bekannt sein. Möglich ist dies durch die Gegenüberstellung der Umsatzerlöse und der Kosten der erstellten Leistungen der jeweiligen Teilbereiche. Das Ergebnis einer Abteilung ergibt sich aus den zusammengefassten Ergebnissen der einzelnen Kostenträger aus diesem Bereich.

Die Kostenträgerzeitrechnung bezieht sich folglich auf die Kosten einer Rechnungsperiode und nicht auf die einer einzelnen Leistung. Rechnet man neben den Kosten noch die Erlöse ein, so kann man das Betriebsergebnis bestimmen (Betriebsergebnisrechnung oder auch kurzfristige Erfolgsrechnung). Die Gegenüberstellung von Erlösen und Kosten zeigt die Zusammensetzung des Gesamtergebnisses nach Bereichen.

Die Kostenträgerzeitrechnung kann nach dem Gesamtkosten- und den Umsatzkostenverfahren durchgeführt werden. Beim Gesamtkostenverfahren werden alle Kosten einer Periode verrechnet; konkret bedeutet dies, dass Bestandsveränderungen wie z. B. durch Überlieger berücksichtigt werden müssen. Beim Umsatzkostenverfahren dagegen werden nur die Kosten der abgesetzten Leistungen berücksichtigt. Das Betriebsergebnis beruht damit auf der Differenz zwischen den erzielten Erlösen und den Selbstkosten der in der zugrunde liegenden Periode abgesetzten Leistungen. Betrachtet man die KHBV, so ist die Gewinn- und Verlustrechnung dort nach dem Gesamtkostenverfahren gegliedert. Faktisch wird daher in Kliniken das Gesamtkostenverfahren angewandt.

4.5   Kalkulation der Fallpauschalen der diagnosebezogenen Fallgruppen

4.5.1   Grundlagen der Kalkulation

Grundlage der Kalkulation der DRG-Fallpauschalen ist das durch die Deutsche Krankenhausgesellschaft (DKG), die Spitzenverbände der Krankenkassen (GKV) und den Verband der privaten Krankenversicherung (PKV) herausgegebene Kalkulationshandbuch. Dieses beschreibt systematisch als anwendungsorientierter Leitfaden die Methodik zur Kalkulation fallbezogener Behandlungskosten (DKG u. a. 2016, abrufbar unter https:// www.g-drg.de).

Kostenträger ist ein konkreter Behandlungsfall, die Kostenzurechnung folgt einem Vollkostenansatz auf Ist-Kostenbasis. Es werden bei der Kalkulation folglich tatsächlich angefallene Kosten von Krankenhäusern verwendet, wobei neben variablen auch fixe Kosten Eingang in die Berechnungen finden. Es werden alle Behandlungsfälle, Leistungen und Kosten des Krankenhauses einbezogen, die nach den rechtlichen Grundsätzen mit Fallpauschalen vergütet werden sollen. Vom DRG-System nicht erfasste Leistungs- und Kostenanteile sind aus der Kalkulationsbasis auszugliedern. Dies ist eine der ersten und zugleich auch eine der wichtigsten Aufgaben innerhalb der Kalkulation, um genaue Ergebnisse erhalten zu können.

▶ **Wichtig**

Bezugszeitraum der Kalkulation ist ein abgeschlossenes Kalenderjahr, wobei für die Kalkulation immer zwei Jahre alte Daten verwendet werden.

Grundlage für den DRG-Fallpauschalenkatalog 2019 sind die Ist-Daten aus Krankenhäusern des Jahres 2017.

Die für die Kalkulation verwendeten Kostendaten müssen aus dem testierten Jahresabschluss des Krankenhauses abgeleitet werden. Die Kostenzurechnung auf den Kostenträger unterscheidet zwischen Einzelkosten und Gemeinkosten. Einzelkosten sind für teure Sachgüter entsprechend dem für den einzelnen Kostenträger dokumentierten Verbrauch, bewertet mit Anschaffungspreisen, zuzurechnen. Im Kalkulationshandbuch gibt es genaue Angaben darüber, welche Kosten als Einzel- und welche als Gemeinkosten zu erfassen sind. Die Gemeinkostenzurechnung erfolgt über Bezugsgrößen, die für die Leistungsbereiche nach Kostenarten differenziert vorgegeben sind.

Basis der Kalkulation sind die in der KHBV definierten Aufwandsarten der Finanzbuchhaltung, die durch die Kostenstellenrechnung je Kostenstelle ausgewiesen werden. Es ist eine Bereinigung um die Kostenanteile vorzunehmen, die nicht im Zusammenhang mit den über DRG zu vergüteten Leistungen stehen. Anhand der zwischen den Kostenstellen bestehenden Leistungsbeziehungen werden im Zuge der sog. Innerbetrieblichen Leistungsverrechnung (kurz IBLV) die Kosten der indirekten Kostenstellen (erbringen keine Leistungen am Patienten) auf die direkten Kostenstellen (Leistungserbringung unmittelbar für Patienten) verteilt. Für dieses Verfahren gibt das Handbuch einheitlich zu verwendende Verrechnungsschlüssel vor.

Bezogen auf den einzelnen Behandlungsfall sind medizinische Informationen (Diagnosen, erbrachte Prozeduren), weitere Fallinformationen wie Patientenmerkmale oder Art der Versorgung sowie Leistungsinformationen (Dokumentation erbrachter Einzelleistungen oder Schnitt-Naht-Zeit erforderlich).

In einem nächsten Schritt werden die Kosten der direkten Kostenstellen im Rahmen der Kostenträgerrechnung den Patienten zugeordnet, die Leistungen dieser Kostenstellen in Anspruch genommen haben. Einzelkosten für teure Sachgüter (z. B. Hüftimplantat) werden auf Grundlage der fallbezogenen Verbrauchsdokumentation zugerechnet. Für die Gemeinkosten werden Kalkulationssätze je Leistungseinheit für die nach Kostenarten vorgegebenen Bezugsgrößen berechnet. Das Kalkulationsergebnis je Behandlungsfall wird in einer einheitlichen modularen Struktur aufbereitet, wobei die einzelnen Kostenmodule durch einen Kostenarten- und einen Kostenstellenbezug bestimmt sind.

4.5.2   Ermittlung der kalkulationsrelevanten Kosten

▶   Die für nicht kalkulationsrelevante Leistungen angefallenen Kostenanteile sind auszugliedern. Die Ausgliederung nicht kalkulationsrelevanter Kosten erfolgt in der Kostenartenrechnung und in der Kostenstellenrechnung.

Zu Beginn stehen die Arbeiten in der Kostenartenrechnung. Sämtliche Aufwandsarten in der Finanzbuchhaltung sind auf Kalkulationsrelevanz zu prüfen. Als nicht kalkulationsrelevant sind auszugliedern:

- Periodenfremde und außerordentliche Aufwendungen
- Aufwendungen aus der Zuführung zu Rückstellungen (Ausnahme: Rückstellungen begründende Sachverhalte aus dem Personalbereich sowie für Instandhaltungen)
- Aufwandsarten, die ihrer Art nach nicht kalkulationsrelevant sind

Die Ausgliederung erfolgt in der Kostenartenrechnung durch Umbuchungen auf ein Ausgleichskonto. Parallel zu den Kostenarten in der Finanzbuchhaltung sind die Kostenstellen in der Kostenstellenrechnung um die nicht kalkulationsrelevanten Aufwandsarten zu entlasten. Mit dem Entlastungsbetrag wird jeweils die sog. Abgrenzungskostenstelle belastet.

4.5.2.1 Periodenfremde und außerordentliche Aufwendungen

Es gilt der Grundsatz: Periodenfremde und außerordentliche Aufwendungen sind nicht kalkulationsrelevant. Ursache ist, dass diese keine betriebsbedingten, dem Datenjahr zurechenbaren Aufwendungen sind. Nachfolgende Beispiele dienen zur Veranschaulichung.

Beispiel

Ein Krankenhaus richtet zum 50-jährigen Bestehen der Klinik ein Fest aus. Neben Vorträgen wird ein Buffet zur Verfügung gestellt, ebenso gibt es Getränke. Unter Berücksichtigung des Organisationsaufwands sind insgesamt etwa 40.000 € für die Feierlichkeiten ausgegeben worden. Es handelt sich um einen außergewöhnlichen Aufwand, der nicht kalkulationsrelevant ist. Vereinfacht ausgedrückt soll vermieden werden, dass die Kostenträger über die DRG-Vergütung solcherlei nicht regelmäßig und nicht in unmittelbarem Bezug zur Versorgung der Patienten stehende Aufwendungen bezahlen.

Beispiel

Im Jahr 1 wurden Leistungen durch einen Lieferanten erbracht, die Rechnung trifft aber erst im August des Jahres 2 ein. Leider wurde übersehen, eine Rückstellung für die Rechnung im Jahr 1 zu bilden. Es ist dennoch nicht zulässig, den Rechnungsbetrag im Jahr 2 in die Kalkulationsdaten einzubeziehen, da diese aus einer fremden Periode entstammen.

4.5.2.2 Rückstellungen

Wie bereits dargestellt ist es Ziel von Rückstellungen, Aufwendungen für in einem Jahr bereits bekannte, jedoch erst in Zukunft eintretende Sachverhalte, dem richtigen Jahr zuzuordnen. Höhe und Fälligkeit des Aufwands sind zum aktuellen Zeitpunkt ungewiss. Da die Kalkulation auf Ist-Daten basiert, liegt zunächst die Vermutung nahe, dass Rückstellungen nicht in der Kalkulation berücksichtigt werden dürfen. Die für einen Rückstellungstatbestand entstandenen Aufwendungen sollen jedoch dennoch in Höhe der tatsächlich angefallenen Beträge in die Kalkulation eingehen. Für die Kalkulation sind ausschließlich Rückstellungen aus dem Personalbereich sowie für Instandhaltungen relevant. Alle anderen Rückstellungen dürfen nicht berücksichtigt werden. Beispiele sind

- Rückstellungen für Resturlaube,
- Rückstellungen für Überstunden,
- Rückstellungen für Tantiemen.

Es gibt jedoch auch im Bereich der Personalrückstellungen Bestandteile, die nicht für die Kalkulation relevant sind. Ein häufig vorkommendes Beispiel sind Rückstellungen bei zu erwartenden oder anhängigen Rechtstreitigkeiten über Abfindungszahlungen.

Zur Herstellung einer möglichst einheitlichen, von Bewertungsspielräumen weitgehend unbeeinflussten Kostenbasis ist bei der Aufbereitung der für die Kalkulation relevanten Aufwandskonten darauf zu achten, dass diese Aufwendungen in Höhe der tatsächlich angefallenen Beträge beinhalten. Sofern bei einzelnen Aufwandspositionen gebildete Rückstellungen ganz oder teilweise in Anspruch genommen wurden, sind demnach die Aufwendungen in Höhe der Inanspruchnahme in die Kalkulation einzubeziehen.

4.5.2.3 Nicht kalkulationsrelevante Aufwandsarten

Das Kalkulationshandbuch benennt verschiedene einzelne Aufwandsarten, die von vornherein einen nicht kalkulationsrelevanten Charakter haben:

Kontengruppe 60 (hier Konto 6000: privatärztliche Liquidationserlöse)

Wird das privatärztliche Liquidationsrecht durch das Krankenhaus ausgeübt, so wird der dem Arzt zustehende Anteil aus den Liquidationserlösen auf dem Konto 6000 als Aufwand für Löhne und Gehälter des ärztlichen Diensts gebucht. Diese Aufwendungen sind auszugliedern.

Kontengruppen 65 bis 69 (hier: Boni und Skonti)

Von Lieferanten gewährte Rabatte sind bei der Kalkulation aufwandsmindernd zu berücksichtigen. Beträge für nachträglich gewährte Rabatte sind als Minderung des entsprechenden Aufwandskontos in die Kalkulation einzubeziehen. Falls ein Rabatt erst nach Abschluss der Kalkulation für das betreffende Datenjahr gewährt wird, ist er zwingend in der Kalkulation des Folgejahres zu berücksichtigen. Bei Naturalrabatten ist ein Durchschnittspreis unter Einbeziehung der unentgeltlich gelieferten Warenmenge für das betreffende Produkt zu berechnen. Werden zu der in Rechnung gestellten Warenmenge eines Produkts A zusätzlich Produkte anderer Art (Produkt B) unentgeltlich geliefert, ist deren Wert (basierend auf vorliegenden Preisen des Produkts B) von dem Rechnungsbetrag des Produkts A in Abzug zu bringen.

Kontengruppe 70 (Zentrale Dienstleistungen)

Die in dieser Kontengruppe gebuchten Aufwendungen können nur dann kalkulationsrelevante Kosten sein, wenn die Zentralbereiche Leistungen für das Krankenhaus erbringen. Weitere Voraussetzung ist, dass die Aufwendungen in Zusammenhang mit den allgemeinen Krankenhausleistungen stehen und der Preis für diese Leistungen den Marktpreis als Referenzpreis nicht erheblich übersteigt. Nicht berücksichtigt werden dürfen bestimmte Umlagen, wie beispielsweise Umlagen, die vom Krankenhausträger an seine Eigentümer zur Refinanzierung des Kaufpreises für das von einem anderen Träger erworbene Krankenhaus abzuführen sind.

Kontengruppe 71 (Wiederbeschaffte Gebrauchsgüter)

Die Aufwendungen für die Wiederbeschaffung von Gebrauchsgütern sind kalkulationsrelevant. Dies gilt auch dann, wenn Festwerte gebildet wurden.

Kontengruppe 72 (Instandhaltung)

Instandhaltungs- und Instandsetzungsaufwendungen sind bei der Ermittlung der Behandlungskosten zu berücksichtigen. In einigen Bundesländern werden Instandhaltungs- und Instandsetzungsaufwendungen über Einzelförderung gefördert. Da ein einheitliches Vorgehen erforderlich ist, werden Instandhaltungsaufwendungen bei der Ermittlung der Behandlungskosten auch dann berücksichtigt, wenn eine Finanzierung über Fördermittel erfolgt.

Kontengruppe 73 (Steuern, Abgaben, Versicherungen)

Bei der Ermittlung der Behandlungskosten werden Steuern, Abgaben und Versicherungen nicht berücksichtigt, die ausschließlich Betriebsteile des Krankenhauses betreffen, die keine allgemeinen Krankenhausleistungen erbringen. Nicht zu den kalkulationsrelevanten Kosten gehören darüber hinaus Ertragsteuern, insbesondere die Körperschaftsteuer und der Solidaritätszuschlag.

Kontengruppe 74 (Zinsen und ähnliche Aufwendungen)

Zinsen, die in Zusammenhang mit der Finanzierung von Investitionen entstehen, gehen in die Ermittlung der Behandlungskosten nicht ein. Zinsaufwendungen sind kalkulationsrelevante Kosten, wenn sie in Bezug zu Betriebsmittelkrediten oder der Beschaffung von Gebrauchsgütern stehen. Zinsen in Zusammenhang mit Investitionen bei teilweise oder nicht geförderten Krankenhäusern sind nicht Bestandteil der Kalkulation.

Kontengruppe 75 (Aufwendungen insbesondere in Zusammenhang mit Ausgleichsposten und KHG-Sonderposten)

Die in der Kontengruppe 75 gebuchten Aufwendungen stehen in Zusammenhang mit der Investitionsfinanzierung der Krankenhäuser und sind bei Ermittlung der Behandlungskosten nicht zu berücksichtigen.

Kontengruppe 76 und 77 (Abschreibungen)

Abschreibungen dürfen bei Ermittlung der Behandlungskosten nur in Ausnahmefällen berücksichtigt werden. Einzel- und Pauschalwertberichtigungen auf Forderungen sind bei Ermittlung der Behandlungskosten nicht zu beachten, da beide Formen der Wertberichtigung eine Korrektur der Erlöse darstellen. Abschreibungen auf Vermögensgegenstände des Umlaufvermögens gehen grundsätzlich in die Ermittlung der Behandlungskosten ein. Zu beachten sind beispielsweise die Abschreibungen, die regelmäßig im Lager für Schwund und Verderb anfallen. Abschreibungen auf Sachanlagen bei teilweise oder nicht geförderten Krankenhäusern werden im Rahmen der Kalkulation nicht berücksichtigt. Abschreibungen auf Finanzanlagen, auf Wertpapiere des Umlaufvermögens und auf sonstige Vermögensgegenstände sind i. d. R. bei Ermittlung der Behandlungskosten nicht zu berücksichtigen. Ebenfalls nicht kalkulationsrelevant sind Abschreibungen auf Forderungen.

Kontengruppe 78 (Sonstige ordentliche Aufwendungen)

In der Kontengruppe 78 sind Sachmittel für Ausbildungsstätten auszugliedern; nicht kalkulationsrelevant sind außerdem Aufwendungen aus Ausbildungskostenumlage (unabhängig davon, ob das Krankenhaus eine Ausbildungsstätte betreibt oder nicht) sowie Aufwendungen aus der Erhebung des DRG-Systemzuschlags, des Qualitätssicherungszuschlags sowie gegebenenfalls ähnlicher Zuschläge.

Mietaufwendungen, für die Fördermittel nach dem KHG gewährt werden, dürfen nicht in die Kalkulation einbezogen werden. Ebenfalls unberücksichtigt bleiben Mietaufwendungen, wenn die Miete als Ersatz für eine Anschaffung dient. Mietaufwendungen werden insofern den Investitionskosten gleichgesetzt. Mietaufwendungen können nur in wenigen im Kalkulationshandbuch beschriebenen Fällen in die Kalkulation eingebracht werden, so z. B., wenn die vertragliche Mietdauer kürzer als die betriebsgewöhnliche Nutzungsdauer ist.

Kontengruppe 79 (Übrige Aufwendungen)

Die Kontengruppe 79 besteht i. d. R. aus nicht kalkulationsrelevanten Aufwendungen.

Kontengruppe 88 (Kalkulatorische Kosten)

Kalkulatorische Kosten sind grundsätzlich nicht kalkulationsrelevant.

4.5.3   Vorbereitung der Kostenstellenrechnung

Alle Kostenstellen sind in einem ersten Schritt nach ihrem Kostenträgerbezug zu kate-gorisieren. Zusätzlich ist der kalkulationsrelevante Leistungsumfang je Kostenstelle zu bestimmen, um die nicht kalkulationsrelevanten Kostenanteile ermitteln und ausgliedern zu können. Eine Unterteilung erfolgt in direkte und indirekte Kostenstellen sowie auf abzugrenzende und gemischte Kostenstellen.

4.5.3.1 Direkte und indirekte Kostenstellen

Bei direkten und indirekten Kostenstellen handelt es sich um solche, die für kalkulations-relevante Leistungen verantwortlich sind. Direkte Kostenstellen erbringen medi-zinisch-pflegerische Leistungen direkt an Patienten; typische Beispiele sind die Pflegefachbereiche oder der OP. Bei indirekten Kostenstellen dagegen fehlt dieser direkte medizinisch-pflegerische Leistungsbezug zum Patienten. Beispiele sind die Küche oder der administrative Bereich eines Krankenhauses. Indirekte Kostenstellen können ferner in Kostenstellen der medizinischen Infrastruktur und Kostenstellen der nicht medizinischen Infrastruktur differenziert werden. Medizinische Infrastruktur umfasst die Kostenstellen, in denen schwerpunktmäßig Mitarbeiter des ärztlichen Diensts, des Pflegediensts, des medizinisch-technischen Diensts oder des Funktionsdiensts beschäftigt sind. Ein Beispiel für eine solche Kostenstelle ist die Zentralsterilisation. Kostenstellen der nicht medizi-nischen Infrastruktur beschäftigen dagegen Mitarbeiter der genannten Dienstarten kaum oder gar nicht, ein Beispiel ist der Reinigungsdienst.

4.5.3.2 Abzugrenzende Kostenstellen

Abzugrenzende Kostenstellen erbringen ausschließlich Leistungen, die nicht durch das DRG-System erfasst sind. Die auf diesen Kostenstellen gebuchten Aufwendungen sind vollständig als nicht kalkulationsrelevant auszugliedern. Ein Beispiel sind die Kosten für ein Personalwohnheim.

4.5.3.3 Gemischte Kostenstellen

Als gemischte Kostenstellenwerden diejenigen Kostenstellen bezeichnet, die sowohl kalkulationsrelevante als auch nicht kalkulationsrelevante Leistungen erbringen. Alle Auf-wendungen für nicht kalkulationsrelevante Leistungen sind auszugliedern. Beispiel ist der OP-Bereich, wenn dort neben stationären Operationen, die im Regelfall vom DRG-System erfasst sind, auch ambulante Operationen durchgeführt werden.

4.5.4   Zuordnung von Kostenstellenkategorien

Zum besseren Verständnis werden nachfolgend basierend auf dem Kostenstellenplan der KHBV Kostenstellenbereiche den Kostenstellenkategorien zugeordnet.

Die Kostenstellen des *Kostenstellenbereichs 90* sind indirekte Kostenstellen der nicht medizinischen Infrastruktur. Kostenstellen für Nebenbetriebe sind abzugrenzende Kostenstellen.

Die Kostenstellen des *Kostenstellenbereichs 91* sind zumeist indirekte Kostenstellen der nicht medizinischen Infrastruktur. Kostenstellen der medizinischen Infrastruktur sind in diesem Bereich etwa die Apotheke und die Zentralsterilisation. Gemischte Kostenstellen liegen vor, wenn Kostenstellen dieses Kostenstellenbereichs zusätzlich Leistungen für Dritte erbringen; ein Beispiel ist die Versorgung eines anderen Krankenhauses durch die eigene Krankenhausapotheke.

Kostenstellen des *Kostenstellenbereichs 92,* die nur Leistungen für stationäre Patienten erbringen, sind direkte Kostenstellen. Werden Leistungen auf einer Kostenstelle sowohl für stationäre als auch für ambulante Patienten erbracht, liegt eine gemischte direkte Kostenstelle vor (wie das bereits angeführte Beispiel eines OP-Bereichs, in dem sowohl ambulante als auch stationäre Patienten versorgt werden).

Die Kostenstellen in den *Kostenstellenbereichen 93 bis 95* gehören mit Ausnahme der Psychiatrie zu den direkten Kostenstellen. Da dieser Bereich über andere Entgelte (PEPP) finanziert wird, handelt es sich um eine abzugrenzende Kostenstelle.

Die Kostenstellen des *Kostenstellenbereichs 96* gehören einschließlich der Kostenstellen für teilstationäre Leistungen zu den direkten Kostenstellen. Zu prüfen ist jeweils, ob neben kalkulationsrelevanten auch nicht kalkulationsrelevante Patienten behandelt werden. Ist dies der Fall, liegen gemischte Kostenstellen oder, soweit keine kalkulationsrelevanten Patienten behandelt wurden, abzugrenzende Kostenstellen vor.

Die in den *Kostenstellenbereichen 97 und 98* enthaltenen Kostenstellen erbringen keine DRG-relevanten Leistungen und sind deshalb abzugrenzende Kostenstellen.

Nachfolgend werden exemplarisch zwei Bereiche für die Ermittlung der kalkulationsrelevanten Kosten auf Kostenstellenebene näher betrachtet:

- Ambulante Leistungen
- Leistungen an Dritte

Ambulante Leistungen
Ambulante Leistungen gehören nicht zu den allgemeinen Krankenhausleistungen und werden demnach nicht über die DRG vergütet. Reine Ambulanzkostenstellen, in denen ausschließlich ambulante Leistungen erbracht werden, sind daher abzugrenzende Kostenstellen. Kostenstellen, in denen stationäre und ambulante Leistungen erbracht werden, sind gemischte Kostenstellen, sodass Kosten, die im Zusammenhang mit der Behandlung ambulanter Patienten entstehen, auszugliedern sind. Im Kalkulationshandbuch werden verschiedene mögliche Verfahren dargestellt, die in Abhängigkeit von der Datenlage des Krankenhauses als zulässig erachtet werden. Den höchsten Standard bietet eine kostenrechnerische Abgrenzung. Diese ist möglich, wenn im Krankenhaus eine Kostenrechnung für ambulante Leistungen existiert. Folglich ist es möglich, die gemischten Kostenstellen kostenrechnerisch von den ambulanten Kosten zu bereinigen.

Etwas geringere Genauigkeit bietet die Abgrenzung mithilfe von gewichteten Leistungsstatistiken. Grundlage dieses Verfahrens ist die Zahl der für ambulante Patienten erbrachten Leistungen im Verhältnis zur Zahl sämtlicher Leistungen. Die Leistungen werden auf der Grundlage eines gängigen Leistungskatalogs wie GOÄ oder EBM bzw. alternativ eines hausinternen Katalogs bewertet. Unter Berücksichtigung des Umstands, dass gleiche Untersuchungen bei stationären und ambulanten Patienten u. a. wegen des spürbar geringeren Mobilitätsgrads der stationären Patienten vom Zeitaufwand unterschiedlich sind, ist bei der Ermittlung der kalkulationsrelevanten Kosten und Leistungen eine separate Gewichtung der stationären Leistungen vorzunehmen. Dies kann beispielsweise durch die Festlegung eines krankenhausindividuellen Mobilitätsfaktors erfolgen.

Am ungenauesten, aber dennoch noch zulässig, ist die Abgrenzung ohne gewichtete Leistungsstatistiken. Fehlen im Krankenhaus die notwendigen Informationen für eine Gewichtung der stationären Leistungen, kann die Kostenabgrenzung auf der Basis einer ungewichteten Leistungsstatistik erfolgen.

Beispiel

Die Gesamtzahl der Leistungspunkte in einer Kostenstelle beträgt auf Basis des EBM 800.000. Die Behandlungen von ambulanten Patienten wurden mit 640.000 Leistungspunkten bewertet, was einem Anteil von 80 % der gesamten Leistungspunkte entspricht. Durch Behandlungen stationärer Fälle wurden 160.000 Punkte (20 %) der Gesamtleistung der Kostenstelle verursacht. Die Gesamtkosten im Datenjahr sind mit 400.000 € ermittelt worden. Der für ambulante Behandlungen auszugliedernde Betrag errechnet sich somit wie folgt:

$$400.000 \, € \times 0{,}8 = 320.000 \, €$$

Bei einer Gewichtung der Leistungspunkte werden Unterschiede der Kostenintensität bei der Erbringung von identischen Leistungen für ambulante und stationäre Patienten beispielsweise aufgrund unterschiedlicher Mobilität berücksichtigt. Bestimmt ein Krankenhaus den hausinternen Mobilitätsfaktor z. B. mit 0,9, so ergibt sich der Ausgliederungsbetrag wie folgt:

1. Bestimmung der neuen Gesamtzahl der Leistungspunkte

$$0{,}9 \times 640.000 + 160.000 = 736.000$$

2. Berechnung des Anteils für ambulante Behandlungen

$$0{,}9 \times 640.000/736.000 = 78{,}26 \, \%$$

3. Bestimmung des Ausgliederungsbetrags

$$78{,}26 \, \% \text{ aus } 400.000 \, € = 313.040 \, €$$

Der Ausgliederungsbetrag ist folglich niedriger als ohne die Gewichtung, da die ambulanten Leistungen mit weniger Aufwand berücksichtigt werden.

Leistungen an Dritte

Kosten für Leistungen an Dritte sind vor der Ermittlung der Behandlungskosten aus-zugliedern. Im Krankenhaus gibt es vielfältige Bereiche, in denen Leistungen an Dritte infrage kommen. Beispiele sind

- Küche,
- Wäscherei,
- Sterilisation,
- Reinigung,
- Transportdienst.

Die Ausgliederung der nicht kalkulationsrelevanten Aufwendungen erfolgt auf Grund-lage von Leistungsstatistiken der Kostenstellen, die Leistungen für Dritte erbringen. Exemplarisch werden die benötigten Daten für die bereits genannten Bereiche mit Leis-tungen an Dritte dargestellt (Tab. 4.1).

Bei der Ausgliederung der nicht kalkulationsrelevanten Aufwendungen ist wie folgt vorzugehen:

- Anhand der Leistungsstatistik sind die Zahl aller Leistungen der Kostenstelle und die Zahl der für Dritte erbrachten Leistungen zu ermitteln.
- Die Leistungszahlen sind gegebenenfalls mit Gewichtungsfaktoren zu gewichten.
- Die je gewichteter Leistung anfallenden Kosten werden ermittelt.
- Die Kosten je gewichteter Leistung werden mit der Zahl der für Dritte erbrachten Leistungen multipliziert. Das Produkt stellt den Ausgliederungsbetrag dar.

Zur Veranschaulichung dient nachfolgendes Beispiel der Speisenversorgung.

Tab. 4.1 Beispiele für benötigte Daten zur Ausgliederung	Bereich	Erforderliche Daten
	Küche	Anzahl Beköstigungstage
	Wäscherei	Kg Wäsche Umsatz mit Dritten
	Sterilisation	Sterilguteinheiten Umsatz mit Dritten
	Reinigung	Stundenumfang Fläche Umsatz mit Dritten
	Transportdienst	Anzahl der Transporte Tätigkeitszeiten Umsatz mit Dritten

Beispiel

Ein Krankenhaus versorgt neben den eigenen stationären Patienten auch Patienten einer benachbarten Rehabilitationseinrichtung mit. Zudem ist es den Mitarbeitern möglich, mittags in der Krankenhauskantine zum Essen zu gehen, die über die Küche versorgt wird.

Grundlage für die Ausgliederung der nicht kalkulationsrelevanten Aufwendungen ist die Leistungsstatistik der Kostenstelle Speisenversorgung. Anhand der Leistungsstatistik ist die Zahl der in der Kostenstelle hergestellten Mahlzeiten zu ermitteln. Da nicht alle drei Mahlzeiten den gleichen Aufwand verursachen, werden diese mit folgenden Gewichtungsfaktoren bewertet:

- Frühstück: 0,2
- Mittagessen: 0,5
- Abendessen: 0,3

Anschließend werden die Kosten je gewichteter Mahlzeit ermittelt, indem die gesamten Kosten durch die Zahl der gewichteten Mahlzeiten dividiert werden. Auszugliedern ist der Betrag, der auf die externe Versorgung der Rehabilitationsklinik sowie die Versorgung der Mitarbeiter entfällt.

Die untenstehende Tabelle zeigt die Anzahl der Mahlzeiten differenziert nach Frühstück, Mittagessen und Abendessen.

Ungewichtete Zahl an Mahlzeiten

Zahl der Mahlzeiten Empfänger	Frühstück	Mittagessen	Abendessen
Stationäre Patienten	9600	10.800	9300
Mitarbeiter	150	1000	100
Rehabilitationsklinik	2500	2500	2500

Unter Berücksichtigung der Gewichtung ergibt sich die untenstehende Tabelle:

Gewichtete Anzahl an Mahlzeiten

Zahl der Mahlzeiten Empfänger	Frühstück (Gewicht = 0,2)	Mittagessen (Gewicht = 0,5)	Abendessen (Gewicht = 0,3)
Stationäre Patienten	1920	5400	2790
Mitarbeiter	30	500	30
Rehabilitationsklinik	500	1250	750

DRG-relevant sind nur die gewichteten Mahlzeiten für die stationären Patienten:

$$1920 + 5400 + 2790 = 10.110$$

Die restlichen gewichteten Beköstigungstage (5850) sind nicht DRG-relevant. Haben die gesamten Kosten der Küche beispielsweise 150.000,00 € betragen, so errechnet sich der DRG-relevante Betrag wie folgt:

$$\frac{10.110}{15.960} \times 50.000,00\,€ = 95.018,80\,€$$

Sollte keine Leistungsstatistik existieren, so ist es ersatzweise auch zulässig, sog. Erlös-abzugsverfahren anzuwenden. Bei diesem Verfahren werden als auszugliedernder Betrag die Erlöse aus den nicht-DRG-relevanten Bereichen verwendet. Im Beispielfall müssten folglich die Erlöse aus der Leistungserbringung gegenüber der Rehaklinik sowie die Erlöse aus dem Speisenverkauf an die Mitarbeiter als Ausgliederungsbetrag verwendet werden.

4.5.5 Verrechnung zwischen Kostenstellen und Kostenartenzuordnung

Im Zuge der Kostenstellenverrechnung werden die Kosten der indirekten Kostenstellen auf die direkten sowie abzugrenzenden Kostenstellen verteilt. Anschließend werden die nun vollständig auf den direkten Kostenstellen vorliegenden kalkulationsrelevanten Kosten zu durch das Kalkulationshandbuch definierten Kostenartengruppen zusammen-gefasst:

- Kostenartengruppe 1: Personalkosten ärztlicher Dienst
- Kostenartengruppe 2: Personalkosten Pflegedienst
- Kostenartengruppe 3: Personalkosten des Funktionsdiensts und des medizinisch-technischen Diensts
- Kostenartengruppe 4a: Sachkosten für Arzneimittel
- Kostenartengruppe 4b: Sachkosten für Arzneimittel (Einzelkosten gemäß Ist-Verbrauch)
- Kostenartengruppe 5: Sachkosten für Implantate und Transplantate
- Kostenartengruppe 6a: Sachkosten des medizinischen Bedarfs (ohne Arzneimittel, Implantate und Transplantate)
- Kostenartengruppe 6b: Sachkosten des medizinischen Bedarfs (Einzelkosten gemäß Ist-Verbrauch; ohne Arzneimittel, Implantate und Transplantate)
- Kostenartengruppe 6c: Sachkosten für von Dritten bezogene medizinische Behandlungs-leistungen
- Kostenartengruppe 7: Personal- und Sachkosten der medizinischen Infrastruktur
- Kostenartengruppe 8: Personal- und Sachkosten der nicht medizinischen Infrastruktur

Tab. 4.2 Zuordnung zu Kostenartengruppen in der Kontogruppe 60 (Löhne und Gehälter)

Nummer	Bezeichnung	Kostenartengruppe
6000	Ärztlicher Dienst	1
6001	Pflegedienst	2
6002	Medizinisch-technischer Dienst	3
6003	Funktionsdienst	3
6004	Klinisches Hauspersonal	8
6005	Wirtschafts- und Versorgungsdienst	8
6006	Technischer Dienst	8
6007	Verwaltungsdienst	8
6008	Sonderdienst	8
6011	Sonstiges Personal	8
6012	Nicht zurechenbare Personalkosten	8

Für jede Kostenart ist im Kalkulationshandbuch (Anlage 4.1) genau die Zuordnung zu einer Kostenartengruppe vorgesehen. Beispielhaft ist dies an der Kontogruppe 60 Löhne und Gehälter dargestellt (Tab. 4.2).

. Die innerbetriebliche Leistungsverrechnung (IBLV) verteilt die Kosten sämtlicher indirekter Kostenstellen basierend auf verursachungsgerechten Verrechnungsschlüssel auf die direkten Kostenstellen und die abzugrenzenden Kostenstellen. Im Anschluss ist es möglich, die Kosten den einzelnen Behandlungsfällen durch fallbezogene Bezugsgrößen zuzuordnen.

Für die IBLV sind grundsätzlich zwei Methoden zulässig. Beim *Gleichungsverfahren* finden sämtliche Leistungsbeziehungen zwischen den Kostenstellen Berücksichtigung. Beim *Stufenleiterverfahren* werden die Leistungsbeziehungen zwischen den indirekten Kostenstellen teilweise berücksichtigt. Die indirekten Kostenstellen werden Schritt für Schritt der Reihe nach verrechnet, wobei die Kostenstelle mit den höchsten Kosten zuerst umgelegt wird. Leistungsbeziehungen zwischen den indirekten Kostenstellen werden im Rahmen der Kostenverteilung nur für Kostenstellen berücksichtigt, die noch nicht abgerechnet wurden.

Die Kosten der indirekten Kostenstellen werden auf Basis von Verteilungsschlüsseln auf die direkten Kostenstellen verrechnet. Um genaue Ergebnisse zu erhalten, müssen die Verrechnungsschlüssel dem Prinzip der Kostenverursachung folgen, das erfordert, dass eine Änderung der Bezugsgröße eine proportionale Änderung der umzulegenden Kosten zur Folge hat. Entscheidend für die Qualität der innerbetrieblichen Leistungsverrechnung ist daher die Festlegung eines geeigneten Verrechnungsschlüssels. Größen sind zur Verrechnung im Regelfall dann geeignet, wenn die erbrachten Leistungen einer indirekten Kostenstelle unmittelbar unter Berücksichtigung der eingesetzten Personal- und Sachressourcen gemessen werden.

Tab. 4.3 Ausgewählte Verrechnungsschlüssel

Kostenstelle	Verrechnungsschlüssel		
	Priorität 1	Priorität 2	Priorität 3
Ärztlicher Direktor	Vollzeitkräfte ÄD	Primäre Personalkosten ÄD	
Medizincontrolling	Vollzeitkräfte	Primäre Gemeinkosten	Fallzahl
Sozialdienst	Betreute Patienten	Pflegetage	
Krankentransporte	Anzahl Transporte	Vollzeitkräfte	
Gebäude	Quadratmeter Nutz-fläche	Quadratmeter Grundfläche	
Allgemeine Ver-waltung	Vollzeitkräfte	Primäre Gemeinkosten	
Betriebswirt. Con-trolling	Vollzeitkräfte	Primäre Gemeinkosten	Fallzahl
Betriebsarzt	Arbeitsstunden	Vollzeitkräfte	Primäre Personalkosten
Wäscherei	Kilogramm Wäsche	Pflegetage	
Reinigungsdienst	Fläche (gewichtet)		
Fuhrpark	Gefahrene Kilometer	Vollzeitkräfte	Fallzahl

> **Beispiel**
>
> Der Aufwand der Reinigung unterscheidet sich nach den zu reinigenden Materialien. Ein Teppich ist etwa aufwendiger in der Reinigung als Fliesen.

Erforderlich sind Leistungsstatistiken, aus denen diese Daten hervorgehen. Liegen diese nicht vor, können für die Kostenumlage (gegebenenfalls gewichtete) Verrechnungs-schlüssel herangezogen werden, deren Größen in den empfangenden direkten Kosten-stellen gemessen werden. Ein Beispiel ist die Anzahl der Vollzeitkräfte.

Die Anlagen 8 und 9 des Kalkulationshandbuchs zeigen zulässige Verrechnungs-schlüssel mit deren Priorisierung. Ausgewählte Schlüssel hieraus enthält Tab. 4.3.

Bei der Verrechnung ist ferner darauf zu achten, dass in die Behandlungskosten nur die kalkulationsrelevanten Kosten der direkten Kostenstellen für den jeweiligen Kosten-träger einbezogen werden dürfen. Daher muss auch ein Teil der im Zuge der IBLV von den indirekten Kostenstellen auf die gemischten direkten Kostenstellen verrechneten Kosten als nicht kalkulationsrelevant abgegrenzt werden. Der Abgrenzungsbetrag orientiert sich am prozentualen Anteil der nicht kalkulationsrelevanten Leistungen an der Gesamtleistung.

> **Beispiel**
>
> In einer Kostenstelle wurden 100.000 € an direkten Kosten verbucht. Davon sind 20.000 € (20 %) für ambulante Leistungen auszugliedern. Im Rahmen der inner-betrieblichen Leistungsverrechnung werden auf die Kostenstelle 25.000 € verrechnet. Auch von diesen 25.000 € sind wiederum 20 % als nicht kalkulationsrelevant (25.000 € × 0,2 = 5000 €) auszugliedern.

Sobald alle Arbeiten durchgeführt sind, kann eine Zuordnung zu den bereits genannten Kostenartengruppen gemäß den Vorgaben der Anlage 4.1 des Kalkulationshandbuchs vorgenommen werden.

Der Kostenartengruppe Personalkosten Pflegedienst werden folgende Kostenarten zugeordnet:

- Löhne/Gehälter Pflegedienst
- Gesetzliche Sozialabgaben Pflegedienst
- Aufwendungen für Altersversorgung Pflegedienst
- Aufwendungen für Beihilfen/Unterstützungen Pflegedienst
- Sonstige Personalaufwendungen Pflegedienst

4.5.6 Kostenträgerrechnung

In der Kostenträgerrechnung werden die auf den direkten Kostenstellen gebuchten kalkulationsrelevanten Kosten verursachungsgerecht den leistungsempfangenden Fällen zugeordnet.

Die fallbezogene Kostenzuordnung der Gemeinkosten erfolgt über Kalkulationssätze, die auf der Grundlage von verursachungsgerechten Bezugsgrößen gebildet werden. Die jeweils in Abhängigkeit von betrachteter Kostenstelle und Kostenart zu wählenden Bezugsgrößen sind in der Anlage 5 des Kalkulationshandbuchs festgelegt. Einzelkosten werden den jeweiligen Fällen direkt zugerechnet.

Die Kostenträgerrechnung basiert auf den in den einzelnen direkten Kostenstellen des Krankenhauses vorliegenden Kosten- und Leistungsinformationen. Damit eine Vergleichbarkeit der Kalkulationsergebnisse gewährleistet werden kann, muss wie bei den Kostenarten eine Zusammenfassung der krankenhausindividuellen Kostenstellengliederung zu einheitlich definierten Kostenstellengruppen erfolgen. Dazu werden die direkten Kostenstellen eines Krankenhauses nach der Art der dort erbrachten Leistungen einer der folgenden Kostenstellengruppen zugeordnet:

- Bettenführende Bereiche
  - Kostenstellengruppe 1: Normalstation
  - Kostenstellengruppe 2: Intensivstation
  - Kostenstellengruppe 3: Dialyseabteilung
- Untersuchungs- und Behandlungsbereiche
  - Kostenstellengruppe 4: OP-Bereich
  - Kostenstellengruppe 5: Anästhesie
  - Kostenstellengruppe 6: Kreißsaal
  - Kostenstellengruppe 7: Kardiologische Diagnostik/Therapie
  - Kostenstellengruppe 8: Endoskopische Diagnostik/Therapie
  - Kostenstellengruppe 9: Radiologie

- Kostenstellengruppe 10: Laboratorien
- Kostenstellengruppe 11: Diagnostische Bereiche
- Kostenstellengruppe 12 Therapeutische Verfahren
- Kostenstellengruppe 13 Patientenaufnahme

Die Zuordnung der Kostenstellen zu Kostenstellengruppen ergibt sich aus den Vorgaben der Anlage 6 des Kalkulationshandbuchs.

Beispiel

Dem OP-Bereich werden folgende Kostenstellen zugeordnet:

- Zentral-OP
- Operationssaal
- OP-Roboter
- OP-Kardiotechnik (Herz-Lungen-Maschine)
- TUR Eingriffsraum
- Kreißsaal-OP
- Eingriffsraum (fachabteilungsspezifisch)

4.5.6.1 Einzelkostenverrechnung

Einzelkosten sind dem Behandlungsfall direkt und verursachungsgerecht zuzuordnen. Sie sind kalkulationsrelevant, wenn sie in Zusammenhang mit der Erbringung von allgemeinen Krankenhausleistungen für kalkulationsrelevante Fälle entstehen. Im Rahmen dieses Kalkulationsschemas ist eine Einzelkostenzuordnung für ausgewählte, teure Sachgüter sowie für durch Dritte erbrachte medizinische Behandlungsleistungen zwingend durch die Anlage 10 des Kalkulationshandbuchs vorgeschrieben. Die Einzelkosten entstammen folgenden Bereichen:

- Medikamente
- Blutprodukte
- Implantate
- Transplantate
- Katheter
- Spezielle Materialsets
- Andere Verbrauchsmaterialien
- Fremdleistungen

Die Einzelkostenzuordnung hat für die Weiterentwicklung des Fallpauschalensystems eine hohe Bedeutung, da durch die verursachungsgerechte Zuordnung der Kosten für teure Sachgüter eine schärfere Unterscheidung der Fallgruppen nach ihrem Aufwand möglich ist. Darüber hinaus ist die Einzelkostenzuordnung Voraussetzung für eine differenzierte Betrachtung hoch spezialisierter und aufwendiger Leistungen im Hinblick auf eine gegebenenfalls festzu-setzende separate Vergütung durch ergänzende Entgeltelemente (z. B. Zusatzentgelte). Der Einzelkostenzuordnung darf nur der dokumentierte Ist-Verbrauch zugrunde gelegt werden. Für bestimmte Artikel bzw. Artikelgruppen besteht zusätzlich die Möglichkeit, die Einzel-kostenzuordnung anhand patientenbezogener Informationen (beispielsweise ICD- oder OPS-codes) eines ausreichend differenzierten und vom InEK genehmigten klinischen Ver-teilungsmodells (KVM) vorzunehmen.

Nachfolgend finden sich Beispiele für die unterschiedlichen Zurechnungsmöglich-keiten.

Fallbezogene Einzelkostenzurechnung über die Kostenstelle

Im OP-Lager werden Implantate gelagert; die Kostenstelle OP-Bereich ist mit den Kosten für diese Implantate belastet. Ein Patient erhält im Rahmen einer Operation ein Implantat. Der Fall wird mit den Kosten für das Implantat belastet, die Kosten-stelle von Kosten in gleicher Höhe entlastet.

Fallbezogene Einzelkostenzurechnung über die Finanzbuchhaltung

Ein stationärer Patient benötigt ein seltenes, sehr teures Medikament. Das Medika-ment wird in der Krankenhausapotheke nicht vorgehalten und muss im Großhandel beschafft werden. Die Kosten werden dem Fall direkt zugeordnet; eine Verrechnung über die Kostenstelle der Station erfolgt nicht.

Sollte keine dieser beiden Methoden möglich sein, erfolgt eine Einzelkostenzurechnung über hausindividuelle klinische Verteilungsmodelle (KVM).

Einzelkostenzurechnung über hausindividuelle klinische Verteilungsmodelle (KVM)

Die Kosten der Herzkatheter sind den Behandlungsfällen verursachungsgerecht als Einzelkosten zuzuordnen. Eine fallbezogene Dokumentation der gelegten Katheter liegt nicht vor, weshalb die Kosten der Katheter anhand eines klinischen Verteilungs-modells (KVM) den Fällen zugeordnet werden sollen, bei denen mit hoher Wahr-scheinlichkeit der jeweilige Kathetertyp verwendet wurde (z. B. basierend auf den dokumentierten OPS-Codes).

4.5.6.2 Gemeinkostenzurechnung

Die fallbezogene Kostenzuordnung erfolgt über eine Bezugsgrößenkalkulation. Zu ver-wenden sind geeignete Kalkulationssätze, die anhand geeigneter Bezugsgrößen gebildet wurden (z. B. Minuten entsprechend der Pflegepersonalregelung (PPR) für die Personal-kosten des Pflegedienstes auf der Normalstation). Je Kostenart und Kostenstelle ist eine Bezugsgröße zur Berechnung des Kalkulationssatzes heranzuziehen. Das Kalkulations-schema der Anlage 5 legt die zu verwendenden Größen fest. Einen Ausschnitt zeigt Tab. 4.4. In der Tabelle sind die Kostenstellen (von oben nach unten) und die Kostenarten (von links nach rechts) enthalten. Je Modul bestehend aus Kostenstelle und Kostenart

Tab. 4.4 Grundschema der Kalkulationsmatrix. *ÄD* Ärztlicher Dienst; *MTD/FD* Medizinisch-technischer Dienst/Funktionsdienst; *PD* Pflegedienst; *PK* Personalkosten; *SK* Sachkosten

	PK ÄD	PK PD	PK MTD/FD	Sachkosten Arzneimittel		Sachkosten Implantate, Transplantate	Sachkosten übriger medizinischer Bedarf			PK und SK medizinische Infrastruktur	PK und SK nicht-medizinische Infrastruktur
	1	2	3	4a	4b	5	6a	6b	6c	7	8
Normalstation	**1.1**	**1.2**	**1.3**	**1.4a**	**1.4b**	**1.5**	**1.6a**	**1.6b**	**1.6c**	**1.7**	**1.8**
Intensivstation	2.1	2.2	2.3	2.4a	2.4b	2.5	2.6a	2.6b	2.6c	2.7	2.8
Dialyseabteilung	3.1	3.2	3.3	3.4a	3.4b	3.5	3.6a	3.6b	3.6c	3.7	3.8
OP-Bereich	4.1	4.2	4.3	4.4a	4.4b	4.5	4.6a	4.6b	4.6c	4.7	4.8
Anästhesie	5.1	5.2	5.3	5.4a	5.4b	5.5	5.6a	5.6b	5.6c	5.7	5.8
Kreißsaal	6.1	6.2	6.3	6.4a	6.4b	6.5	6.6a	6.6b	6.6c	6.7	6.8
Kardiologische Diagnostik/Therapie	7.1	7.2	7.3	7.4a	7.4b	7.5	7.6a	7.6b	7.6c	7.7	7.8
Endoskopische Diagnostik/Therapie	8.1	8.2	8.3	8.4a	8.4b	8.5	8.6a	8.6b	8.6c	8.7	1.08
Radiologie	9.1	9.2	9.3	9.4a	9.4b	9.5	9.6a	9.6b	9.6c	9.7	9.8
Laboratorien	10.1	10.2	10.3	10.4a	10.4b	10.5	10.6a	10.6b	10.6c	10.7	10.8
Diagnostische Bereiche	11.1	11.2	11.3	11.4a	11.4b	11.5	11.6a	11.6b	11.6c	11.7	11.8
Therapeutische Verfahren	12.1	12.2	12.3	12.4a	12.4b	12.5	12.6a	12.6b	12.6c	12.7	12.8
Patientenaufnahme	13.1	13.2	13.3	13.4a	13.4b	13.5	13.6a	13.6b	13.6c	13.7	13.8

Tab. 4.5 Schlüssel für die Kostenstelle Normalstation. *MTD/FD* Medizinisch-technischer Dienst/ Funktionsdienst; *PPR* Pflegepersonalregelung

Nr.	Bezeichnung	Schlüssel
1.1	Personalkosten Ärztlicher Dienst	Pflegetag
1.2	Personalkosten Pflegedienst	PPR-Minuten
1.3	Personalkosten MTD/FD	Pflegetag
1.4a	Sachkosten Arzneimittel	PPR-Minuten
1.4b	Sachkosten Arzneimittel	Ist-Verbrauch (Einzelkostenzurechnung)
1.5	Sachkosten Implantate/Transplantate	Nicht relevant
1.6a	Sachkosten übriger medizinischer Bedarf	PPR-Minuten
1.6b	Sachkosten übriger medizinischer Bedarf	Ist-Verbrauch (Einzelkostenzurechnung)
1.6c	Sachkosten übriger medizinischer Bedarf	Ist-Verbrauch (Einzelkostenzurechnung)
1.7	Personal- und Sachkosten medizinische Infrastruktur	Pflegetage
1.8	Personal- und Sachkosten nichtmedizinische Infrastruktur	Pflegetage

kann aus der Tabelle im Kalkulationshandbuch der vorgesehene Verrechnungsschlüssel entnommen werden. In Tab. 4.4 sind zur besseren Lesbarkeit nur Modulnummern eingetragen.

Die Tab. 4.5 zeigt, welche Schlüssel für die Normalstation in Anlage 5 des Kalkulationshandbuchs enthalten sind.

Die Verrechnung erfolgt dabei entweder gewichtet oder ungewichtet. Bei der gewichteten Bezugsgrößenkalkulation werden die der Kostenverteilung zugrunde liegenden Leistungen gewichtet. Grundlage der Gewichtung sind beispielsweise die GOÄ oder der EBM. Eine einzelfallbezogene Kostenzuordnung nach der gewichteten Bezugsgrößenkalkulation ist i. d. R. nur bei fallbezogener Leistungsdokumentation möglich.

Bei der ungewichteten Bezugsgrößenkalkulation ist der in einer Kostenstelle berechnete Kalkulationssatz für jede dort erbrachte Leistung gleich hoch. Ein gegebenenfalls unterschiedlich hoher Ressourceneinsatz bei der Leistungserstellung findet keine Berücksichtigung. Sie hat daher den Nachteil, dass die Heterogenität der Leistungserstellung in den direkten Kostenstellen unberücksichtigt bleibt. Ihre Anwendung ist daher auf wenige Module beschränkt.

Ungewichtete Bezugsgrößenkalkulation

Für die Zurechnung der Personalkosten des ärztlichen Diensts und des medizinisch-technischen Diensts auf der Normalstation stehen einer Klinik nur in wenigen Ausnahmefällen eine patientenbezogene Dokumentation der angefallenen Tätigkeitszeiten zur Verfügung. Zudem kann für die große Mehrzahl der Patienten ein ungefähr gleich hoher Tätigkeitsanfall angenommen werden. Daher wird als Bezugsgröße der ungewichtete Pflegetag festgelegt.

4.5.6.3 Kostenverrechnung am Beispiel der Normalstation

Der Leistungsbereich Normalstation umfasst alle bettenführenden Bereiche mit allgemeiner Krankenversorgung bzw. Normalpflege. Ebenfalls zum Bereich Normalstation gehört die Pflegeeinrichtung für gesunde Neugeborene sowie das Schlaflabor. Eine gegebenenfalls vorhandene zentrale Aufnahmestelle (bettenführend oder nicht bettenführend) ist dagegen der Kostenstellengruppe 13 zuzuordnen. Nicht dem Bereich Normalstation sind alle Leistungseinheiten zuzurechnen, die Patienten in spezieller Pflegeintensität versorgen (z. B. Intensivstationen). Falls in einer Organisationseinheit Bereiche mit unterschiedlicher Pflegeintensität zusammengefasst sind, sind mindestens die Bereiche mit Normalpflege und Intensivpflege durch eigene Kostenstellen voneinander abzugrenzen.

- *Einzelkostenkalkulation*
  Die Kosten teurer Sachgüter werden dem einzelnen Behandlungsfall gemäß den Vorgaben der Anlage 10 als Einzelkosten direkt zugeordnet. Einzelkosten auf der Normalstation können z. B. teure Arzneimittel sein.
- *Gemeinkostenkalkulation*
  Aufwendiger gestaltet sich die Kalkulation der Gemeinkosten:

Verrechnung der Personalkosten ärztlicher Dienst (Modul 1.1) sowie Personalkosten medizinisch-technischer Dienst und Funktionsdienst (Modul 1.3)
Die Kosten des ärztlichen Diensts werden im Rahmen einer ungewichteten Bezugsgrößenkalkulation auf Grundlage der erbrachten Pflegetage (Leistungsmerkmal Pflegetage, siehe auch die Definition im nachfolgenden Hinweis) zugeordnet. Falls Mitarbeiter des medizinisch-technischen Diensts (MTD) oder des Funktionsdiensts (FD) den Normalstationen zugeordnet sein sollten, erfolgt die Kostenzuordnung ebenfalls auf Basis der Pflegetage. Für die Berechnung des Kostensatzes der Bezugsgröße Pflegetag werden folgende Leistungs- und Kostendaten benötigt:

- Leistungsdaten der Kostenstelle: Pflegetage (Kalendertage des stationären Aufenthalts einschließlich Aufnahmetag und Entlassungstag (bei Aufnahme und Entlassung am selben Tag wird ein Pflegetag gezählt)
- Kostendaten:
  - Gesamtkosten des Ärztlichen Dienstes
  - Gesamtkosten des Funktions-/Medizinisch-Technischen-Diensts
- Kalkulationssatz: Ergibt sich jeweils aus der Division der Gesamtkosten der Dienstart und der Anzahl der Pflegetage

Beispiel

Eine chirurgische Normalstation erbringt pro Jahr 10.000 Pflegetage. Die relevanten Personalkosten des Ärztlichen Diensts belaufen sich auf 50.000 €. Der ungewichtete Kalkulationssatz je Pflegetag ergibt sich wie folgt:

$$\frac{50.000\,€}{10.000\,\text{Pflegetage}} = 5{,}00\,€ \text{ je Pflegetag}$$

Eine Patientin wurde am 10. April auf der chirurgischen Normalstation aufgenommen und am 16. April desselben Jahres wieder entlassen. Für die Patientin ergeben sich sieben Pflegetage. Die dem Fall zuzuordnenden Kosten errechnen sich daher wie folgt:

$$5{,}00\,€ \text{ je Pflegetag} \times 7\,\text{Pflegetage} = 35{,}00\,€$$

Verrechnung der Personalkosten Pflegedienst (Modul 1.2), Sachkosten Arzneimittel (Modul 1.4a) und Sachkosten übriger medizinischer Bedarf (Modul 1.6a)

Die Personalkosten des Pflegediensts sowie die Sachkosten für Arzneimittel und den übrigen medizinischen Bedarf werden im Rahmen einer gewichteten Bezugsgrößenkalkulation verteilt; Basis der Gewichtung sind die PPR-Minuten. Nach Genehmigung durch das InEK kann auch ein alternatives Stufensystem verwendet werden, wobei die Zuordnung der Kosten über andere Größen wie z. B. Pflegetage nicht zulässig ist. Die für die Kostenträgerrechnung benötigten Leistungs- und Kostendaten sind:

- Leistungsdaten: PPR-Minuten
- Kostendaten:
  - Gesamtkosten Pflegedienst
  - Gesamtkosten Arzneimittel
  - Gesamtkosten übriger medizinischer Bedarf
- Kalkulationssatz: Jeweilige Gesamtkosten dividiert durch die Anzahl der PPR-Minuten

Beispiel

Aus der PPR-Dokumentation einer Normalstation ergibt sich, dass für alle Patienten der Station im betrachteten Datenjahr 868.700 PPR-Minuten erbracht wurden. Die Gesamtpersonalkosten für den Pflegedienst der Station beliefen sich auf 364.950 €. Der Kalkulationssatz wird wie folgt berechnet:

$$\frac{400.000\,€}{800.000\,\text{PPR-Minute}} = 0{,}50\,€ \text{ je PPR-Minute}$$

Für einen Behandlungsfall wurden 1000 PPR-Minuten dokumentiert. Die dem Fall zuzuordnenden Kosten sind folglich

$$0{,}50\,€ \text{ je PPR-Minute} \times 1000 = 500{,}00\,€$$

Verrechnung der Personal- und Sachkosten der medizinischen Infrastruktur (Modul 1.7) und der Personal- und Sachkosten der nichtmedizinischen Infrastruktur (Modul 1.8)

Die Kosten der medizinischen und nichtmedizinischen Infrastruktur werden im Rahmen einer ungewichteten Bezugsgrößenkalkulation auf Grundlage der erbrachten Pflegetage zugeordnet. Die benötigten Leistungs- und Kostendaten sind:

- Leistungsdaten: Pflegetage
- Kostendaten:
  - Gesamtkosten medizinische Infrastruktur
  - Gesamtkosten nichtmedizinische Infrastruktur
- Kalkulationssatz: Jeweilige Gesamtkosten dividiert durch die Anzahl der Pflegetage

Beispiel

Eine chirurgische Normalstation erbringt pro Jahr 10.000 Pflegetage. Die relevanten Kosten der nichtmedizinischen Infrastruktur betragen 200.000 €. Der ungewichtete Kalkulationssatz je Pflegetag ergibt sich wie folgt:

$$\frac{200.000\,€}{10.000\,\text{Pflegetage}} = 20,00\,€ \text{ je Pflegetage}$$

Eine Patientin wurde am 10. April auf der chirurgischen Normalstation aufgenommen und am 16. April desselben Jahres wieder entlassen.

Für die Patientin ergeben sich sieben Pflegetage. Die dem Fall zuzuordnenden Kosten errechnen sich daher wie folgt:

$$20,00\,€ \text{ je Pflegetag} \times 7 \text{ Pflegetage} = 140,00\,€$$

4.6 Deckungsbeitragsrechnung

Für eine gezielte Steuerung von Abteilungen benötigen die Geschäftsführung und die bereichsverantwortlichen Ärzte belastbare und aussagefähige Zahlen. Besondere Bedeutung haben Leistungsdaten in Verbindung mit dem betriebswirtschaftlichen Ergebnis. Diese Informationen müssen für die einzelnen Abteilungen bzw. Kostenstellen im Rahmen einer gesonderten Rechnung ermittelt und aufbereitet werden. Nur so ist eine zielgerichtete Steuerung möglich. Ein in Kliniken gängiges Instrument ist die fachabteilungsbezogene mehrstufige Deckungsbeitragsrechnung, auch als Abteilungsergebnisrechnung (AER) bezeichnet (PWC 2010).

Ziel ist es, alle in einer bestimmten Periode (zumeist Monat) angefallenen Kosten anhand von möglichst verursachungsgerechten Verteilungsschlüsseln den einzelnen

Fachabteilungen zuzurechnen. Wichtig ist, dass nicht nur die direkten Kosten der Fachabteilungen, sondern ebenso die indirekten Kosten für die Inanspruchnahme von Leistungen durch die Fachabteilungen wie z. B. Labor, Radiologie sowie die Kosten des allgemeinen Betriebs des Krankenhauses (z. B. Energie, Verwaltung) in die Ermittlung einbezogen werden. Stellt man diesen Kosten den von den Fachabteilungen in der betrachteten Periode erzielten Erlöse gegenüber, kann das fachabteilungsbezogene Periodenergebnis errechnet werden.

4.6.1 Kostenstellenhierarchie

Für die Durchführung ist es wie auch in der DRG-Kalkulation notwendig, die Kostenstellen des Krankenhauses ähnlich wie bei DRG-Kalkulation (Abschn. 4.5) Kostenstellenhierarchie einzuordnen:

- Nichtmedizinische Infrastruktur: Gebäude, Wäscheversorgung, Verwaltung etc.
- Medizinische Infrastruktur: Patiententransporte, medizinischer Schreibdienst etc.
- Innerbetriebliche Leistungsverrechnung: Labor, Funktionsdiagnostik, Radiologie etc.
- Hauptkostenstellen: Chirurgie, Innere Medizin, Neurologie etc.

4.6.2 Personalkostenverrechnung

Bevor mit der Kostenschlüsselung begonnen werden kann, müssen zunächst die Personalkosten der medizinischen Dienstarten denjenigen Kostenstellen zugeordnet werden, für die die Mitarbeiter im betrachteten Zeitraum tätig gewesen sind.

Beispiel

Die Personalkosten des Ärztlichen Diensts müssen entsprechend des Tätigkeitsumfangs der Mitarbeiter auf die Bereiche Normalstation, Intensivstation, OP usw. aufgeteilt werden. Der jeweilige Tätigkeitsumfang der Mitarbeiter für die einzelnen Bereiche kann entweder anhand einer mitarbeiterbezogenen Zeiterfassung oder anhand von statistischen Unterlagen oder hilfsweise Schätzungen ermittelt werden.

4.6.3 Kostenschlüsselung

Im Rahmen der Kostenschlüsselung werden die Kosten der Vorkostenstellen anhand von verursachungsgerechten Verteilungsschlüsseln schrittweise durch das Stufenleiterverfahren auf die nachfolgenden Kostenstellen verteilt. Am Ende sind alle Vorkostenstellen entlastet und sämtliche Kosten auf die Hauptkostenstellen verrechnet. Die gesamten zu verrechnenden Kosten einer Kostenstelle ergeben sich aus drei verschiedenen Kostenbestandteilen. Erster Bestandteil ist der Saldo aus direkt auf der Kostenstelle gebuchten Erlösen und Kosten (Erlösabzugsverfahren). Als zweites sind die im Rahmen der Kostenschlüsselung von vorgelagerten Kostenstellen erhaltenen Kosten zu beachten. Dritter Bereich sind die im Rahmen der Personalkostenverrechnung zugerechneten Personalkosten.

4.6.4 Verteilung der Erlöse aus diagnosebezogenen Fallgruppen

Solange die Versorgung eines Patienten durch nur eine einzige Fachabteilung erfolgt, ist eine Verteilung der Erlöse nicht erforderlich. Herausfordernd ist allerdings die Frage, wie Erlöse verteilt werden sollen, wenn mehr als eine Abteilung an der Versorgung beteiligt ist. Eine unsachgemäße Zuordnung von Erlösen verursacht ebenso wie eine Schlüsselung von Kosten mit qualitativ schlechten Verteilgrößen zu Ergebnissen, die für eine sachgerechte Diskussion nicht geeignet sind. Insbesondere führt dies auch dazu, dass schlechte Abteilungsresultate oftmals, ob zu Recht oder nicht, darauf zurückgeführt werden, dass versorgte Patienten aus anderen Abteilungen für Defizite verantwortlich sind.

Bezogen auf die Erlöse muss folglich die Frage, wer welchen Anteil der DRG-Fallpauschale für seine erbrachte Behandlungsleistung erhält, beantwortet werden. Die teilweise noch verbreiteten Zuordnungsmodelle ohne eine Aufteilung der Erlöse (z. B. anhand der entlassenden Fachabteilung), sind v. a. für Kliniken mit einem hohen Anteil an internen Verlegungen nicht geeignet.

Als relativ einfach umsetzbare Lösung eignet sich die Methode der aufwandskorrigierten Verweildauer (AKVD). Den Ausgangspunkt bildet dabei die Berechnung von sog. Abteilungs-Case-Mix-Indizes (Abteilungs-CMI) ohne interne Verlegungen. Dazu werden für jede Fachabteilung die effektiven Bewertungsrelationen ihrer nicht intern verlegten Patienten aufsummiert und durch die Anzahl der Behandlungsfälle dividiert. Dieser Abteilungs-CMI stellt den durchschnittlichen Behandlungsaufwand für die ausschließlich in dieser Abteilung behandelten Patienten dar. Im Anschluss wird für jeden intern verlegten Fall eine Äquivalenzverweildauer bestimmt, indem die fachabteilungsbezogenen Liegestunden je Fall mit dem jeweiligen Abteilungs-CMI bewertet werden. Die fachabteilungsbezogenen Äquivalenzverweildauern je Fall werden dann in Relation zur Gesamtsumme der Äquivalenzverweildauern eines Falls gesetzt, um den prozentualen Erlösanteil je Fachabteilung für den betrachteten Fall zu erhalten.

Beispiel

Ein Patient mit einem Kostengewicht von 2,550 wurde durch drei Abteilungen (A, B und C) insgesamt 1000 Stunden behandelt. Die Aufteilung der jeweiligen

Behandlungsstunden wurde der internen Dokumentation entnommen. Der Basisfall-wert beträgt 3500,00 €, sodass sich der Rechnungsbetrag wie folgt berechnet:

$$2,550 \times 3500,00 \, € = 8925,00 \, €$$

Durch das Controlling wurde der CMI der drei Abteilungen unter Herausrechnung aller Patienten mit internen Verlegungen berechnet (z. B. 1,000 für Abteilung A).

Die AKVD berechnet sich am Beispiel der Abteilung A wie folgt:

$$150 \, \text{Stunden} \times 1,000 = 150,0$$

Als nächstes wird der Case-Mix-Anteil bestimmt; dieser ergibt sich exemplarisch für die Abteilung A wie folgt:

$$\frac{150,0}{1335,0} \times 100 = 11,2$$

Zuletzt kann der Erlösanteil der Abteilungen bestimmt werden. Für die Abteilung A berechnet sich:

$$0,112 \times 2,550 \times 3500,00 \, € = 999,60 \, €$$

Die folgende Tabelle fasst die Ergebnisse für alle drei Abteilungen zusammen.

Abteilung	Stunden	CMI (ohne interne Ver-legungen)	AKVD	CM-Anteil	CM AKVD	Erlöse in €
A	150	1,000	150,0	11,2	0,2856	999,60
B	300	1,200	360,0	27,0	0,6885	2409,75
C	550	1,500	825,0	61,8	1,5759	5515,65
Summe	1000		1335,0	100,0	2,550	8925,00

4.6.5 Schema einer abteilungsbezogenen Deckungsbeitragsrechnung

Nachdem die Kosten und Erlöse möglichst verursachungsgerecht auf die einzelnen Fach-abteilungen verrechnet worden sind, ist es möglich, die einzelnen Deckungsbeiträge je Fachabteilung darzustellen (Tab. 4.6).

Tab. 4.6 Abteilungsbezogene Deckungsbeitragsrechnung

	Erlöse aus stationären Leistungen
+	Erlöse aus teilstationären Leistungen
+	Erlöse aus ambulanten Leistungen
+	Erlöse aus Wahlleistungen
+	Erlöse aus Abgaben durch liquidationsberechtigte Ärzte
=	**Gesamterlöse**
−	Direkte Personalkosten
−	Direkte Kosten des medizinischen Bedarfs
−	Sonstige direkte Sachkosten
=	**Deckungsbeitrag I**
−	Innerbetriebliche Leistungsverrechnung der medizinischen Funktionsbereiche (OP, Radiologie, Labor etc.)
=	Deckungsbeitrag II
−	Umlage der Servicebereiche (medizinischen und nichtmedizinischen Infrastruktur)
=	**Deckungsbeitrag III (EBITDAR)**
−	Abschreibungen, Zinsen, Steuern
=	**Deckungsbeitrag IV (Gesamtergebnis)**

Literatur

Deutsche Krankenhausgesellschaft (DKG), Spitzenverbände der Krankenkassen (GKV), Verband der privaten Krankenversicherungen (PKV). (2016): Kalkulation von Behandlungskosten. Handbuch zur Anwendung in Krankenhäusern. Version 4.0. Deutsche Krankenhaus Verlagsgesellschaft Düsseldorf. https://www.g-drg.de/Kalkulation2/DRG-Fallpauschalen_17b_KHG/Kalkulationshandbuch.

Keun, F., & Prott, R. (2008). *Einführung in die Krankenhaus-Kostenrechnung. Anpassung an neue Rahmenbedingungen*. Wiesbaden: Gabler.

PwC. (2010). Fachabteilungsbezogene mehrstufige Deckungsbeitragsrechnung im Krankenhaus. https://www.pwc.de/de/gesundheitswesen-und-pharma/fachabteilungsbezogene-mehrstufige-deckungsbeitragsrechnung-im-krankenhaus.html.

Investitionsrechnung

5

5.1 Überblick

▶ Die Begriffe **Investition und Finanzierung** werden oft in einem Atemzug genannt, obwohl die beiden Begriffe klar voneinander abzugrenzen sind. Unter **Finanzierung** fallen alle Maßnahmen zur Beschaffung von finanziellen Mitteln für einen bestimmten Zeitraum. Die Passivseite der Bilanz ist die Finanzierungsseite. **Investition** zeigt die Verwendung von finanziellen Mitteln, um Anlagevermögen und/oder Umlaufvermögen zu beschaffen. Die Aktivseite der Bilanz ist die Investitionsseite.

Die Investitionsrechnung beinhaltet mathematische Methoden, um Investitionen auf ihre Vorteilhaftigkeit zu prüfen. Die Verfahren in der Investitionsrechnung ermöglichen somit eine genauere Analyse von Anschaffungen. In der Regel entsteht bei einer Investition zu Anfang ein hoher Finanzbedarf, während die Rückflüsse sich in die Zukunft erstrecken. Eine Zahlung heute ist aber nicht dasselbe wie eine Zahlung in zehn Jahren. Die verschiedenen Zahlungen können durch Auf- bzw. Abzinsung auf ein und denselben Zeitpunkt umgerechnet werden. Man nennt dieses Vorgehen auch dynamische Investitionsrechnung. In der Vergangenheit wurde auch die statistische Investitionsrechnung durchgeführt. Diese Verfahren werden statisch genannt, weil nur eine Periode und keine Zinseszinseffekte berücksichtigt werden. Statt die verschiedenen Zahlungen eines Zeitpunkts zu ermitteln, wird ein Durchschnittswert aller zu erwartenden Umsätze bzw. Kosten gebildet. Dadurch sind diese Berechnungen für langfristige Betrachtungen nicht optimal und sollten nur für kurzfristige oder für überschlägige Betrachtungen verwendet werden. Zu den statischen Verfahren gehören die Kostenvergleichsrechnung, Gewinnvergleichsrechnung, Rentabilitätsvergleichsrechnung und die Amortisationsrechnung.

© Springer Fachmedien Wiesbaden GmbH, ein Teil von Springer Nature 2019   151
G. Schmola, *Jahresabschluss, Kostenrechnung und Finanzierung im Krankenhaus*,
https://doi.org/10.1007/978-3-658-20281-1_5

Es lassen sich drei verschiedene Problemstellungen in der Investitionsrechnung unterscheiden:

1. Problem der Vorteilhaftigkeit: Es wird untersucht, ob es überhaupt vorteilhaft ist, die betrachtete Investition durchzuführen. Es müssen die Finanzierungskosten für die Investition bzw., wenn eigene Mittel für die Investition verwendet werden, Opportunitätskosten berücksichtigt werden. Diese sind anzusetzen, da bei Nichtdurchführung der Investition die vorhandenen freien Gelder in Finanzinvestitionen angelegt werden könnten.
2. Wahlproblem: Beim Wahlproblem stehen mehrere Investitionsentscheidungen zur Verfügung. Diese müssen jeweils auf ihre Vorteilhaftigkeit überprüft und in eine Rangfolge gebracht werden.
3. Ersatzproblem: Zu untersuchen ist, ob und gegebenenfalls auch wann eine Anlage durch eine neue Anlage ersetzt werden soll.

Nachfolgend werden ausgewählte Verfahren der statischen und dynamischen Investitionsrechnung genauer dargestellt.

5.2   Statische Methoden

5.2.1 Kostenvergleichsrechnung

In der Kostenvergleichsrechnung werden die durchschnittlichen Kosten je Periode oder je Einheit errechnet. Dieses Verfahren wird angewendet, um zwei Investitionen hinsichtlich ihrer Kosten zu vergleichen. In diese Berechnung fließen die fixen Kosten sowie die variablen Kosten ein. Zudem werden die kalkulatorischen Abschreibungen und die kalkulatorischen Zinsen mit einbezogen. Mit dem Ergebnis können lediglich die Kosten der Investitionen verglichen werden, Erlöse und die nach Abzug der Kosten resultierenden Gewinne werden nicht betrachtet. Ein typisches Beispiel ist die Anschaffung von Kopier- und Druckgeräten. Regelmäßig gibt es günstigere Geräte, die jedoch höhere laufende Kosten (z. B. für Toner) aufweisen und teure Geräte, die zwar in der Anschaffung kostenintensiver sind, dafür aber geringere laufende Kosten aufweisen.

Beispiel

Das Kopier- und Druckgerät Eco kostet 10.000 €, während das Gerät Pro 15.000 € kostet. Beide Geräte können für fünf Jahre genutzt werden und haben dann keinen Restwert mehr. Zudem bestehen keine für das Krankenhaus relevanten Leistungsunterschiede, sodass der Vergleich rein auf Kostenebene stattfindet. Für die Berechnung der kalkulatorischen Zinsen wird angenommen, dass die Hälfte der Anschaffungskosten über die gesamte Laufzeit gebunden ist und mit 5 %

verzinst wird. Die kalkulatorische Abschreibung wird durch lineare Aufteilung der Anschaffungskosten auf die Nutzungsdauer ermittelt. So ergibt sich:

Gerät Eco:

$$Kalkulatorische\ Abschreibung = 10.000\ €/5 = 2000\ €$$

$$Kalkulatorische\ Zinsen = (10.000\ €/2) \times 0{,}05 = 250\ €$$

Gerät Pro:

$$Kalkulatorische\ Abschreibung = 15.000\ €/5 = 3000\ €$$

$$Kalkulatorische\ Zinsen = (15.000\ €/2) \times 0{,}05 = 375\ €$$

Für das Gerät Eco fallen pro Jahr noch weitere Fixkosten in Höhe von 250 € an, beim Gerät Pro sind es nur 100 €. Variable Kosten je Blatt Druck sind 3,5 Cent beim Gerät Eco und 1,5 Cent beim Gerät Pro. Fraglich ist, ab welcher Menge an Drucken welches Gerät zu bevorzugen ist. Die Berechnung ergibt folgendes:

$$Eco:\ 2000\ € + 250\ € + 250\ € + Anzahl\ an\ Kopien \times 0{,}035$$

$$Pro:\ 3000\ € + 375\ € + 100\ € + Anzahl\ an\ Kopien \times 0{,}015$$

Werden beide Rechenansätze gleichgesetzt, kann die Menge ermittelt werden, bei dem beide Geräte die gleichen Kosten aufweisen würden:

$$2000\ € + 250\ € + 250\ € + Anzahl\ an\ Kopien \times 0{,}035 = 3000\ € + 375\ € + 100\ € +$$
$$Anzahl\ an\ Kopien \times 0{,}015$$

Es ergibt sich folglich:

$$0{,}02 \times Anzahl\ der\ Kopien = 975\ €$$
$$Anzahl\ der\ Kopien = 48.750$$

Ist die voraussichtliche Anzahl an Kopien größer als 48.750, so ist das Gerät Pro zu bevorzugen, unter 48.750 Kopien das Gerät Eco.

5.2.2   Gewinnvergleichsrechnung

Hierbei handelt es sich um eine erweiterte Kostenvergleichsrechnung, bei der zusätzlich die jährlichen Erlöse bestimmt werden. Das Delta zwischen den Erlösen und den Kosten ergibt den durchschnittlichen Gewinn einer Investition. Es können somit auch verschiedene Investitionen miteinander verglichen werden. Die Aussagekraft dieses Ergebnisses ist höher als das der Kostenvergleichsrechnung, da die Einbeziehung von Erlösen das Gesamtergebnis einer Investition und nicht nur die Kostenseite betrachtet.

Im Krankenhaus könnte dies etwa der Fall sein, wenn bestimmte Untersuchungen nur mit einem bestimmten Gerätetyp durchgeführt werden können und somit sich nicht nur die Kosten des Geräts, sondern auch die Erlöse unterscheiden.

5.2.3 Rentabilitätsvergleichsrechnung

Die Rentabilitätsrechnung ist eine erweiterte Form der Gewinnvergleichsrechnung, in der der durchschnittliche Gewinn in Relation zum durchschnittlich eingesetzten Kapital gesetzt wird. Somit ist es möglich, verschiedene Investitionen in Bezug auf deren Rentabilität zu prüfen. Um dabei aber vergleichbare Werte zu erhalten, dürfen die Investitionen von der Höhe (Anschaffungskosten) und Länge (Nutzungsdauer) nicht sehr stark voneinander abweichen. Es macht einen Unterschied, ob man auf ein eingesetztes Kapital von 10.000 € für ein Jahr eine Rendite von 15 % erwirtschaften kann oder für 100.000 € eine Rendite von 14 % über fünf Jahre. Ein einfaches Gegenüberstellen von 15 % zu 14 % führt zu einer verkürzten und damit falschen Betrachtung, da etwa die Frage aufkommt, was mit den restlichen 90.000 € im Jahr eins passiert und was mit den 100.000 € ab dem Jahr zwei gemacht werden kann.

5.2.4 Statische Amortisationsrechnung

Die Amortisationsrechnung existiert sowohl als statisches als auch dynamisches Verfahren. Bei der statischen Amortisationsrechnung werden die Zinsen total vernachlässigt und es wird einfach überprüft, nach welcher Zeit die Summe der Einnahmeüberschüsse der Anschaffungsausgabe entspricht. Zur Veranschaulichung dient nachfolgendes Beispiel.

Beispiel

Eine Investition hat Anschaffungskosten von 90.000 €. Nach eingehender Analyse konnten folgende Gewinne für die Nutzungsdauer von fünf Jahren ermittelt werden:

- Jahr 1: 40.000 €
- Jahr 2: 20.000 €
- Jahr 3: 30.000 €
- Jahr 4: 20.000 €
- Jahr 5: 10.000 €

Die statische Amortisationsdauer beträgt folglich in dem Beispiel exakt drei Jahre. Nach drei Jahren ist in Summe (40.000 € + 20.000 € + 30.000 €) die Anschaffungsauszahlung wieder erzielt worden, die Investition hat sich amortisiert. Mit einer derartigen Aussage ist natürlich noch nichts über die Vorteilhaftigkeit der Investition gesagt, denn es wurden keine Zinsen berücksichtigt.

Die Amortisation nach drei Jahren hätte sich beispielsweise auch dann ergeben, wenn die Überschüsse nach dem dritten Jahr abbrechen würden, d. h. die Jahre vier und fünf gar nicht existiert hätten oder dort gar negative Gewinne anfallen würden. Im Fall der Nichtexistenz der Jahre vier und fünf würde die Investition also darauf hinauslaufen, dass man 10.000 € weggibt und diese ohne Zinsen mit einer gewissen Verzögerung zurückerhält. Für eine derartige Investition würde sich bei jedem positiven Zins ein negatives Ergebnis einstellen. Einen Sinn macht die statische Amortisationsrechnung lediglich bezüglich der Risikoeinschätzung, denn zumeist sind die Schätzungen künftiger Überschüsse umso unsicherer, je stärker sie sich in die Zukunft erstrecken. Sollten etwa zwei Investitionen fast den gleichen positiven Kapitalwert haben (s. dazu dynamisches Verfahren des Kapitalwerts), so kann man sich mithilfe der statischen Investitionsrechnung diejenige heraussuchen, bei der das Geld schneller zurückfließt, die also ein geringeres Risiko beinhaltet.

5.3   Dynamische Verfahren

Zu den dynamischen Verfahren gehören neben der dynamischen Amortisationsrechnung die Kapitalwertmethode, die Methode des internen Zinsfußes und die Annuitätenmethode. Bei den dynamischen Verfahren werden im Gegensatz zu den statischen Verfahren die Zeitpunkte der Einzahlungen und Auszahlungen mit in die Berechnungen einbezogen, weshalb aussagefähigere Berechnungen entstehen. Zu beachten ist nichtsdestotrotz, dass für die finale Entscheidungsfindung neben den Ergebnissen von Berechnungen oftmals auch weiche Faktoren bei vielen Investitionsentscheidungen eine Rolle spielen (z. B. Imageeffekte). Hierzu ist der Einsatz von qualitativen Methoden der Investitionsauswahl hilfreich.

5.3.1   Dynamische Amortisationsrechnung

Bei der dynamischen Amortisationsrechnung werden die Zinsen berücksichtigt. Hierbei werden die abgezinsten Zahlungsüberschüsse kumuliert und mit der Anschaffungsauszahlung verglichen. Für die zuvor betrachtete Investition ergibt sich bei der dynamischen Amortisationsrechnung und einem angenommenen Zinssatz von 5 % folgendes:

$$Jahr\ 1: 40.000\,€/1{,}05 = 38.095{,}24\,€$$

$$Jahr\ 2: 20.000\,€/1{,}05^2 = 18.140{,}59\,€$$

$$Jahr\ 3: 30.000\,€/1{,}05^3 = 25.915{,}13\,€$$

$$Jahr\ 4: 20.000\,€/1{,}05^4 = 16.454{,}05\,€$$

$$Jahr\ 5: 10.000\,€/1{,}05^5 = 7835{,}26$$

Summiert man die Werte wieder auf, so ergibt sich nach drei Jahren ein Wert von 82.150,96 € (und damit weniger als die Anschaffungsauszahlung) und nach vier Jahren von 98.605,01 € (und damit mehr als die Anschaffungsauszahlung). Die dynamische Amortisation liegt deshalb irgendwo zwischen drei und vier Jahren. Einen guten Schätzwert für die Amortisationszeit (taz) erhält man mithilfe linearer Interpolation, die mit nachfolgender Formel berechnet werden kann:

$$t_{AZ} = (k-1) \times \frac{A_0 - \sum_{t=1}^{k-1} \frac{1}{(1+i)^t} \times d_t}{\frac{1}{(1+i)^k} \times d_k}$$

wobei k für die Anzahl der Jahre steht, nach der die abgezinste Summe der Einnahmeüberschüsse den Wert der Anschaffungsauszahlung erstmals überschreitet (im Beispiel beträgt k somit 4).

$$t_{AZ} = (4-1) \times \frac{90.000 - 82.150,96\,€}{16.454,05\,€} = 3,477$$

Es ergibt sich eine Amortisationsdauer von etwa 3,5 Jahren.

5.3.2 Kapitalwertmethode

Der Kapitalwert ist der Barwert aus der Differenz aller Einzahlungs- und Auszahlungsströme einer Investition über die gesamte Entwicklungs- und Nutzungsdauer einer Investition. Der Barwert ist der auf den Entscheidungszeitpunkt (Beginn des Investitionsvorhabens) abgezinste (diskontierte) Differenzbetrag aller Einzahlungen und Auszahlungen, die durch dieses Investitionsvorhaben erzeugt werden. Zinst man alle Zahlungen, die nach der Anschaffung des Investitionsobjekts erfolgen, bei Anwendung des Kalkulationszinssatzes ab, so erhält man den Ertragswert (E). Vermindert man diesen noch um die Anschaffungsauszahlung des Investitionsobjekts, dann ergibt sich der Kapitalwert (K):

$$K = -A_0 + \frac{e_1 - a_1}{(1+i)^1} + \frac{e_2 - a_2}{(1+i)^2} + \ldots + \frac{e_n - a_n}{(1+i)^n} + \frac{R_n}{(1+i)^n}$$

Den Faktor $\frac{1}{(1+i)^n}$ bezeichnet man als Abzinsungsfaktor.

Die Zahlungsreihe ergibt sich aus der Differenz der zukünftigen Einzahlungen und Auszahlungen. Entsteht am Ende der Nutzungsdauer ein Liquidationserlös oder ein Liquidationsaufwand, so ist dieser entsprechend zu verrechnen. Der vorgegebene Zinssatz diskontiert die zukünftigen Werte der Zahlungsreihe auf den heutigen Gegenwartswert ab. Orientierungsgrößen für diesen Zinssatz können beispielsweise sein:

- Kapitalmarktzins (als Untergrenze) plus Risikoaufschlag
- Landesüblicher Zinsfuß (durchschnittliche Effektivverzinsung einer risikofreien vier- bis fünfjährigen Staatsanleihe plus Risikoaufschlag

- Branchenzins: Durchschnittlich erreichte Rendite im Krankenhaussektor (gegebenenfalls orientiert an Trägerschaft und Größe des Krankenhauses)
- Unternehmenszins: Ergibt sich aus der Verzinsung des langfristig im Krankenhaus gebundenen Kapitals

Erreicht eine Investition nach dieser Kalkulationsmethode einen positiven Kapitalwert, ist sie vorteilhaft, d. h. dass ein negativer Kapitalwert die Unwirtschaftlichkeit einer Investition anzeigt. Nachfolgend ist ein Berechnungsbeispiel dargestellt.

Beispiel

Ein Krankenhaus überlegt, ein neues medizinisches Gerät anzuschaffen, mit dem zusätzliche Erlöse im Selbstzahlerbereich generiert werden können. Das Gerät kostet 150.000 € und kann drei Jahre genutzt werden. Ein Restwert besteht nicht. Zur Abzinsung wird ein Zinssatz von i = 5 % verwendet. Folgende Erlöse und Ausgaben werden prognostiziert:

- Jahr 1: 75.000 € Einnahmen und 50.000 € Ausgaben
- Jahr 2: 130.000 € Einnahmen und 60.000 € Ausgaben
- Jahr 3: 150.000 € Einnahmen und 70.000 € Ausgaben

Der Kapitalwert errechnet sich wie folgt:

$$K = -150.000 + \frac{75.000 \,€ - 50.000 \,€}{(1 + 0{,}05)^1} + \frac{130.000 \,€ - 60.000 \,€}{(1 + 0{,}05)^2} + \frac{150.000 \,€ - 70.000 \,€}{(1 + 0{,}05)^3}$$

$$= 6408{,}59 \,€$$

5.3.3 Methode des internen Zinsfußes

Der interne Zinsfuß gibt im Gegensatz zum Kapitalwert genauere Auskunft über die Rentabilität einer Investition. Er ergibt sich genau dort, wo die Abzinsung einer Zahlungsreihe einen Kapitalwert von Null annimmt. Zur rechnerischen Ermittlung werden in die Kapitalwertformel zwei sog. Versuchszinssätze eingesetzt. Diese werden so gewählt, dass mit dem einen idealerweise ein leicht positiver Kapitalwert entsteht und mit dem anderen ein leicht negativer. Durch lineare Interpolation kann im Anschluss der interne Zinsfuß näherungsweise errechnet werden:

$$i_1 - \frac{K_{i1} \times (i_2 - i_1)}{K_{i2} - K_{i1}}$$

Beispiel

Für ein Investitionsobjekt ergibt sich bei einem Zinssatz 1 von 6 % ein Kapitalwert 1 von 10.000 € und bei einem Zinssatz 2 von 7 % ein Kapitalwert 2 von –2000 €. Mithilfe der linearen Interpolation errechnet sich näherungsweise die tatsächliche Verzinsung des Investitionsobjekts:

$$6\% - \frac{10.000\,€ \times (7\,\% - 6\,\%)}{-2000\,€ - 10.000\,€} = 6,83\,\%$$

5.3.4 Annuitätenmethode

Bei Annuitäten handelt es sich um konstante jährliche Raten während der Laufzeit einer Investition. Wenn man den Kapitalwert einer Investition mithilfe des sog. Kapitalwiedergewinnungsfaktors (KWF) auf die Laufzeit der Investition umrechnet, so erhält man die Gewinnannuität der Investition. Hierbei handelt es sich um den Betrag, den die Investition jährlich über den Kalkulationszinsfuß hinaus erwirtschaftet.

Beispiel

Für eine Investition wurde ein Kapitalwert von 100.000 € ermittelt. Die Laufzeit beträgt sechs Jahre, der Kalkulationszinssatz wurde mit 5 % angesetzt. Zur Ermittlung des KWF existieren Tabellen, aus denen der entsprechende Wert zu entnehmen ist.

Jahre / Zinssatz	5%	6%	10%	12%
3	0,36721	0,37411	0,40211	0,41635
6	**0,19702**	0,20336	0,22961	0,24323
9	0,14069	0,14702	0,17364	0,18768

Der KWF beträgt in vorliegendem Fall 0,19702, sodass sich eine Annuität von

$$100.000,00\,€ \times 0,19702 = 19.702,00\,€$$

errechnet.

Eine positive Gewinnannuität zeigt, dass die Investition einen über dem Kalkulationszinsfuß liegenden Zins erwirtschaftet. Bei einer negativen Gewinnannuität wird folglich weniger als der Kalkulationszinsfuß erzielt. Die Annuitätenmethode bringt bezüglich der Vorteilhaftigkeit einer Investition keine weiteren Erkenntnisse gegenüber der Kapitalwertmethode. Besonders wichtig ist die Annuitätenmethode aber im Zusammenhang mit dem Ersatzproblem. Es besteht die Frage, ob ein altes Gerät noch ein weiteres Jahr genutzt oder ein neues beschafft werden soll. Zunächst muss der zeitliche Grenzgewinn G_{n+1} des alten Geräts errechnet werden. Dieser ist dann dem sog. zeitlichen Durchschnittsgewinn (Gewinnannuität) des neuen Geräts gegenüberzustellen. Es wird sich dann für die Alternative entschieden, die einen höheren Wert abwirft.

Berechnung des zeitlichen Grenzgewinns

Wird eine Anlage nach n Jahren verkauft, kann der erzielte Restwert R_n angelegt werden, sodass er am Ende des Jahres $R_n(1+i)$ beträgt. Wird die Anlage n + 1 Jahre genutzt, dann erhält man im Jahr n + 1 Nettoeinzahlungen c_{n+1} sowie einen Restwert R_{n+1}. Die Weiternutzung der Anlage im Jahr n + 1 ist nur dann vorteilhaft, wenn gilt:

$$R_n(1 + i) < c_{n+1} + R_{n+1}$$

Berechnung des zeitlichen Durchschnittsgewinns

Zunächst ist der Kapitalwert der neuen Anlage zu bestimmen. Dieser ist mit dem KWF zu multiplizieren, um den zeitlichen Durchschnittsgewinn (bezogen auf ein Jahr) zu errechnen.

Bei Weiterbetrieb der alten Anlage wird der zeitliche Grenzgewinn G_{n+1} erzielt, dafür aber auf den zeitlichen Durchschnittsgewinn $K \times KWF$ verzichtet. Die Weiternutzung ist folglich sinnvoll, wenn gilt:

$$G_{n+1} > K \times KWF$$

Beispiel

Die Ambulanz eines Krankenhauses steht vor der Wahl, sein altes Ultraschallgerät noch ein weiteres Jahr zu nutzen oder sich ein neues Gerät anzuschaffen. Mit dem alten Gerät lässt sich in der kommenden Periode noch 50.000 € verdienen; andererseits sinkt sein Restwert von 40.000 € auf 20.000 € ab. Das neue Gerät hat einen Anschaffungspreis von 120.000 € und eine Nutzungsdauer von sechs Jahren. Ein Restwert besteht danach nicht. Pro Jahr lassen sich damit 60.000 € erwirtschaften. Der vom Krankenhaus angenommene Zinssatz beträgt 10 %.

Zeitlicher Grenzgewinn: $G_{n+1} = 50.000 + 20.000 - 40.000(1 + 0,1) = 26.000$ €
Zeitlicher Durchschnittsgewinn: $K \times KWF = 60.000 - 120.000 \times 0,2296 = 32.448$ €

Da der zeitliche Durchschnittsgewinn den zeitlichen Grenzgewinn übersteigt, ist es sinnvoll, sich sofort das neue Ultraschallgerät anzuschaffen.

Neben der genauen Annuitätenmethode besteht zur ersten schnellen Abschätzung der Vorteilhaftigkeit einer Investition noch die sog. Praxismethode. Die Vereinfachung besteht darin, dass die Annuität eine gleichmäßig auf die Nutzungsjahre verteilte Tilgung A_0/n sowie eine Verzinsung (i) des durchschnittlich gebundenen Kapitals $(A_0/2) \times i$ enthält:

$$Statische\,Annuität = \frac{A_0}{n} + \frac{A_0}{2} \times i$$

Nur wenn die Investition eine Annuität aufweist, die kleiner ist als die erwartete jährliche Nettoeinzahlung, dann ist die Investition lohnend.

Beispiel

Eine Investition weist eine Anschaffungsauszahlung von 75.000 € auf. Die Nutzungs-dauer beträgt 5 Jahre, der angenommene Zinssatz ist 5 %.

$$Statische\,Annuität = \frac{75.000}{5} + \frac{75.000}{2} \times 0{,}05 = 16.875\,€$$

Sind die zu erwartenden Nettoeinzahlung pro Jahr mindestens 16.875 €, ist die Investition lohnend.

5.4   Vorteilhaftigkeit bei mehreren Investitionsobjekten

Die bislang dargestellten dynamischen Verfahren vergleichen zunächst immer eine Investitionsalternative mit der Nullalternative des Unterlassens der Investition. In der Praxis ist es jedoch immer wieder der Fall, dass mehrere Alternativen für die Investition bestehen. Eine einfache Berechnung des Kapitalwerts, des internen Zinsfußes sowie der Gewinnannuität und deren Vergleich für die Alternativen ist jedoch nur möglich, wenn die Laufzeiten sowie die Investitionshöhen identisch sind. Einen derartigen Unterschied bezüglich der Laufzeiten von Investitionen nennt man Längendiskrepanz. Beim Vor-liegen einer solchen Längendiskrepanz ist die entscheidende Frage, welche Ersatzin-vestition nach Ablauf der Investition mit der kürzeren Laufzeit getätigt werden kann. Bei der Kapitalwertmethode wird davon ausgegangen, dass sich kein zusätzlicher Kapital-wert erzielen lässt. Ein Wert von Null ergibt sich jedoch nur dann, wenn man nach Ablauf der Investition eine Anlage exakt zum Kalkulationszinsfuß vornimmt. Bei der Methode des internen Zinsfußes und der Annuitätenmethode wird hingegen unterstellt, dass nach Ablauf der Investition eine andere mit derselben Rendite durchgeführt wer-den. Egal welche Methode man wählen würde, der Vergleich zwischen zwei oder meh-reren Alternativen würde dazu führen, dass für die Ersatzinvestition eine kaum passende Annahme getroffen wird.

Auch bei der Breitendiskrepanz stellt sich die Frage nach den Konditionen für spä-tere Investitionen. Hier geht es nicht um Ersatzinvestitionen, sondern um die Möglich-keit, die nicht benötigten Mittel (nicht zur Investition benötigte Mittel sowie Rückflüsse) investieren zu können. Können diese exakt zum Kalkulationszinsfuß angelegt werden, so liefern Kapitalwert- und Annuitätenmethode das richtige Ergebnis. Können die Rück-flüsse hingegen zum Zinssatz der internen Verzinsung der Investition wieder angelegt werden, so liefert die Methode des internen Zinsfußes das richtige Ergebnis. Auch hier gilt jedoch erneut, dass jede der Annahmen kaum das tatsächliche Bild darstellen wird. Insgesamt kann man also festhalten, dass bei der Kapitalwertmethode für alle weiteren Anlagen der Kalkulationszinsfuß angenommen wird. Bei der Annuitätenmethode wird nur für die Ergänzungsinvestitionen der Kalkulationszinsfuß verwendet, während bei den Ersatzinvestitionen der interne Zinsfuß angesetzt wird. Bei der Methode des internen Zins-fußes wird für alle Ersatz- und Ergänzungsinvestitionen der interne Zinsfuß unterstellt.

Allerdings werden diese Extreme in der Realität kaum auftreten. Realistischer ist dabei die Annahme, dass Mittel, die nicht (oder zusätzlich) für die Investitionen benötigt werden, als Bankguthaben oder alternative Investition mit anderer Verzinsung angelegt werden. Eine Möglichkeit, dies rechnerisch berücksichtigen zu können, stellt die Horizontwertmethode dar, die nachfolgend an einem vereinfachten Beispiel dargestellt wird.

Beispiel

Einem Krankenhaus stehen finanzielle Mittel in Höhe von 100.000 € zur Verfügung. Folgende Alternativen stehen zur Auswahl:

- Investitionsobjekt I:
  - Anschaffungskosten: 100.000 €
  - Laufzeit: 4 Jahre
  - Zahlungsstrom: $t_4 = 200.000$ €
- Investitionsobjekt II:
  - Anschaffungskosten: 50.000 €
  - Laufzeit: 1 Jahr
  - Zahlungsstrom: $t_1 = 100.000$ €

Die Zahlungsströme sind nachfolgend grafisch ersichtlich:

I_1 - 100T€   + 200T€

I_2 - 50T€   + 100T€

```
    |----+----+----+----+---->  t
    0    1    2    3    4
```

Durch die Einführung einer Ersatz- und/oder Erweiterungsinvestition (z. B. Geldanlage bei der Bank) können die beiden Investitionsobjekte vergleichbar gemacht werden. Überschüssige Finanzmittel bei der Investition II (50.000 €) werden als Bankguthaben angelegt (Erweiterungsinvestition); mit dem Guthaben am Ende von Periode 1 (50.000 € + Zins + Zahlungsüberschüsse aus der Investition) wird analog verfahren (Ersatzinvestition). Als Kalkulationszinssatz wird i = 8 % angenommen.

I_1 - 100T€

I_2 - 50T€   + 100T€   + 200T€

      - 50T€ (B) - 100T€ (B)   + xT€

```
    |----+----+----+----+---->  t
    0    1    2    3    4
```

Bei einem Zinssatz von 8 %, ergibt sich:

$$x = 50.000\,(1 + 0{,}08)^4 + 100.000\,(1 + 0{,}08)^3 = 193.996\,€$$

Welches Investitionsobjekt günstiger ist, lässt sich durch einen Vergleich der Horizontwerte (also der Beträge, die dem Investor am Ende seines Anlagezeitraums zufließen) ermitteln. Ist $x > 200.000$, dann ist die Investition II vorteilhafter, sonst ist die Investition I besser.

$$
\begin{array}{lll}
I_1 & -100\,T€ & +200\,T€ \\
I_2 & -100\,T€ & +193{,}996\,T€
\end{array}
$$

$$
\begin{array}{cccccl}
| & | & | & | & | & \longrightarrow\ t \\
0 & 1 & 2 & 3 & 4 &
\end{array}
$$

Ist die vorteilhafteste von mehreren Investitionsmöglichkeiten ermittelt, so kann diese dennoch nach den Maßstäben des Investors unvorteilhaft sein: Man hat aus einer Reihe von schlechten Alternativen lediglich die am wenigsten negative ausgewählt. Die Horizontwertmethode muss deshalb stets ergänzt werden durch die Anwendung der Kapitalwert- oder der internen Zinssatzmethode auf die jeweils beste Alternative. Bezogen auf das Beispiel müsste bei Anwendung der Kapitalwertberechnung der Kapitalwert bestimmt werden:

$$-A_0 + \frac{Zahlungsstrom\ in\ t_n}{(1 + i)^n} =$$

$$-100.000\,€ + \frac{200.000\,€}{(1 + 0{,}08)^4} = 47.006\,€$$

Da der Kapitalwert positiv ist, ist die bessere der beiden Alternativen zugleich auch vorteilhaft.

5.5   Qualitative Bewertung von Investitionen

Um Zielkonformität festzustellen, reichen die Instrumente der klassischen Wirtschaftlichkeitsrechnung nicht aus. Hier kommt es neben der Berechnung des wahrscheinlichen, optimistischen oder pessimistischen wirtschaftlichen Erfolgs v. a. auf die Einschätzung der Kunden-, Wettbewerber-, Kooperationspartner- und Kostenträgerreaktionen an. Die Nutzwertanalyse ordnet den Investitionsvorhaben ersatzweise für den eigentlichen Beitrag zum Unternehmensziel Punktwerte zu, die aus den Ausprägungen der Beurteilungskriterien einer Checkliste abgeleitet werden. Der gesamte Punkt- oder Nutzwert einer Investitionsalternative ist dabei der zahlenmäßige Ausdruck für die subjektiv eingeschätzte Attraktivität eines Investitionsvorhabens. Durch die Nutzwertanalyse werden die unterschiedlichen

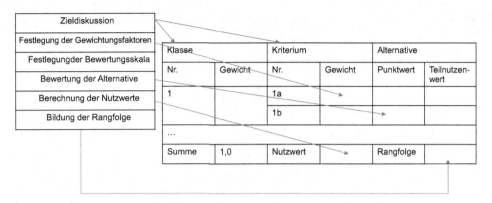

Abb. 5.1 Struktur und Vorgehen einer Nutzwertanalyse

Investitionsvorhaben in eine Rangordnung gebracht und zwar in der Rangfolge der Punktwerte. Dabei muss sichergestellt werden, dass ein hoher Punktwert auch mit einem hohen Unternehmenserfolg korreliert. Der Nutzwert errechnet sich dabei als Summe aller gewichteten Kriterien einer bestimmten Investitionsalternative (Abb. 5.1).

Überlegt ein Krankenhaus sich ein technisches Gerät anzuschaffen, so spielen selbstverständlich wirtschaftliche Kriterien eine Rolle. Beispiele dafür sind der interne Zinsfuß oder die Amortisationszeit. Daneben gibt es aber eine Reihe von Kriterien, die in den quantitativen Methoden der Investitionsrechnung keine Berücksichtigung finden können, da sie nicht in Geldeinheiten bewertbar sind. Beispiele sind:

- Garantieleistungen des Anbieters
- Qualität des Kundendiensts
- Kulanzleistungen des Anbieters
- Genauigkeit des Geräts
- Kapazität des Geräts
- Störungsanfälligkeit
- Ökologische Bewertung

Aufgabe des Krankenhauses ist es also, in einem ersten Schritt alle relevanten Kriterien zu identifizieren. In einem zweiten Schritt sollte den Kriterien noch eine Gewichtung beigemessen werden, da es im Regelfall Kriterien höherer und niedrigerer Wertigkeit gibt. Ist dies erfolgt, kann im Schritt 3 eine Bewertungsskala festgelegt werden, z. B. nach Noten (1–5) oder Punkten (1–10). Als nächstes sollte überlegt werden, ob es K.O.-Kriterien gibt. Damit ist gemeint, dass bestimmte Kriterien ein Mindestmaß an Bewertung aufweisen müssen, da sonst die Investition unabhängig von der Bewertung der anderen Kriterien verworfen wird.

Die Bewertung erfolgt im Anschluss nun durch Experten in drei Schritten. Zunächst wird die quantitative Bewertung durchgeführt, die sich in diesem Beispiel auf den internen Zinsfuß und die Amortisationszeit bezieht. Danach erfolgt die qualitative Bewertung

Tab. 5.1 Bewertung der Alternativen

Bewertungskriterium	Gewichtung (%)	A1	A2	A3	A4
Interner Zinsfuß	25	8	6	8	10
Amortisationszeit	20	7	6	7	9
Garantieleistungen	10	5	7	6	8
Qualität des Kundendiensts	10	10	8	8	8
Genauigkeit des Geräts	10	9	9	10	10
Kapazität des Geräts	10	6	8	8	7
Störungsanfälligkeit	10	7	7	5	5
Ökologische Bewertung	5	5	5	7	7

Tab. 5.2 Berechnung der gewichteten Bewertungsfaktoren

Bewertungskriterium	Gewichtung (%)	A1	A2	A3	A4
Interner Zinsfuß	25	2,0	1,5	2,0	2,5
Amortisationszeit	20	1,4	1,2	1,4	1,8
Garantieleistungen	10	0,5	0,7	0,6	0,8
Qualität des Kundendiensts	10	1,0	0,8	0,8	0,8
Genauigkeit des Geräts	10	0,9	0,9	1,0	1,0
Kapazität des Geräts	10	0,6	0,8	0,8	0,7
Störungsanfälligkeit	10	0,7	0,7	0,5	0,5
Ökologische Bewertung	5	0,25	0,25	0,35	0,35
Nutzwert	100	7,35	6,85	7,45	8,45

über die Vergabe von Punktwerten bzw. Noten. Die Experten verteilen nun auf die einzelnen Investitionsalternativen für jedes der einzelnen Kriterien die von ihm gewählte Punktzahl. Das gilt sowohl für die Einschätzung der quantitativen als auch der qualitativen Kriterien. Dabei sollen die einzelnen Expertenmeinungen summiert und der Durchschnittswert ausgewiesen werden, zunächst noch ohne Gewichtung (Tab. 5.1).

Im Anschluss können die gewichteten Teilwerte sowie die Gesamtwerte berechnet werden (Tab. 5.2).

Nach der Bewertung ist also der Alternative (im Beispiel Alternative 4) mit dem höchsten Punktwert der Vorzug vor allen anderen Alternativen zu geben. Sinnvoll ist es daneben noch, Szenarien zu berechnen. Im Beispielfall wäre es etwa sinnvoll, zu prüfen, ob die beste Alternative auch bei einer etwas pessimistischeren Bewertung der Option immer noch besser ist, als die anderen Möglichkeiten. Ist dies der Fall, so ist das Risiko, dass sich die planmäßig beste Alternative später doch nicht als die optimale herausstellt, deutlich geringer, als wenn die Option bei dem Szenario hinter eine oder mehrere der anderen Möglichkeiten zurückfällt.

Literatur

Bayerische Krankenhausgesellschaft. (2017). Bilanzierung und Abgrenzung „Überlieger" im DRG-System 17/18, Excel-Tool. https://www.bkg-online.de/bkg/app/Content/BKG_AK_Umwelt/downloads/Allgemeines/Info-InternetseiteBAK.pdf.

Deutsche Krankenhausgesellschaft (DKG), Spitzenverbände der Krankenkassen (GKV), Verband der privaten Krankenversicherungen (PKV). (2016). Kalkulation von Behandlungskosten. Handbuch zur Anwendung in Krankenhäusern. Version 4.0. Deutsche Krankenhaus Verlagsgesellschaft Düsseldorf. https://www.g-drg.de/Kalkulation2/DRG-Fallpauschalen_17b_KHG/Kalkulationshandbuch.

Deutsches Rechnungslegung Standards Committee e. V. (2017). Deutscher Rechnungslegungs Standard Nr. 20 (DRS 20). Konzernlagebericht, Berlin.

Gemeinsame Empfehlung gemäß 22 Absatz 1 BPflV/17 Absatz 1 KHEntgG zur Bemessung der Entgelte für eine Wahlleistung Unterkunft zwischen dem Verband der Privaten Krankenversicherung, Köln und der Deutschen Krankenhausgesellschaft, Düsseldorf. https://www.dkgev.de/media/file/7801.DKG-PKV_Empfehlung_gem_§_22_BPflV_Wahlleistung_Unterkunft.pdf.

Keun, F., & Prott, R. (2008). *Einführung in die Krankenhaus-Kostenrechnung. Anpassung an neue Rahmenbedingungen*. Wiesbaden: Gabler.

Kolb, T. (2001). *Grundlagen der Krankenhausfinanzierung*. Kulmbach: Mediengruppe Oberfranken – Buch- und Fachverlage GmbH & Co. KG.

Münzel, H., & Zeiler, N. (2010). *Krankenhausrecht und Krankenhausfinanzierung*. Stuttgart: Kohlhammer.

PwC. (2010). Fachabteilungsbezogene mehrstufige Deckungsbeitragsrechnung im Krankenhaus. https://www.pwc.de/de/gesundheitswesen-und-pharma/fachabteilungsbezogene-mehrstufige-deckungsbeitragsrechnung-im-krankenhaus.html.

Schmola, G., & Rapp, B. (2014). *Grundlagen des Krankenhausmanagements. Betriebswirtschaftliches und rechtliches Basiswissen*. Stuttgart: Kohlhammer.

© Springer Fachmedien Wiesbaden GmbH, ein Teil von Springer Nature 2019
G. Schmola, *Jahresabschluss, Kostenrechnung und Finanzierung im Krankenhaus*,
https://doi.org/10.1007/978-3-658-20281-1

Sachverzeichnis

© Springer Fachmedien Wiesbaden GmbH, ein Teil von Springer Nature 2019   167
G. Schmola, *Jahresabschluss, Kostenrechnung und Finanzierung im Krankenhaus*,
https://doi.org/10.1007/978-3-658-20281-1

Printed in the United States
By Bookmasters

Printed in the United States
By Bookmasters